编写人员

主　编：夏俊梅　郑绪诚　胡　可

副主编：刘和珍　向玲莉　魏　巍

参　编：朱宇琳　肖　玲　冯　梅　刘　薇　邹　红

新时代司法职业教育"双高"建设精品教材

民法原理与实务·总则编

夏俊梅　郑绪诚　胡可 ◎ 主编

华中科技大学出版社
http://press.hust.edu.cn
中国·武汉

内 容 提 要

本书围绕民事权利这个中心,以《民法典》总则编和相关司法解释为依据,系统、全面地阐释了民法总则的基本原理和基本规则,既符合《民法典》立法的内在逻辑体系,又符合民法学习的基本规律。在介绍基本知识的同时,书中还嵌入了大量的知识体系图、微案例以及课后思考题,帮助读者建立民法总则的内容体系,提升阅读兴趣,增强解决民事纠纷的能力。

本书可作为法学专业教材用书、民法教学参考用书以及基层法律服务工作者和法律职业资格等考试辅导用书。

图书在版编目(CIP)数据

民法原理与实务. 总则编/夏俊梅,郑绪诚,胡可主编. —武汉:华中科技大学出版社,2023.7
ISBN 978-7-5680-9507-5

Ⅰ.①民… Ⅱ.①夏… ②郑… ③胡… Ⅲ.①民法-总则-研究-中国 Ⅳ.①D923.14

中国国家版本馆 CIP 数据核字(2023)第 137790 号

民法原理与实务・总则编　　　　　　　　　夏俊梅　郑绪诚　胡可　主编
Minfa Yuanli yu Shiwu・Zongzebian

策划编辑:张馨芳
责任编辑:殷　茵
封面设计:孙雅丽
版式设计:赵慧萍
责任校对:张汇娟
责任监印:周治超

出版发行:华中科技大学出版社(中国・武汉)　　电话:(027)81321913
　　　　　武汉市东湖新技术开发区华工科技园　　邮编:430223
录　　排:华中科技大学出版社美编室
印　　刷:武汉科源印刷设计有限公司
开　　本:787mm×1092mm　1/16
印　　张:18.75　插页:2
字　　数:367千字
版　　次:2023年7月第1版第1次印刷
定　　价:68.00元

本书若有印装质量问题,请向出版社营销中心调换
全国免费服务热线:400-6679-118　竭诚为您服务
版权所有　侵权必究

前　言

民法原理与实务，是公安司法类职业院校学生的必修课。由于民法所涉及内容过多，在教学过程中必须分编教学，而民法总则是整个民法的统领，它通过"提取公因式"的方式确立了民法的一般性规则。本书以《中华人民共和国民法典》（简称《民法典》）总则编为依据，参考了最高人民法院有关司法解释，系统、全面地介绍、阐释了民法总则的基本原理和基本规则。本书紧紧围绕"民事权利"这个中心，重点阐述民事权利行使的基本原则、民事权利行使的主体、民事权利的类型、民事法律行为以及对民事权利的保护等内容，既符合《民法典》立法的内在逻辑体系，又符合民法学习的基本规律，同时对接基层法律服务工作者和法律职业资格等考试。作为教材，本书在阐述中尽量采用通说。

全书内容一共分为九章，基本按照《民法典》总则编的结构进行编排。本书编者非常注重基本知识、基本技能的传授和训练：为了帮助读者建立民法总则的内容体系，在每一章内容前面总结归纳出本章知识体系的框架图；每章开头有引例，结尾有解析，引导读者预习和思考；阐述重难点知识时在章节中增加了大量的微案例，力求达到以案释法的效果，有利于加强读者对相关知识的理解，提升其阅读兴趣；每章课后附有思考题及答案，可以帮助读者复习本章的重点内容，也可以增强读者应用法律的能力。

本书由夏俊梅、郑绪诚、胡可担任主编，刘和珍、向玲莉、魏巍担任副主编。各章撰稿人具体如下。

夏俊梅：第一章第一至三节；

郑绪诚：第一章第四至六节；

刘和珍：第二章；

朱宇琳：第三章第一节、第三节；

肖　玲：第三章第二节、第四节；

魏　巍：第四章；

冯　梅：第五章；

向玲莉：第六章；

胡　可：第七章；

刘　薇：第八章；

邹　红：第九章。

由于作者水平有限，书中错误或不当之处在所难免，敬请广大读者批评指正！

编写组
2023 年 3 月于武汉

目 录

第一章　民法及其基本原则 ………………………………………… 1
　　第一节　民法概述　// 3
　　第二节　民法的调整对象　// 13
　　第三节　民法与其他法律部门的关系　// 18
　　第四节　民法的渊源　// 24
　　第五节　民法的适用范围　// 28
　　第六节　民法的基本原则　// 30

第二章　民事法律关系 ………………………………………………… 45
　　第一节　民事法律关系概述　// 47
　　第二节　民事法律关系要素　// 51
　　第三节　民事法律事实　// 59

第三章　自然人 ………………………………………………………… 65
　　第一节　自然人的民事权利能力和民事行为能力　// 67
　　第二节　监护　// 77
　　第三节　宣告失踪和宣告死亡　// 96
　　第四节　个体工商户和农村承包经营户　// 101

第四章　法人和非法人组织 …………………………………………… 109
　　第一节　法人　// 111
　　第二节　非法人组织　// 122

第五章　民事权利 ……………………………………………………… 131
　　第一节　民事权利概述　// 133
　　第二节　民事权利的类型　// 134

    第三节　民事权利的取得、变更和消灭　// 146
    第四节　民事权利的行使　// 148
    第五节　民事权利的保护　// 150

第六章　民事法律行为 ……………………………………………………… **161**
    第一节　民事法律行为概述　// 163
    第二节　意思表示　// 171
    第三节　民事法律行为的效力　// 182

第七章　代理 …………………………………………………………………… **219**
    第一节　代理概述　// 221
    第二节　代理权　// 225
    第三节　无权代理和表见代理　// 233

第八章　民事责任 ……………………………………………………………… **245**
    第一节　民事责任概述　// 247
    第二节　民事责任的承担方式　// 248
    第三节　免责事由　// 257

第九章　诉讼时效和期限 ……………………………………………………… **267**
    第一节　诉讼时效　// 269
    第二节　期限　// 284

第一章

民法及其基本原则

◆ 知识体系图

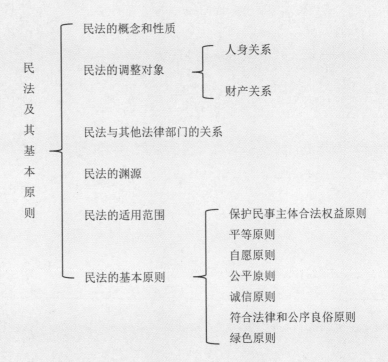

◆ **学习目标**

掌握民法的概念、性质和调整对象;了解民法的发展历史;熟知民法的渊源和民法的适用范围;熟知民法与其他法律部门的区别,并且能够判断相应的社会关系是否属于民法调整;理解民法各项基本原则的内容,并学会运用民法的基本原则分析简单的案例。

◆ **本章引例**

甲(男)和乙(女)是中学同学,同学期间两人关系较好。2020年10月1日,甲因购房款项不足,打电话向乙借款10万元,乙爽快答应,双方约定一年后偿还。三天后,甲顺利拿到借款10万元。当晚,甲为感谢乙,遂请乙在某饭店吃饭,吃饭过程中每人喝了一瓶啤酒,双方还约定:"如果三年后甲未娶,乙未嫁,则甲、乙双方结婚。"随后甲开车回家,乙未加劝阻。甲因不胜酒力精神恍惚,开车撞上路边大树而受重伤。十分钟后,路人丙驾车路过,见甲受伤遂将甲送至医院,并垫付了医疗费用若干。

问:本案例中涉及哪些社会关系?这些社会关系是否属于民法的调整范围?并说明理由。

第一节 民法概述

一、民法的概念

(一) 民法的定义

一般认为,"民法"的概念最早来源于古罗马的市民法,与万民法相对应。市民法演变为现在的民法,万民法则演变为现在的国际私法。近代私法意义上的"民法"一词出现于明治时代的日本,我国在清末变法时借鉴了"民法"一词,并沿用至今。

我国《民法典》第2条规定:"民法调整平等主体的自然人、法人和非法人组织之间的人身关系和财产关系。"根据本条规定,我们可以得知民法的定义,即民法是调整平等主体的自然人、法人和非法人组织之间的人身关系和财产关系的法律规范的总称。

这一定义科学地揭示了我国民法所调整的社会关系的范围和任务,明确地划分了民法与其他法律部门的界限,意义极为重大。首先,这一定义明确了我国民法是市场经济基本法的地位。根据《民法典》第2条的规定,我国民法统一调整平等主体之间的财产关系,而平等主体之间的财产关系实质上就是财产归属关系和财产流转关系。无论民事主体的种类如何,只要以平等的民事主体的身份从事交易,就应当遵循民法的规范,并受民法的调整。其次,这一定义还明确了我国《民法典》的体系。《民法典》的分则部分就是由调整平等主体之间的人身关系和财产关系的具体法律规范组成的。人身关系主要包括人格关系和身份关系,人格关系的调整在分则中体现为人格权编,身份关系的调整体现为婚姻家庭编、继承编;财产关系的调整则体现为物权编、合同编。另外,这一定义也明确了我国民商合一的立法模式。

(二) 形式意义上的民法和实质意义上的民法

形式意义上的民法就是指民法典。法典是按照一定体系将各项法律制度系统编纂在一起的法律规范。民法典就是指按照一定的体系结构将各项基本的民事法律规则与制度加以系统编纂而形成的规范性文件。法典化就是体系化,民法典的重要特点首先表现在它是体系化、系统化的产物，满足了形式理性的要求，所以民法典是所有民事法律中最高形式的成文法。我国《民法典》是中华人民共和国成立以来第一部以"典"命名的法律，共分为七编，共1260条。《民法典》在中国特色社会主义法律体系中具有重要地位，是一部固根本、稳预期、利长远的基础性法律。

实质意义上的民法，是指所有调整民事关系的法律规范的总称，包括民法典和其他民事法律、法规。除《民法典》之外，我国还有两百多部单行法律，其中大量都是民事法律。比较典型的民事法律有《著作权法》《商标法》《专利法》等。此外，还有一些法律虽然形式上是管理性质的法律，但其中也包含了大量的民事法律规范，如《产品质量法》《土地管理法》《城市房地产管理法》等，这些法律也是我国实质意义上民法的重要组成部分。在我国实行民商合一的立法体制下，一些商事特别法，如《公司法》《保险法》《票据法》等，同样是我国民法的重要组成部分。除了法律，我国还颁行了大量的行政法规、司法解释，其中不少都是民事法律规范，这些也都是实质意义上的民法的组成部分。实质意义上的民法在法源上更为宽泛，所以也被称为广义的民法。

实质意义上的民法与形式意义上的民法并不是对立的，而是相辅相成的。一方面，由于《民法典》是私法的基本法，因此，形式意义上的民法（即《民法典》）可以连接整个实质意义上的民法。也就是说，在《民法典》的统率下，我国的民事立法将建成一个完整的、具有逻辑性的、协调一致的法律体系。另一方面，仅依靠形式意义上的民法调整纷繁复杂的民事关系是不够的，还需要借助大量的实质意义上的民法规范调整各种民事关系，但这些规范应当以《民法典》的规范为基础，不得与《民法典》的基本规则和制度相冲突。当然，在这一前提下，如果其他法律对民事关系的调整有特别规定，原则上应当适用这些特别规定。

二、民法的性质

（一）民法是私法

私法是相对于公法而言的，公法和私法的概念最初是由罗马法学家乌尔比安提出，并被《学说汇纂》所采纳。关于公法和私法的分类标准，我们认为，应该将其所调整的主体和社会关系的性质结合起来：私法关系的参与主体都是平等主体，即使是国家参与也是作为特殊的民事主体来参与的；而公法关系中必然有一方是公权力主体，其参与社会关系也仍然要行使公权力。凡是平等主体之间的人身关系和财产关系都属于私法关系，而具有等级和隶属性质的关系属于公法关系。

民法是私法，所以要贯彻私法自治原则，赋予民事主体广泛的行为自由，并使当事人之间的合法约定能够具有优先于任意法适用的效力。按照私法自治原则，民事主体有权在法定的范围内根据自己的意志从事民事活动，通过法律行为构建其法律关系。这不仅有利于每个民事主体的人格发展，也是市场经济发展的要求。

（二）民法是权利法

民法的立法宗旨就是保护民事主体的合法权益，我国《民法典》是一部全面保障私权利的基本法，不仅是权利法，而且是权利保护法，是私权利保障的宣言书，其核心功能是确认和保障私权利。私权的保障彰显了人民的根本利益，是确保人民群众享受美好生活的前提和基础，更是促进人民群众追求美好生活的动力。因此，民法通过保障民事主体的民事权利，旨在实现人民的福祉，确保人民的美好幸福生活，为建立法治社会奠定基础。

我国《民法典》以民事权利的确认与保护为核心，民事权利的保护既是《民法典》的出发点，也是其落脚点。《民法典》的总则编是按照"提取公因式"的方法，将民事权利及其保护的共性规则确立下来。分则各编是由物权、合同债权、人格权、婚姻家庭中的权利（亲属权）、继承权以及对权利进行保护的侵权责任所构成。我国《民法典》既确认了民事主体所享有的各项具体民事权利，明确了这些民事权利的具体内容和边界，使民事主体能够积极行使和主张权利，同时，在权利遭受侵害后，《民法典》又建立了完善的救济体系，充分保障民事主体的合法权益。

（三）民法是人法

我国《民法典》注重对人权的尊重和保护，弘扬人格尊严，维护人的价值。之所以说民法是人法，主要表现在：一是强化了对个人人格尊严的保护。《民法典》将人格权独立成编，并对各项具体人格权作出了规定，其主要目的就是维护个人的人格尊严。二是注重对弱势群体的关怀。《民法典》在维护形式正义的前提下，强化了对妇女、儿童、老人、消费者等弱势群体的保护，注重对这些弱势群体的关爱，其目的在于维护实质正义。三是注重对未成年人的保护。无论是在监护制度，还是在收养、继承等法律规范中，《民法典》都充分体现了未成年人利益最大化原则。另外，在婚姻家庭和继承关系中，《民法典》也注重保护胎儿、未成年人的利益。

（四）民法是实体法

按照法律规定的内容不同，法律可分为实体法与程序法。实体法一般是指规定主要权利和义务的法律，程序法一般是指保证权利和义务得以实施的程序的法律。民法是实体法，而民事诉讼法是程序法。从我国《民法典》的内容来看，其作为实体法，既是行为规范，又是裁判规则。《民法典》主要是行为规范，但也不限于行为规范，例如，民法关于权利能力的规定等就不是行为规范。《民法典》作为行为规范主要具有两个方面的功能：一是确立交易规则，为交易当事人从事各种交易行为提供明确的行为规则，使其明确自由行为的范围、逾越法定范围的后果和责任，从而对其行为后果产生合理预期；二是确立生活规则，它总结了人们长期以来的生活习惯，确立了人与人正常交往关系的规范，是社会公共道德和善良风俗的反映。按照民法的规则从事活动，有助于建立人与人正常和睦的生活关系，维护社会生活的和谐与稳定。《民法典》也是司法机关正确处理民事纠纷应当遵循的基本准则。

三、民法的历史发展

（一）民法的起源是罗马法

民法起源于罗马法，即罗马奴隶制国家施行的法律。古罗马时期，在自然经济的基础上，简单商品经济得到了充分发展，从而产生了古罗马调整私人财产关系的私法。在古罗马的法典编纂方面，最有成效、影响最深远的是东罗马帝国皇帝查士丁尼的《国法大全》，即《查士丁尼法典》《学说汇纂》《法学阶梯》《新律》。罗马法高度抽象地表现了商品经济社会的一般形态，反映了社会商品经济的正常要求，其内容主要包括关于自然人和法人等权利主体的法律、物权法、债权法、婚姻家庭法、继承法等，涵盖了现代民法的主要内容。罗马法中的许多制度，如人格制度、住所制度、时效制度、无因管理制度、不当得利制度、遗嘱继承制度、特留份制度等，仍是各国民法典中的基本民事制度。

（二）近代民法及其特点

近代民法，是指经过17—18世纪的发展，于19世纪经欧洲各国编纂民法典而获得定型化的一整套民法概念、原则、制度、理论和思想的体系，在范围上既包括德、法等大陆法系的民法，也包括英美法系的民法。在欧洲文艺复兴时代，罗马法也得到复兴，为后世的民法发展奠定了基础。1804年颁布的《法国民法典》，明确规定了人、财产以及所有权的各种变更、取得财产的各种方式等三编，确立了适应资本主义商品经济发展的私有财产神圣不可侵犯、契约自由和过错责任等三大民法原则，为发展资本主义经济开拓了道路。1900年实施的《德国民法典》，进一步巩固、发展了传统民法，适应了垄断资本主义时期的商品经济发展，为大陆法系的形成和发展奠定了基础。《德国民法典》分为五编：总则、债之关系法、物权法、亲属法、继承法。它通过"提取公因式"的方式规定了总则，规定民法共同的制度和规则，在民事权利中区分了物权和债权，把继承单列一编，从而形成了较为完整、明晰的体系。大陆法系许多国家与地区都接受了德国式的民法典体系，如日本以及我国台湾地区、澳门特别行政区的民法。

近代民法的主要特点表现在以下方面。

（1）抽象的人格平等。近代民法承认人格的平等。随着社会的变革，近代法律也从身份的法、等级的法发展到平等的法、财产的法；独立、自由的个人只服从国家，而不再依附于各种领主或封臣。但近代民法所调整、保护的对象是抽象的人，它对于民事主体仅作抽象的规定，而不作年龄、性别、职业等区分，这就导致近代民法仅仅注重形式上的平等，而未能注重到实质上的正义。

（2）绝对私有权原则。绝对私有权原则，又称为无限制私有权原则，它是指私人对其财产享有绝对的、排他的、自由处分的权利。1804年《法国民法典》对这一原则作了准确表述，所有权不仅可以上及天空、下及地心，而且法律不能对所有权的内容进行实质性的限制，从而形成了一种绝对私有权的观念。

（3）契约自由。契约自由原则，是近代民法的一条基本原则。它主要包括：契约必须由当事人自由意志彼此一致才能生效，契约可以优先于任意性规定而适用；契约的内容由当事人自由决定；契约的方式以及相对人的选择等由当事人决定，任何人无权干涉。《法国民法典》和《德国民法典》都充分贯彻了契约自由原则。

（4）过失责任原则，也称为自己责任原则。1804年《法国民法典》第1382条规定："任何行为致他人受到损害时，因其过错致行为发生之人，应对该他人负赔偿之责任。"

这一规定便形成了侵权损害赔偿的一般原则，即过错责任原则。

（三）现代民法及其特点

现代民法的演进发生于19世纪末20世纪初，是在近代民法的法律结构基础之上，对近代民法的原理、原则进行修正、发展的结果。现代民法的主要特点表现在以下方面。

（1）对所有权的限制。自由资本主义时期绝对的、不受限制的私有权原则，过分地强调个人利益而忽视了社会整体利益，加剧了个人利益与社会公共利益之间的冲突，阻碍了生产的社会化和大规模的经济建设，个人对所有权的滥用甚至损害了他人利益和社会公共利益。因此，现代民法从维护社会公共利益出发，对所有权作了适当的限制，禁止个人滥用权利，损害他人利益和社会公共利益。

（2）对契约自由的限制。随着资本主义自由竞争不断走向垄断，一些主要资本主义国家不断扩大政府职能，加强了对经济的全面干预。同时，为了限制垄断、平抑物价、维护竞争秩序，西方国家还制定了许多反垄断和维护自由竞争的法律，这些法律本身就是对合同自由的限制。在合同法中，也出现了强制缔约制度、对格式条款和免责条款的限制等，这些都是对契约自由的限制。

（3）从单一的过错责任向多元化归责原则的转化。随着社会生活的变化，交通事故、医疗事故以及航空器、核能的采用所引起的危险事故频繁发生，受害人的权益受到侵害后，单一的过错归责理论无法对受害人提供充分的补救，因此，许多大陆法系国家都在特别法中采取了严格责任，以保护受害人的利益。归责原则的多元化对于向受害人提供充分的救济、缓和社会矛盾、维护社会秩序起到了重要作用。

（4）人格权的产生和发展。随着世界人权运动的发展，世界各国民商法相继通过立法承认与保护一般人格权，一些新型的人格利益被上升为人格权并受到法律严格的保护，隐私权等也逐渐受到法律认可。同时，精神损害赔偿制度也日益完善，这不仅使人格权获得了极大的充实，而且为受害人的精神痛苦提供了充分的抚慰。

（5）更注重对实质正义的维护。现代民法更强调维护实质正义。自20世纪以来，社会经济结构发生巨变，社会组织空前复杂、庞大，贫富差别日益突出，社会生产和消费大规模化，公用事业飞速发展，弱势群体保护的问题日益严重。现代民法通过立法强化对消费者等弱势群体的保护，维护其实质正义。另外，侵权法、合同法等也越来越多地彰显民法的人文关怀理念。

此外，现代民法还有一些其他特点，如民法商法化、交易规则一体化等。

（四）我国民法的历史发展

中国古代实行诸法合一，民刑不分，以刑为本，并没有形成近代意义上的民法，甚至不存在民法的概念。清末变法时，西学东渐，民法开始传入中国，清政府于1911年制定了第一次民律草案。辛亥革命以后，国民政府的修订法律馆在北京开始了民律草案的起草工作。1925年，草案完成，史称第二次民律草案。1929年后南京国民政府相继颁布了民法典总则、债编、物权编、亲属编和继承编，形成《中华民国民法》。

中华人民共和国成立以后，废除了"六法全书"，《中华民国民法》不再适用。我国政府曾经适应社会需要，在1950年就颁行了《婚姻法》，后来立法机关先后于1954年、1962年、1979年和2001年四次启动民法制定工作，但都因各种原因而中断。随着我国改革开放进程的推进，急需民法规范，因此，我国立法机关于1986年颁布了《民法通则》，这是我国第一部调整民事关系的基本法，但该法只是对民事活动基本规则的规定，且主要是关于民法总则的规范，并不是一部完整的民法典。随着改革开放的深化和市场经济的发展，我国陆续制定了一系列规范市场活动的民事基本法。例如，我国立法机关先后制定了《公司法》《合伙企业法》《企业破产法》等法律，完善了市场主体法律制度；1999年颁布的《合同法》，统一了我国的合同法律制度，建立和完善了市场交易的基本规则和原则。

2001年，九届全国人大常委会组织起草了《中华人民共和国民法（草案）》，并于2002年12月提交全国人大常委会审议。鉴于民法典内容复杂、体系庞大，许多重要问题尚未达成共识，立法机关决定采取分阶段、分步骤制定民法典的方式，待条件成熟以后再制定民法典。按照这一工作思路，2007年颁行了《物权法》，对所有权、用益物权、担保物权等物权制度作出了全面规定；2009年颁行了《侵权责任法》，对民事权利进行了更加周密的保护。这些法律都是我国民法的重要组成部分，其颁行是完善我国民事立法体系的重要步骤。

2014年10月，党的十八届四中全会提出加强市场法律制度建设，并作出了"编纂民法典"的重大决定。自此，民法典的编纂进入了一个新的历史阶段。民法典编纂并不是对现行法的简单汇编，而是要在总结现行立法和司法经验的基础上，尤其是要结合我国改革开放实践中出现的各种新情况、新问题，进行必要的制度完善、设计和创新。2016年6月，全国人大常委会决定按"两步走"的工作安排进行民法典编纂，即先制定民法典总则，后制定民法典各分编。2017年3月15日，《民法总则》由第十二届全国人民代表大会第五次会议通过，自2017年10月1日起施行。《民法总则》的颁行极大地推进了我国民法典的编纂进程，它是民法典的总纲，纲举目张，整个民商事立法都应当在民法总则的统辖下具体展开。在此之后，民法典各分编的编纂工作全面展开，2019年12月16日，全文共计1260条的《中华人民共和国民法典（草案)》对外公布,向全社会征求意见。2020年5月28日,最终通过了中华人民共和国成立以来的第一部《民法典》。该法自2021年1月1日起施行,《婚姻法》《继承法》《民法通则》《收养法》《担保法》《合同法》《物权法》《侵权责任法》《民法总则》同时废止。

四、民法典

作为世界上最新的民法典,我国《民法典》虽然借鉴了其他国家民事立法的成功经验,但它更注重回应社会现实需求,体现了时代发展的特色,也产生了不少亮点。其中,最令人瞩目的是法典体系的创新,即在系统总结我国立法和司法实践经验的基础上,采用七编制体例:将总则置于各编之首,统领各分编;将物权、合同、人格权、婚姻家庭、继承五编并列,用以完整保护民事主体的各项权利;将侵权责任编置于最后,作为民事权利救济规范的集合。这种体系创新使我国民法典不同于世界上其他任何一部民法典,是我国民法典对世界范围内民事立法作出的重大贡献,也是我国民法典屹立于世界民法典之林的牢固基础。

我国《民法典》采取了七编制体例,即由总则、物权、合同、人格权、婚姻家庭、继承、侵权责任等七编构成。

1. 总则编

《民法典》总则编作为民法典的开篇与奠基部分,主要包括普遍适用于民商法各个部分的基本规则,它统领整个民商立法,因而是构成民法典中最基础、最通用,同时也是最抽象的部分。《民法典》总则编以《民法通则》为基础,确立了私法主体的平等地位,注重保障民事主体的人格尊严,弘扬私法自治,强化私权保障理念。《民法典》之所以被称为"民事权利的宣言书",正是因为总则编确立了完整的权利保障体系,并使其在各分编得以充分展开。《民法典》总则编所广泛确认的人格权、物权、债权、知识产权、亲属权、继承权等权利,为各分编的制定提供了线索,决定着《民法典》的体系安排。

2. 物权编

依据《民法典》第205条的规定,物权编是调整有关因物的归属和利用而产生的民事关系的规范。该编共计258条,其内容分为5个分编,包括通则、所有权、用益物权、担保物权和占有。

3. 合同编

合同编是调整有关合同的订立、履行、保全等法律关系的规范，该编共计526条，在《民法典》中超过1/3，其内容分为通则、典型合同和准合同等3个分编，一共规定了19种典型合同。值得注意的是在第三分编准合同中，规定了无因管理、不当得利制度。严格地说，这些内容都属于传统债法的内容，本不应当规定在合同编中，但由于《民法典》没有设置独立的债法总则，而合同编通则在一定程度上又发挥了债法总则的功能，所以将这些法定之债的内容作为准合同，规定在合同编之中。

4. 人格权编

人格权编由"总则"与"分则"两部分构成，其内容分为6章，共计51条。"总则"是关于人格权基本规则的规定，集中在人格权编第一章一般规定中，它确立了人格权一般性、共通性的法律规则。"分则"是关于具体人格权的规定，人格权编从第二章至第六章都是对具体人格权的详细规定，包括生命权、身体权和健康权，姓名权和名称权，肖像权，名誉权和荣誉权，隐私权和个人信息保护。具体人格权是按照物质性人格权和精神性人格权的区分具体展开的。人格权编通过总分结构的设计安排，构建了人格权制度的完整体系。

5. 婚姻家庭编

婚姻家庭编是调整婚姻关系和家庭关系的法律规范的总和。婚姻家庭编是在《婚姻法》《收养法》的基础上经过修改、补充而形成的，共分为5章，具体包括一般规定、结婚、离婚、家庭关系、收养，共计79条。该编的特点在于：以婚姻为核心调整婚姻关系，同时也调整家庭关系，注重树立优良家风，弘扬家庭美德，重视家庭文明建设，遵循中华民族传统的尊老爱幼、家庭和谐等优良传统美德。该编既注重家庭成员权利的保障，也注重家庭成员义务的履行。

6. 继承编

继承编主要调整因为财产继承而产生的民事关系。该编一共分为4章，即一般规定、法定继承、遗嘱继承和遗赠、遗产的处理，共计45条。该编的特点在于：一方面，为落实宪法关于保护继承权的规定，该编强化了对私有财产的延续性保护，全面保障继承权。另一方面，该编注重弘扬社会主义核心价值观，维护家庭成员的和睦、和谐，鼓励家庭成员之间的相互扶助。在遗产分配中，不限于血缘关系，也注重家庭成员之间的相互扶养。该编不仅强化继承权的男女平等，而且强调家庭成员之间的平等，同一顺序的继承人，原则上是平等的。此外，该编尊重遗嘱自由，强化遗嘱自由原则的保障和贯彻，取消了公证遗嘱的绝对效力，增加了打印遗嘱和录音录像遗嘱两种遗嘱形式。

7. 侵权责任编

《民法典》侵权责任编共分为10章，总计95条。该编按照"总则"和"分则"的模式构建其自身的体系。"总则"规定了侵权责任的一般规则。"分则"体系按照如下两条线索构建：一是责任主体的特殊性。侵权责任编第三章所包括的各类侵权行为，具有责任主体的特殊性，在这些侵权类型中，当某一行为人实施侵权行为之后，非致害行为实施者需要对他人行为承担责任，这就产生了所谓的替代责任或转承责任。二是归责原则的特殊性，即适用过错推定责任或者严格责任的侵权行为，包括侵权责任编的第四章至第十章。

我国《民法典》七编制的模式既借鉴了大陆法系国家民法典的经验，又为回应当代中国的实践需要和时代需求而进行了体例上的创新，主要表现在：一是以民事权利为中心而构建。即由物权、合同债权、人格权、婚姻家庭中的权利（亲属权）、继承权以及对权利进行保护的法律即侵权责任所构成。这表明我们的民法本质上是一部权利法，《民法典》分编通过全面保障民事权利，全面体现和贯彻了法治的价值。二是体系的重大创新。这些创新体现为人格权独立成编、侵权责任独立成编以及合同编通则发挥债法总则的功能。三是《民法典》的体系是以从权利到救济为主线而展开的。《民法典》各分编分别规定各项权利制度之后，又规定侵权责任制度。因此，《民法典》的整体框架思路是从"确权"到"救济"，始终以权利为中心来构建民法体系。四是《民法典》各编自成体系，其主要是按照总分结构来构建的。这些创新充分体现了《民法典》的中国特色、实践特色和时代特色。

从价值体系来看，我国《民法典》所设定的七编制模式更突出了对人的保护，实现了以人为本的价值理念。通过人格权编和侵权责任编的独立设置，突出了人的主体地位，凸显出了强烈的人文关怀。

为了指导各级人民法院贯彻实施好《民法典》，充分发挥总则编在法典中统领全局的作用，依法保护民事主体的合法权益，大力弘扬社会主义核心价值观，最高人民法院制定了《关于适用〈中华人民共和国民法典〉总则编若干问题的解释》，自2022年3月1日起施行。

第二节　民法的调整对象

民法的调整对象就是民法规范所调整的各种社会关系。依据我国《民法典》第 2 条的规定，我国民法调整平等主体的自然人、法人和非法人组织之间的人身关系和财产关系。由此可见，民法调整的社会关系的最本质特点在于其平等性，这是民法区别于其他法律部门的根本特点。所谓平等主体，是指民事主体以平等的身份参与具体的社会关系，而不是在一般意义上判断主体间的平等性。例如，司法机关和自然人虽然在一般意义上不是平等关系，但只要在其相互间发生的具体法律关系中，各个主体都是以平等的身份出现的，即可判断它们具有平等性。平等是指在财产关系和人身关系中当事人的地位平等，并不涉及在政治关系中当事人的地位是否平等的问题。

平等性主要表现在：第一，当事人参与法律关系时，其地位是平等的，任何一方都不具有凌驾于另一方之上的法律地位。正是法律地位的平等，决定了当事人必须平等协商，不得对另一方发出强制性的命令或指示。第二，适用规则的平等。任何民事主体参与民事活动都要平等受到民事法律的拘束，不享有法外的特权，不能凌驾于法律之上，即"法律面前人人平等"。第三，权利保护的平等。任何一方的权利受到侵害，都应当平等地受到民法的保护和救济。

例：2022 年 2 月 15 日，某市公安局公开悬赏通缉涉黑犯罪嫌疑人龙某，请社会各界和广大人民群众积极支持、提供线索。悬赏广告称："对直接协助抓获龙某的单位或者个人，将奖励人民币 100 万元；对提供有效线索且据此抓获龙某的单位或者个人，将奖励人民币 50 万元。公安机关将为举报人严格保密。" 3 月 1 日，市民张三向公安机关提供有效线索，公安机关据此一举抓获犯罪嫌疑人龙某。一周后，张三向公安机关主张奖金时遭到拒绝。

本案中，张三和公安机关之间因为悬赏广告而构成民事法律关系，应由民法调整。在分析此类案例时，不应以主体的一般性质来确定法律关系，而应以主体之间所从事的行为来判断是否为平等的法律关系。

一、民法调整平等主体之间的人身关系

我国《民法典》第2条在规定民法的调整对象时，将人身关系置于财产关系之前，这体现了对人身关系的重视。

1. 民法调整平等主体之间的人身关系的类型

所谓人身关系，是指与人身密切相连且不可分割的社会关系。民法调整平等主体之间的人身关系，这种平等指的是法律地位的平等，而不是指具体的生活事实中的平等。例如父母与未成年子女之间的关系，在生活上是监护与被监护的关系，但在民法中两者的法律地位是平等的。人身关系是基于一定的人格和身份而产生的，因此，人身关系包括以下两类。

（1）基于自然人、法人和非法人组织的人格产生的人身关系。这些关系在民法上表现为自然人和法人的人格权，包括自然人的生命权、身体权、健康权、姓名权、肖像权、名誉权、荣誉权、隐私权、婚姻自主权等权利，以及法人和非法人组织的名称权、名誉权、荣誉权等权利。此外，凡是属于《民法典》第109条所规定的自然人的人身自由、人格尊严范畴的人格权益，都属于因人格而产生的人身关系。

例：刘某（男）、王某（女）、张某（女）三人是朋友关系。2021年3月的一天，王某在刘某的手机上发现了刘某与张某聊天时互发的不雅视频等隐私资料。因不满刘某与张某交往，王某便偷偷将该隐私资料发送到自己手机上，随后通过网络发送给多人。2021年5月，张某被朋友告知网上有其聊天时的不雅视频，张某随即报警。警方查明，王某向特定人员发送了张某的不雅视频等隐私资料，根据《治安管理处罚法》第42条的规定，给予王某5日行政拘留处罚。随后，张某以王某侵犯自己的名誉权为由，将其起诉至某区人民法院。受理该案后，某区人民法院依法对该案件进行了调解。在调解过程中，法官表示，张某有义务注重对自己隐私信息的保护，因此对于本案的发生，其自身负有一定的责任。同时，王某私自传播他人隐私信息，侵害了张某的合法权益，应承担相应责任。经调解，双方达成调解协议，王某向张某赔礼道歉，并赔偿张某精神抚慰金5万元。

本案中，王某的行为是典型的侵害他人人格权的行为。

（2）基于自然人、法人和非法人组织的一定身份产生的人身关系。身份关系是人们基于彼此间的身份而形成的相互关系。例如，亲属关系中的身份权，包括夫妻之间、父母子女之间、有扶养关系的祖父母与孙子女或外祖父母与外孙子女之间依法相互享有的身份权，以及因监护关系产生的监护权等。又如，民事主体通过智力创作活动取得著作权、专利权、商标权而享有的人身权，以及民事主体享有的在发现权和发明权中的人身权。

例： 原告石某连系已故石某信夫妇养女和唯一继承人，被告石某荷系石某信堂侄。石家岭社区曾于2009年对村民坟墓进行过搬迁，当时所立石某信夫妇墓碑上刻有石某连名字。2020年夏，石家岭居委会进行迁坟过程中，除进行经济补偿外，新立墓碑由社区提供并按照各家上报的名单镌刻姓名。石某荷在向居委会上报名单时未列入石某连，导致新立墓碑未刻石某连名字。石某连起诉请求判令石某荷在石某信夫妇墓碑上镌刻石某连姓名，返还墓地搬迁款，赔偿精神损失。济南市某区人民法院经审理认为，根据《民法典》第990条的规定，除法律规定的具体人格权外，自然人还享有基于人身自由、人格尊严产生的其他权益。逝者墓碑上镌刻亲人的名字是中国传统文化中后人对亲人追思情感的体现，对后人有着重大的精神寄托。养子女在过世父母墓碑上镌刻自己的姓名，符合公序良俗和传统习惯，且以此彰显与逝者的特殊身份关系，获得名誉、声望等社会评价，故墓碑刻名关系到子女的人格尊严，相应权益应受法律保护。原有墓碑上镌刻有养女石某连的姓名，石某荷在重新立碑时故意遗漏石某连的刻名，侵害了石某连的人格权益，应承担民事责任。一审判令石某荷按民间传统风俗习惯在石某信夫妇墓碑上镌刻石某连姓名，石某荷返还石某连墓地拆迁款3736元。二审济南市中级人民法院维持原判。

本案的判决正是基于养子女与养父母的身份关系，认为在墓碑上镌刻石某连的姓名既保护了原告的人格尊严和人格平等，又符合孝道传统和公序良俗。

2. 民法调整平等主体之间的人身关系的特征

（1）具有非财产性。一般认为，人身关系主要体现为民事主体的精神利益和道德上的利益，并不具有财产利益的属性，这也是其与财产关系的重要区别。人身关系本质上不能用金钱加以度量、评价，此种关系受到侵害时也无法采取等价补偿的方式。但随着经济社会的发展，许多人格权益也包含了经济价值，例如，个人可以通过许可他人使用其姓名权、肖像权等权利而获得经济利益。这一变化也对侵害人身权益的民事责任产生了一定的影响，即行为人在侵害他人人身权益时，受害人既有权请求其承担精神损害赔偿责任，也有权请求行为人承担财产损害赔偿责任。因此，民法所调整的人身关系主要具有非财产性，但在一些情形下，也具有一定的财产属性。

（2）专属性。人身关系中所体现的利益与人身是很难分离的，财产权利一般可以自由流通，但人身权利具有人身专属性，很难完全进入流通领域，人身权作为一种整体性的权利是不能转让的。随着经济社会的发展，人身权益的人身专属性也有了一定的变化，一些人格权，如肖像权，可以与主体依法发生适当的分离，进入到流通领域。

（3）人格关系具有固有性。人格关系中的利益大多是民事主体必备的利益，而且这些人格利益是民事主体与生俱来的。例如，生命、健康是民事主体与生俱来、终身享有的，否则，民事主体就很难享有人格独立与自由，甚至难以作为民事主体而存在。当然，身份关系不一定具有固有性，如婚姻关系、收养关系等。

3. 民法调整平等主体之间的人身关系的意义

人身关系是民法的重要调整对象，民法调整人身关系的重要意义在于：

第一，彰显了民法的本质特征。民法本质上是人法，民法的终极价值是对人的关爱，最高目标是服务于人格的尊严和人的发展。我国《民法典》充分体现了对人的关爱，把对人的尊严、自由的保障提到了一个更高的位置。

第二，有利于实现对人的全面保护。民法不仅要保护财产权，而且要保护个人的人身权，这样才能形成对人的全面保护。一方面，民法对人格利益的保护是其他法律手段无法替代的。例如，在侵害人格权的情况下，民法主要采用损害赔偿的方法，对受害人提供救济，这是其他的法律责任形式所不具备的。另一方面，民法对身份关系的保护也是无可替代的。身份关系主要是亲属关系，而亲属关系从根本上讲是私人间的私生活关系，以民法私法自治的调整方法来调整身份关系是非常恰当的。

第三，反映了现代法治的基本要求。我国《民法典》通过全面确认个人所享有的各项人身权益，并设置相应的保护规则，有利于强化对个人人身权益的保护。现代法治的核心应当以人为本，人格尊严、人身价值和人格完整是最高法益，理应置于比财产权更重要的位置。将调整人身关系作为民法的重要内容，也是现代法治的基本要求。

二、民法调整平等主体之间的财产关系

1. 民法调整平等主体之间的财产关系的类型

所谓财产关系，是以财产为媒介而发生的社会关系，是平等主体在物质资

料的生产、分配、交换和消费过程中形成的具有经济内容的社会关系。依据我国《民法典》第 2 条的规定，民法调整的财产关系只是发生在平等的民事主体之间的财产关系。在民法上，这种财产关系又称为横向财产关系，主要表现为两种。

一是财产归属关系。财产归属关系是指财产所有人和其他权利人因占有、使用、收益、处分财产而发生的社会关系。财产归属关系是一种静态的财产关系，通常体现为财产所有关系，某一特定财产归谁所有，以及其他人就该财产与财产权利人之间的关系。如土地所有权、承包经营权等。

二是财产流转关系。财产流转关系是指因财产的交换而发生的社会关系。财产流转关系是一种动态的财产关系，包括商品流转关系、遗产流转关系以及其他财产流转关系，其中商品流转关系是最主要的财产流转关系。如买卖、赠与、遗产继承等。

财产归属关系往往是财产流转关系的前提条件，财产流转关系通常又是实现财产归属关系的方法。

例：2019 年 10 月，甲区人民法院与上海某电梯设备有限公司签订电梯买卖合同一份。合同约定由甲法院向电梯公司购买某型号电梯 1 台，并由电梯公司负责安装，合同总价款为 128 万元，甲法院应于电梯经相关技术监督部门验收合格后 30 日内付清全部款项。签约后，电梯公司按约履行了义务。电梯于 2020 年 10 月 23 日经技术监督部门验收合格，并正式交付使用。但甲法院仅支付 58 万元，尚欠 70 万元未付清。电梯公司多次催讨，均被拒绝支付。一年后，电梯公司以甲法院为被告提起诉讼。

本案中，甲法院与电梯公司之间就是平等主体之间的财产流转关系，应该由民法调整。

2. 民法调整平等主体之间的财产关系的特征

民法调整的财产关系的首要特点，在于它是平等主体之间的财产关系。与人身关系相比较，该财产关系还具有下列特点。

（1）财产关系是一种以经济利益为核心的社会关系。在市民社会中，民事主体能够从自身利益出发来设定、变更或终止财产关系，最终实现其个人利益的最大化。而人身关系主要体现为民事主体精神利益和道德上的利益，具有非财产利益的属性。

（2）财产关系充分体现了主体的自由意志。主体享有对其财产的处分权，并有权依其意志移转财产所有权权能。财产关系的产生、变更和消灭体现了法律给予主体充分的自由空间，国家尽量不予干预。但在人身关系中，当事人的意思自由要受到一定的限制。例如，法律对结婚、离婚、收养等都进行了比较严格的限制，亲属法上许多权利都具有专属性，不得随意抛弃和转让。

（3）财产关系具有很强的变动性。在市场经济社会，财产往往只有通过流转才能实现资源的合理配置，充分实现其价值，因此，财产关系总是处于变化之中。而人身关系则具有极大的稳定性，具有很强的人身专属性。

（4）救济方式的财产性。财产关系遭受侵害时通常用损害赔偿等财产性的救济方法来解决；而人身关系在受侵害时较多使用非财产救济手段，如赔礼道歉、恢复名誉等，当然，依据《民法典》相关规定，侵害他人人身权益造成财产损失的，被侵权人也有权主张财产损害赔偿。

第三节　民法与其他法律部门的关系

一、民法与宪法

宪法是国家的根本大法，是社会主义法律体系的基础，是民法的制定依据，尤其是宪法关于公民基本权利的规定是民事权利的上位法依据。《民法典》在第1条开宗明义地规定"根据宪法，制定本法"，这一规定包含了如下含义。一方面，表明宪法具有最高的法律效力，《民法典》的规范不得与宪法的规定相抵触。宪法是国家的根本大法，是治国安邦的总章程，是保障国家统一、民族团结、经济发展、社会进步和长治久安的法律基础。要维护法制的统一，首先必须保障宪法的实施，维护宪法的权威。同时，宪法对于民法的解释、适用也具有重要的指导意义。在我国，虽然宪法尚不具有可司法性，法官也不能直接援引宪法裁判民事案件，但在司法实践中，法官仍然可以以宪法规范作为价值指导，选择适用民法裁判规则，并对民法规范进行合宪性解释，也可以援引宪法作为论证依据。另一方面，《民法典》规范的价值和效力来源于宪法规定。这就是宪法学者所说的"法源法定"。在《民法典》编纂过程中，相关规则的设计应当立足于宪法文本，遵守宪法的规定。宪法第5条规定："一切法律、行政法规和地方性法规都不得同宪法相抵触。"这也表明，《民法典》的制定必须符合宪法的原则和精神。

但作为两个不同的法律部门，民法与宪法也存在较大的区别。

一是性质不同。宪法本质上是公法，民法属于私法。宪法主要规范国家机关的行为，而民法主要规范平等的自然人、法人和非法人组织的行为。宪法规范国家机构的设置、国家机关的权力和义务，其中虽然会有涉及个人的权利和利益，但并不直接。而民法所规范的平等的自然人、法人和非法人组织之间的关系，与个人的权利和利益直接相关。

二是调整对象和调整方法不同。宪法主要调整国家和公民之间的关系，而民法则是调整平等主体之间的人身关系和财产关系。并非所有宪法上的权利都可以转化为民事权利，也并非所有的民法问题都涉及宪法，因为宪法基本权利大多是公法上的权利，而《民法典》所保护的权利仅限于私权，不包括公法上的全部权利。

三是义务的性质不同。宪法义务虽然对公民也有约束力，但宪法所设定的许多义务主要是针对国家的，并不直接规范公民的行为，而是要求国家机关制定相关的法律法规，为公民的行为规范提供法律依据。基于宪法的保护义务，相应的国家机关有义务依据宪法所规定的基本权利制定具体的法律法规，在部门法的层面对基本权利提供充分保护。而民法所设定的义务主要是针对民事主体，每个民事主体都负有遵守的义务。基于这一原因，民事主体违反民法义务时并不一定导致其违反宪法义务。

四是涉及的范围不同。宪法的调整范围涉及多个法律部门，并不仅仅局限于民法。一方面，宪法所确定的权利并不仅仅涉及民事领域，很多权利也无法转化为民事权利，只有那些体现了特定主体的私益、具有私法上可救济性的权利，才有必要具体化为民事权利。另一方面，宪法所确认的权利往往需要多个部门法共同予以保障，而不能仅靠民法，还可能需要行政法、行政诉讼法等。

二、民法与商法

商法是调整商事活动的法律规范，形式上的商法包括商法典以及公司法、保险法、破产法、票据法、海商法、证券法等单行法。近代的商法是随着欧洲商业的兴起，在商人习惯法的基础上发展起来的。自19世纪开始，商法开始在大多数大陆法系国家作为一个独立的法律部门出现，例如1804年拿破仑制定了《法国民法典》，1807年制定了《法国商法典》，这两个法典的制定标志着民商分立体系的形成。然而，随着市场经济的发展，商业职能与生产职能日益紧密结合，民商合一的立法模式成为更适应经济发展的社会需要。新中国成立以来，我国法律体系中就不存在商法部门。随着我国市场经济的发展，立法机关先后制定了《公司法》《保险法》《企业破产法》《证券法》《海商法》等一系列重要的属于传统商法范畴的法律，但这些法律属于商事特别法，是我国民事法律体系的重要组成部分。民法和这些商事法律之间是普通法与特别法的关系。

我国《民法典》在编纂时，就明确采纳了民商合一的体例。这既符合我国法制传统和习惯，又有利于提高民事立法的科学性。民商合一体例并不意味着一定要追求法典意义上的合一，而是强调民事规则统一适用于所有民商事关系的核心要义。我国《民法典》坚持民商合一的体例，从《民法典》总则到分则，再到商事特别法，形成了一个完整的民商合一的内在逻辑体系。具体表现在以下几个方面。

第一，《民法典》总则编采纳民商合一体例。《民法典》总则编对其各组成部分及商法规范进行了高度抽象，例如总则编中规定的平等原则、自愿原则、诚信原则、公平原则等，毫无例外均适用于商事活动。又如《民法典》总则编关于主体的规定，没有区分商人和非商人，而是规定的自然人、法人和非法人组织，事实上既包括民事主体，又包括商事主体。另外，民事法律行为、代理、诉讼时效等制度也统一适用于民商事主体。

第二，《民法典》分则各编采纳民商合一体例。《民法典》在分则中，如物权编、合同编，把许多商事法律规范纳入其中，形成了在《民法典》的统率下，各个民商事法律制度所组成的完整的私法规范。这样立法既符合我国的立法传统，也有利于降低法律适用成本，保障法律规则的准确理解和适用。

第三，《民法典》与各个商事单行法律是普通法与特别法的关系。当商事纠纷出现时，应当优先适用商事特别法，如果商事特别法无法适用，则适用《民法典》的相关规定来解决纠纷。

三、民法与行政法

行政法是国家通过各级行政机关管理国家政治、文化、教育、劳动人事、卫生等事务的法律规范的总和，是规范国家机关行为并发挥其组织、指挥、监督和管理职能的法律形式。行政法是我国法律体系中的一个重要部门。尽管民法与行政法之间存在一定的交叉和融合，但两者之间存在明显的区别。从本质上说，行政法属于公法的范畴，民法属于私法的范畴。

民法与行政法的主要区别在于：

第一，调整对象的不同。行政法所调整的行政关系与民法所调整的平等主体的人身关系和财产关系是不同的，行政关系主要是根据国家意志产生的，国家对各个领域的组织、指挥、监督和管理都体现了国家权力的运用，民事关系主要是基于民事主体的自主自愿而产生的。行政关系往往具有隶属性，体现的是命令与服从的关系;而民事关系则是平等主体间的关系,遵循平等、自愿、等价有偿的原则。在行政关系中,必有一方是国家行政机关,行政关系是在行政机关的行政行为过程中产生的,行政相对人可能是其他国家机关,也可能是企事业单位、社会团体或者自然人。而民事关系的主体主要是自然人、法人和非法人组织,国家只是在例外的情况下(如发行国库券、发行国债等)才成为民事主体。

第二,功能不同。行政法是控制和规范行政权的法,目的是保障依法行政。行政权是组织社会生活、维护社会秩序、保障人民财产和人身安全的权力,一旦被滥用就可能侵害人民的权利,危害社会秩序。因此,必须通过行政法对其进行控制。而民法是保障私权的法。它通过确认保障自然人、法人和非法人组织的财产权和人身权,来维护自然人、法人和非法人组织的合法权益,鼓励人们从事广泛的民事行为,促进社会经济的发展。如果说法治的核心是规范公权和保障私权的话,这两项职能分别是由行政法和民法来实现的。

第三,规范的性质不同。行政法大多是一些程序性的规定,对于行政机关而言,"法无授权不可为",因而,行政法主要是通过行政组织法来控制行政权的权源,通过行政程序法规范行政权行使的方式。而民法规范主要是实体规范,民法以规定民事主体的实体权利义务为主要内容,民法规范大体上可以区分为行为规则和裁判规则。通过规定实体权利义务关系,以规定相关的构成要件以及法律后果的方式,民事法律规范可以提高民事主体的行为预期,从而为其提供行为指引。

第四,调整方法不同。民法具有任意性,由于民法以意思自治为原则,采"法不禁止皆可为"的精神,所以民法中的大多数规范,特别是债和合同法规范体现出较强的任意性特点,当事人的意思表示在合法的前提下可优先于任意法而适用。因此,法律行为制度允许当事人通过意思自治的方式来调整自己的行为。而行政法具有强制性,行政法多为强行法,一般不允许当事人通过协商来改变法律的规定。

四、民法与经济法

"经济法"一词起源于20世纪二三十年代的苏联,我国在1979年开始出现经济法概念,经济法学也蓬勃兴起。我国法学界对经济法的调整对象和调整范围问题一直存在不同的见解,我们认为,经济法一词具有双重含义:一是指调整经济关系的所有的经济法律规范,在这个意义上使用的经济法概念通常又称为经济立法。二是指调整特定经济关系的法律部门,即作为独立的法律部门的经济法。在这个意义上所说的经济法，就是国家行政权力作用于经济领域，国家行政机关对国民经济实行组织、管理、监督、调节的法律规范的总称，它主要调整纵向的、具有行政隶属特征的经济管理关系。从这个意义上说，经济法也称为经济行政法。

民法与经济法的主要区别在于：

第一，经济法调整的经济管理关系是国家在管理经济活动中所产生的关系，其内容包括计划、组织、调节、监督等多方面。由于这种关系主要发生在有隶属关系的上下级之间，所以也称为纵向的关系。而民法的调整对象主要是发生在平等主体之间的财产关系和人身关系，民法不仅调整经济关系，也调整非经济关系，民法调整的社会关系的主要特点在于其平等性。

第二，经济法调整的经济管理关系是按指令和服从原则建立起来的行政隶属关系，所以经济法规范大多是强行性规范，违反该规范所产生的责任大多是行政责任。而民法的调整对象是民事主体之间在平等协商基础上建立起来的平等关系，故民法以任意性规范为主，违反民法的规定主要产生民事责任。由此决定了经济法主要采取指令和服从的调整方法，而民法主要采取意思自治的调整方法。

第三，经济法调整的经济管理关系是以全社会需要为宗旨的关系，它主要协调的是市场主体的利益和国家利益、公共利益的冲突，其目的在于维持良好的市场秩序，实现特定的公共政策。而民法主要协调民事主体之间的关系，目的在于保护单个民事主体的合法权益。

五、民法与社会法

社会法是调整由个人基本生活权利保障而衍生的相关社会关系的法律规范的总称。社会法是近几十年来发展起来的、跨越公法和私法的法律部门，其内容主要包括劳动法、社会保障法、社会救助法等。社会法以保护社会大众和弱势群体为宗旨，在缓和社会矛盾、维护社会稳定方面发挥着重要的作用。民法与社会法之间具有密切联系：一方面，二者都强调对弱势群体的保护。随着民法人文关怀精神的彰显，其越来越强调对人的保护，其与社会法一样，都强调对社会弱势群体的保护。另一方面，二者在功能上具有一定的互补性。社会法强调对人的保障，注重维护社会稳定，民法尤其是侵权法也注重对受害人的救济，在民法无法为受害人提供充分的救济时，社会法可以对受害人提供补充性的保护。

民法与社会法的主要区别在于：

第一,从法律性质上说,民法是私法,以维护民事主体的私人利益为主要目标。而社会法作为以维护社会公共利益为其主要目标的法律,在性质上并不是私法,它的目的在于建立较为完备的社会保障制度,维护社会全体成员的共同福利,谋求社会大众共同福利的增进,因此其兼具公法与私法的双重性质。

第二,民法以私法自治为原则,表现出较强的任意法的特性;而社会法主要是强行法,它不允许当事人之间自由设立权利义务。例如,就社会保险而言,尽管存在自愿险,但更多的是法定的强制险。当然,社会法中也有自治的内容,如劳动合同中部分内容也允许当事人自由约定。

第三,民法注重维护形式正义,而社会法则更注重维护实质正义。民法调整的是平等主体之间的关系,社会法则不以平等主体之间的社会关系为起点,而以实质平等的价值理念构建社会法的规则体系,尤其是注重保护弱势群体的权益。

第四,民法的许多规则,如债与合同、物权制度、知识产权制度等,都具有创造财富的功能,而社会法主要具有满足社会成员的基本生活需要的财富分配功能。

第五,社会法以保护公民的生存权为目标,即实现社会保障的根本目的就是使公民获得基本的生存条件。而民法不仅要保护民事主体的生存权,而且要保护民事主体参与社会生活所应当享有的各种合法权益。

六、民法与民事诉讼法

民事诉讼法是用来调整当事人、法院及其他诉讼参与人之间实施诉讼活动以及由此形成的诉讼关系的法律规范的总称。民法和民事诉讼法是相互依赖、密不可分的。一方面,民法所规定的实体规则在很大程度上决定了民事诉讼法的规则设计。例如对于侵权责任,民事诉讼法所规定的举证责任分配规则应当以《民法典》侵权责任编的规定为基础。另一方面,民事诉讼法可以从程序上起到对民事权利的全面保障作用,为民事权利提供规则化、体系化的程序保护规则。法谚云,"无救济则无权利",民事权利的实现需要民事诉讼的保障,如果诉讼程序的设置无法保障民事权利的实现,那么实体法中的权利也就变成无源之水、无本之木,难以真正实现。

当然,作为不同的法律部门,民法和民事诉讼法也存在区别。

第一,性质不同。民事诉讼法是程序法,旨在规范民事主体实现其民事权利的诉讼程序。而民法是实体法,旨在规范民事主体之间实体的民事权利义务关系。实体法和程序法虽然紧密联系,但基本内容和基本原则都各自不同。与此相应，民法属于私法，而民事诉讼法属于公法，因为后者以规范国家司法权的行使作为其重要内容。

第二，调整对象不同。民法调整民事主体之间的人身关系和财产关系，而民事诉讼法是调整民事诉讼活动和诉讼关系的法律，以规范诉讼程序和诉讼关系为对象，以公正、适当解决纠纷为目的。民法主要调整实体权利义务关系，而民事诉讼法主要规范人民法院、当事人及其他诉讼参与人之间存在的以诉讼权利和诉讼义务为内容的具体社会关系。民法主要是任意法，以当事人意思自治为原则；而民事诉讼法为强行法，采纳程序法定主义。

第三，立法目的不同。民法主要考量实体正义，民法中的正义除了具体的法律规范内容外，还需要综合考虑社会、历史、经济等多种因素，通过价值衡量当事人直接的权利义务进行分配才能实现。民事诉讼法虽也以保护民法上的实体权利为目的，但其所追求的是程序正义，其以诉讼规则为准则，以法律事实为依据。当然，这并不是说两者是截然对立的。一方面，法官在追求程序正义的同时，在裁判时也需要考量多种社会因素，即将实体法中的实质正义纳入裁判的考量之中。另一方面，程序正义是通向实质正义的必经之路，程序正义是看得见的正义，只有充分维护程序正义，才能真正实现当事人权利的平等保护。

第四节　民法的渊源

法的渊源就是法的表现形式，民法的渊源是指民事法律规范借以表现的形式，它主要表现在各国家机关根据其权限范围所制定的各种规范性文件之中。掌握民法的渊源，对于正确理解民法，尤其是正确运用民法，具有非常重要的意义。

一、宪法

宪法是国家的根本法，由全国人民代表大会制定，具有最高的法律效力。宪法作为国家的根本大法，理应成为民法的渊源，宪法中很多法律条文本身就是调整民事关系的重要法律规范，例如公民的人身自由不受侵犯，保护公民的私有财产权和继承权，等等。因此，《民法典》第1条规定："为了保护民事主体的合法权益，调整民事关系，维护社会和经济秩序，适应中国特色社会主义发展要求，弘扬社会主义核心价值观，根据宪法，制定本法。"

关于宪法规范能否在裁判中引用的问题，学界一直存有争议。根据《最高人民法院关于裁判文书引用法律、法规等规范性法律文件的规定》第 4 条规定："民事裁判文书应当引用法律、法律解释或者司法解释。对于应当适用的行政法规、地方性法规或者自治条例和单行条例，可以直接引用。"从该条规定来看，并没有将宪法列入民事裁判文书可以引用的范围之中。因此，法官在裁判民事案件时，不得直接援引宪法。但是，这并不意味着裁判文书中不能援引宪法，法官可以将宪法作为裁判中说理论证的重要依据。另一方面，法官在裁判过程中，如果因适用法律出现复数解释时，就应当以宪法的原则、价值和规则为依据，确定文本的含义，得出与宪法相一致的法律解释结论。

二、《民法典》和其他民事单行法律

《民法典》是中国特色社会主义法律体系的重要组成部分，是民事领域的基础性、综合性法律，它规范各类民事主体的人身关系和财产关系，涉及社会生活的方方面面，被称为"社会生活的百科全书"，在民法的渊源中起着主导性地位。民事法律是由全国人民代表大会及其常委会制定和颁布的民事立法文件，是我国民法的主要表现形式。民事法律主要由两部分组成，一是《民法典》，二是民事单行法。就民事单行法而言，我国已制定了《公司法》《保险法》《海商法》《票据法》《证券法》《著作权法》《专利法》《商标法》等法律。上述法律都是民事法律的重要组成部分，也是裁判中应当遵循的基本规则，法官可以直接援引这些法律裁判案件。

在各项民事法律中，《民法典》是基础性法律，是私法的基本法，《民法典》和民事单行法之间的关系，就像树根、主干与枝叶之间的关系，《民法典》是树根和主干，而民事单行法是枝叶，其必须以《民法典》为基础和根据。正是在《民法典》的统率下，各项民事法律构成了一个完整的整体。《民法典》为民事单行法的制定提供了民事基本法的依据，并且为民事单行法的解释、适用提供了价值基础和规范依据。

三、行政法规中的民事规范

国务院是最高国家行政机关，它可以根据宪法、法律和全国人民代表大会常务委员会的授权，制定、批准和发布法规、决定和命令，其中有关民事的法规、决定和命令，是民法的重要表现形式，其效力仅次于宪法和民事法律。例如，2014 年 11 月 24 日国务院修订的《不动产登记暂行条例》、2021 年 7 月 2 日国务院第三次修订的《土地管理法实施条例》等，都是重要的民法渊源，在处理民事案件时，法官也可以援引这些行政法规裁判案件。

四、行政规章中的民事规范

根据《立法法》的规定，行政规章是指国务院各部委以及各省、自治区、直辖市的人民政府和省、自治区的人民政府所在地的市以及设区的市的人民政府根据宪法、法律和行政法规等制定和发布的规范性文件。一些行政规章也包含调整民事关系的内容，其也可能成为民事裁判的依据。关于行政规章在司法裁判中的运用，《最高人民法院关于裁判文书引用法律、法规等规范性法律文件的规定》第4条并没有将其规定为民事裁判可以直接引用的裁判规范，但从该司法解释第6条的规定来看，对行政规章而言，法官"根据审理案件的需要，经审查认定为合法有效的，可以作为裁判说理的依据"。从该条规定来看，在民事裁判中，行政规章并不能直接作为裁判依据，而需要经过法院的审查认定。当然，在特殊情况下，如果法律对行政规章的适用作出了明确规定，则其也可以成为民事裁判的依据。

五、地方性法规、自治条例和单行条例中的民事规范

地方性法规，是指省、自治区、直辖市以及省级人民政府所在地的市和设区的市的人民代表大会及其常务委员会，根据宪法、法律和行政法规，结合本地区的实际情况制定的，并不得与宪法、法律、行政法规相抵触的规范性文件。地方性法规虽然在效力范围上具有从属性，且在适用范围上具有地域局限性，但地方性法规是地方国家权力机关依据宪法的授权而制定的法规，同样具有法的效力，其中调整民事关系的内容属于民法的渊源。

自治条例和单行条例也可以成为民法的渊源。所谓自治条例，是指民族自治地方的人民代表大会依据宪法和法律，结合当地民族自治地区特点所制定的、管理自治地方事务的综合性法规。所谓单行条例，是指民族自治地方的人民代表大会在宪法和法律所规定的自治权范围内，结合民族地区的特点，就某方面具体问题所制定的法规。根据《最高人民法院关于裁判文书引用法律、法规等规范性法律文件的规定》第4条规定，自治条例和单行条例也可以成为民事裁判的依据，可以成为民法的渊源。

六、国际条约和国际惯例中的民事规范

国际条约是两个或两个以上的国家就政治、经济、贸易、军事、法律、文化等方面的问题确定其相互权利义务关系的协议。国际条约的名称包括条约、公约、协定、和约、盟约、换文、宣言、声明、公报等。国际惯例也称为国际习惯，属于法律范畴的国际惯例，具有法律效力。对于我国缔结或者参加的国际条约，如果其与我国民事法律的规定不同，除我国声明保留的条款外，应适用国际条约的规定。从这个意义上说，我国签订或加入的国际条约以及国际惯例也可以成为我国民法的渊源。应当指出的是，国际条约优先于国内法而适用的效力，主要是针对涉外民事关系而言的，而国内的民事关系原则上仍受国内法调整，不应当盲目地扩张国际条约的适用范围。只有在不违背我国法律规定的前提下，才可适用国际惯例。

七、民事司法解释

最高人民法院是国家最高审判机关，有权就法律适用作出权威解释。《立法法》第104条规定："最高人民法院、最高人民检察院作出的属于审判、检察工作中具体应用法律的解释，应当主要针对具体的法律条文，并符合立法的目的、原则和原意。"司法解释已经成为我国各级审判机关在处理案件中的裁判规则，并被当事人直接援引，所以司法解释事实上已经成为法律渊源。例如《最高人民法院关于适用〈中华人民共和国民法典〉总则编若干问题的解释》。

八、国家认可的民事习惯

所谓习惯，是指当事人所知悉或实践的生活和交易习惯。所谓生活习惯，是指人们在长期的社会生活中形成的习惯。所谓交易习惯是指交易当事人在当时、当地或者某一行业、某一类交易关系中所普遍采纳的，且不违反公序良俗的习惯做法。我国是幅员辽阔的多民族国家，在少数民族聚居的地区，生活习惯在民法渊源中具有一定的意义。《民法典》第10条规定："处理民事纠纷，应当依照法律；法律没有规定的，可以适用习惯，但是不得违背公序良俗。"习惯要成为民法渊源，并成为裁判的依据，不得违反法律的强制性规定和公序良俗。

一是不得违反法律的强制性规定。不论是作为具体裁判规则的习惯，还是

用于填补法律漏洞的习惯，都应当与其他法律渊源保持一致性，而且其内容都不得违反法律的强制性规定。违反法律强制性规定的习惯不能作为漏洞填补的依据。例如，当事人不得在民事行为中约定免除人身伤害的赔偿责任。

二是不得违反公序良俗。习惯不得违背公共秩序和善良风俗。因为公序良俗是从民族共同的道德感和道德意识中抽象出来的，公序良俗在内涵上是由社会公共秩序、生活秩序以及社会全体成员所普遍认可和遵循的道德准则所构成的，它是中华民族传统美德的重要体现，也是维护社会安定有序的基础。习惯作为法律渊源，能够弥补法律规定的不足，使法律保持开放性。值得注意的是，只有符合公序良俗原则和国家整个法制精神的习惯，才可以被承认为习惯法。

第五节 民法的适用范围

民法的适用范围，是指民事法律规范在何时、何地、对何人发生法律效力。民法的适用范围，也是民法的效力范围。正确了解民事法律规范的适用范围，是正确适用民事法律规范的重要条件。

一、民法对人的适用范围

民法上的"人"，包括自然人、法人和非法人组织等民事主体。民法对人的适用范围，是指民事法律规范对于哪些人具有法律效力。一般确定民法对人的适用范围有属人主义、属地主义等标准。属人主义，即以当事人国籍确定法律的适用，凡具有某一国籍的人，不论其在何处，均适用国籍所在国法律。属地主义，是指凡居住于该国的人或在该领域内发生的民事法律行为均适用其实际所在地的法律。

《民法典》第12条规定："中华人民共和国领域内的民事活动，适用中华人民共和国法律。法律另有规定的，依照其规定。"由此可见，根据属地原则，在我国境内的本国人、外国人和无国籍人均适用我国民法；不在我国境内的则不适用我国民法，但有例外。具体来说，包括以下几种例外：一是我国民法中某些专门规定由中国自然人、法人或者其他组织进行的民事活动的内容，对外国人、无国籍人或外国法人和其他组织不适用；二是对于虽然在我国境内，但依据我国缔结或参加的国际条约、双边协定或经我国认可的国际惯例，享有司法豁免权的外国人不适用我国民法；三是对于不在我国境内的我国公民，其民事关系原则上适用所在地国民法，但依据我国缔结或参加的国际条约、双边协定或我国认可的国际惯例，应该适用我国民法的，则应适用我国民法。

二、民法在时间上的适用范围

民法在时间上的适用范围，是指民事法律规范在时间上所具有的法律效力。一般来说，民法的效力自实施之日发生，至废止之日停止。法律规范何时开始实施，可以由法律规范本身规定，也可以由制定法律的机关以命令或决议的形式予以规定。如果立法对法律规范效力的停止日期不加规定，应认为法律一直有效，直至有法律明文废止或修改时才停止生效。

民事法律规范有无溯及既往的效力，是民法在时间效力上的一个重要问题。法律是否溯及既往，是指新的法律颁布实施后，对它生效之前发生的事件和行为是否适用。如果适用，即具有溯及力；如果不适用，即不具有溯及力。一般的原则是"法不溯及既往"。法律之所以不得溯及既往，是因为在法律尚未公布之前，人们只能按照旧的法律实施行为，而依据旧的法律所作出的任何行为都是合法的。如果在新的法律颁布以后，新的法律产生推翻人们依据旧的法律所实施的行为的效力，就会打破人们对依据法律而行为的后果的合法预期。如果人们按照现行的法律去行为，由此形成的各种法律关系却被未来的法律所否定，也不利于社会秩序的稳定和法律权威性的保证。所以，法律不溯及既往的原则，旨在提醒人们遵守法律。

当然，法律不溯及既往不是绝对的，在特殊情况下，尤其在旧法对特殊民事活动无规定时，民事法规也可以作出有溯及力的规定。另外，在例外情况下实行法律溯及既往原则，必须遵循有利追溯原则，即这种溯及既往对各方当事人都是有利的，且不损害国家利益和社会公共利益，例如，《最高人民法院关于适用〈中华人民共和国民法典〉时间效力的若干规定》第2条规定：《民法典》施行前的法律事实引起的民事纠纷案件，当时的法律、司法解释有规定，适用当时的法律、司法解释的规定，但是适用《民法典》的规定更有利于保护民事主体合法权益，更有利于维护社会和经济秩序，更有利于弘扬社会主义核心价值观的除外。

三、民法在空间上的适用范围

民法在空间上的适用范围，是指民事法律规范在地域上所具有的效力。任何国家都是根据主权、领土完整和法制统一的原则，来确定各种法律法规的空间效力范围的。我国民事法律规范的效力及于我国主权管辖的全部领域，但在确定某一个具体民事法律法规的效力时，由于制定、颁布民事法律法规的机关不同，民事法律法规适用的空间范围也不相同。一是凡属全国人民代表大会及其常务委员会、国务院制定并颁布的民事法律法规，适用于中华人民共和国的领土、领空、领海，以及根据国际法，国际惯例应当视为我国领域的一切领域，如我国驻外使馆，在我国航行或停泊于我国境外的船舶、飞机等。二是凡属地方各级立法机关根据各自的权限所颁布的民事法律法规，只在该立法机关管辖区域内发生效力。例如，广西壮族自治区的自治条例和单行条例只在广西壮族自治区发生效力。

由于民法法源的多元化，民法的适用应当遵循一定的原则，便于准确适用法律。民法在适用中应当遵循上位法优于下位法原则、新法优于旧法原则、特别法优于普通法原则、法律文本优于法律解释原则，以及强行法优于任意法原则，等等。

第六节　民法的基本原则

民法的基本原则是民法规范从制定到实施所贯穿始终的根本准则。它是民法的本质和特征的集中体现，反映了市民社会和市场经济的根本要求，表达了民法的基本价值取向，是高度抽象的、最一般的民事行为规范和价值判断准则。其重要性具体表现在：第一，民法的基本原则是立法的准则，对民事立法及其完善具有贯穿始终的指导意义；第二，民法的基本原则是民事主体进行民事活动的基本准则，民事主体所进行的各项民事活动不仅要遵循具体的民法规范，还要遵循民法的基本原则；第三，民法的基本原则是立法和司法机关解释民法规范时贯穿始终的重要依据，任何解释都不能违背民法的基本原则；第四，民法的基本原则还是解决成文法局限性的有效手段，用以弥补立法的不足和空白。

《民法典》第3条至第9条规定了民法的基本原则，具体包括保护民事主体合法权益原则、平等原则、自愿原则、公平原则、诚信原则、符合法律和公序良俗原则以及绿色原则。

一、保护民事主体合法权益原则

保护民事主体合法权益原则，是民法的首要原则。《民法典》第3条规定：

"民事主体的人身权利、财产权利以及其他合法权益受法律保护,任何组织或者个人不得侵犯。"

保护民事主体合法权益原则的含义包括以下方面。

第一,民法是权利法,不仅赋予民事主体权利,而且保护民事主体的权利。《民法典》被称为民事权利的宣言书,在总则编中专门设置了"民事权利"一章,集中地确认和宣示了自然人、法人和非法人组织所享有的各项民事权利,充分彰显了民法对私权保障的功能;又通过体系化的民事责任制度对民事主体合法权益进行保护,如将"侵权责任"单独列为一编,置于分则各编之后,突出体现了民法对民事主体合法权益的保护。

第二,民法不仅保护民事权利,而且还保护民事利益。除了人身权利和财产权利受民法保护之外,"其他合法权益"同样受民法保护,这体现了民法保护权益范围的开放性。随着时代的变迁,民事权益的内容也在发生变化,如《民法典》中规定对胎儿利益的保护、对死者人格利益的保护等。

第三,合法权益受到侵害时,权利主体可以通过民法进行救济。任何组织或者个人不得侵犯民事主体的合法权益;合法权益受到侵害时,权利主体依法可以请求行为人停止侵害、赔偿损失或采取其他补救措施,并由司法机关给予最终的保障。

二、平等原则

《民法典》第4条规定:"民事主体在民事活动中的法律地位一律平等。"本条确认了平等原则。所谓平等原则,是指在一切民事活动中,民事主体在法律地位上是平等的,其合法权益应当受法律的平等保护。民事主体地位平等原则是我国民法将平等主体之间的人身关系和财产关系作为其调整对象的必然体现。该原则的实质在于强调主体资格和法律地位的平等,强调主体从事民事活动的机会平等,任何一方当事人在民事活动和民事关系中都不得享有特权。平等原则集中体现了民法的本质特征,也是民事法律制度的基础。

平等原则主要包括以下内容。

1. 民事主体的法律地位平等

民事主体的法律地位平等主要包括两方面的内容。其一,民事主体的法律资格平等。例如《民法典》第14条规定:"自然人的民事权利能力一律平等。"民事权利能力是指民事主体依法享有民事权利、承担民事义务的资格,即作为民事主体的资格。我国法律确认了各类民事主体民事权利能力平等的原则。其二，在具体的民事法律关系中，当事人的法律地位平等。参加民事活动的当事人，无论是自然人还是法人或非法人组织，无论是否具有管理与被管理关系，也无论其经济能力如何，都具有平等的法律地位，任何一方都无权将自己的意志强加给对方。在民事法律关系中，当事人之间没有上级与下级的关系，没有行政隶属关系。国家以民事主体的身份参加民事法律关系时，也与其他民事主体处于相同的法律地位。

2. 民事主体在民事法律关系中平等地享受权利、承担义务

民事主体参与到具体的民事法律关系中，平等地享受民事权利和承担民事义务，任何民事主体既不能享有特殊的权利，也不负担特殊的义务。当事人可以平等协商确立相互间的权利义务，也可以依法平等协商变更或者终止相互间的权利义务。民事法律关系中的民事权利和民事义务是一致的，即当事人相互间的权利义务相对应，每一方享有的权利与付出的义务大致相当。值得注意的是，现代民法强调形式意义上的平等的同时，也关注实质意义上的平等，例如《民法典》第128条规定："法律对未成年人、老年人、残疾人、妇女、消费者等的民事权利保护有特别规定的，依照其规定。"

3. 民事主体的民事权益平等地受法律保护

法律并不因主体是自然人、法人或者非法人组织，而对其合法权益予以不同的保护。任何民事主体的合法民事权益受到侵害时，当事人都可请求予以法律救济，法律对其保护是一视同仁的。在民法范畴内，各类民事主体的权益应当平等地受到法律保护，获得同类性质的法律救济，即使是公有财产，在民法中也应当与私人财产受到同等的法律保护。

4. 民事主体的民事责任平等

民事主体在民事活动中都必须遵守法律，尊重他人的合法权益。任何一方不法损害他人的合法权益，都应依法承担相应的民事责任。任何民事主体承担的民事责任范围都以等价赔偿为原则，民事关系的当事人相互之间不存在惩罚和制裁关系。

例：张某与前夫李某于2015年12月登记结婚，婚后育有一双儿女，李某在乡下工作，张某主要在家抚育子女。共同生活期间，双方因家庭经济、生活琐事等时常发生争执，家庭关系不融洽，夫妻之间矛盾隔阂日益加深。2022年2月，张某以夫妻感情彻底破裂为由诉至法院请求离婚，并要求李某给予其经济补偿。庭审中，李某表示同

意离婚，但不同意给予妻子家务补偿。法院经审理认为，张某、李某双方均认同夫妻感情已破裂，都同意离婚。李某因长期在乡下工作，对子女抚育照料时间较少，而张某主要在家抚育子女，对料理家务及抚育两个子女负担较多义务，为李某工作创造条件，张某在自我发展和工作选择、收入能力等方面作出了一定的牺牲，故应获得家务补偿。结合双方婚姻存续时间、当地生活水平以及被告李某经济收入等实际情况，法院酌情认定被告李某应向原告张某支付离婚家务经济补偿款5万元。案件宣判后，双方当事人均未提起上诉，现判决已发生法律效力。

本案在判决过程中，法官一直遵循着夫妻双方当事人法律地位平等的原则。

三、自愿原则

《民法典》第5条规定："民事主体从事民事活动，应当遵循自愿原则，按照自己的意思设立、变更、终止民事法律关系。"本条规定了自愿原则。自愿原则，又称意思自治原则，是指平等民事主体之间在设立、变更或者终止民事法律关系时，要以各自的真实意志来表达自己意愿的民法基本准则。

意思自治在民法中具体体现为合同自由、婚姻自由、遗嘱自由等规则。主要包括以下内容。

1. 确立民事主体在法律允许的范围内具有最广泛的行为自由

意思自治的实质，就是赋予民事主体以行为自由，在法律允许的范围内，自主决定自己的事务，自由从事各种民事活动，确定参与社会生活的交往方式，最充分地实现自己的价值。具体而言，民事主体有权选择是否从事某种民事活动（如合同），有权选择从事民事活动的相对人、内容和形式，有权选择补救方式。

2. 确立民事主体自由实施法律行为，调整民事主体之间的相互关系

根据民法的一般性规定，民事主体通过自主协商而达成合意，并使其具有优先于法律任意性规范的适用效力，据此设立、变更或者终止相互之间的民事法律关系。这也是意思自治的重要意义所在，也就是民法不确定具体的行为准则，而只是划定一个界限和范围，民事主体在该范围之内可以自主行为。

3. 确立"法无明文禁止即可为"的原则

具体而言，在私法领域中，民事主体实施民事法律行为，只要法律未设立明文禁止的规范，民事主体即可为之，只要不违反法律的强制性规定，就可以自由行使自己的民事权利。例如，民事主体有权利用和处分其民事权益，包括财产权益和姓名、肖像、个人信息等人身权益。

值得注意的是民法对意思自治的限制。尽管意思自治赋予民事主体充分的决定自由和行为自由，但任何意思自治都不是绝对的自由，而是相对的、有限制的自由。20世纪以来，随着垄断的加强，国家加强了对经济领域的干预，尤其是加强了对合同自由的限制，因为在合同关系中，可能出现表面上看完全符合意思自治的要求，实质上却是某些弱势群体难以表达和实现其意志，导致所订立的合同严重损害社会公平公正。例如，在商家与消费者的合同关系中，商家有可能凭借其经济实力、信息获取等优势地位，迫使消费者与之订立权利义务不对等的合同。另外，民法还规定了意思自治不得违背法律和公序良俗，如果当事人的意思自治和人格尊严价值等产生冲突，则应当优先维护人格尊严。例如，自然人可以将自己的姓名、肖像等权益许可他人使用，但不得违反法律的强制性规定，不得违背公序良俗。

> **例**：甲有一市价约50万元的名人字画，从未打算出售。同城的乙欲用来装饰房屋，多次求购未果。某天，乙又带领一帮人来到甲家，对甲说，如果三天之内见不到那幅字画，小心你家在某学校上小学的儿子。甲无奈，只得将字画按照乙的报价30万元出售。
>
> 本案中，甲、乙之间的买卖合同不是自愿缔结的，甲的意思表示显然因受胁迫而不自由，违反了民法意思自治原则，该合同是可撤销的合同。

四、公平原则

《民法典》第6条规定："民事主体从事民事活动，应当遵循公平原则，合理确定各方的权利和义务。"本条是对公平原则的规定。公平原则是指民事主体应当以社会公认的公平观念从事民事活动，维持当事人之间的利益均衡；立法机关和司法机关在民事立法和司法的过程中也应维持民事主体之间的利益均衡。公平是进步和正义的道德观在法律上的体现，在处理民事权利冲突和利益纷争时，公平原则是最基本的衡量标准，具有重要的价值导向。

公平原则主要包括以下内容。

1. 公平原则的基本要求是对民事利益分配关系达到均衡，以实现分配正义

对民事主体进行利益分配，要体现公正、正直、不偏袒、公道的特质和品质，以及公平交易或者正当行事的理念，保证民法分配正义的实现。

2. 公平原则的具体要求是民事主体依照公平观念行使权利、履行义务，以实现交换正义

在民事利益交换中要体现民法的正义要求，不得滥用权利，侵害他人的合法权益，防止造成不公平的后果。

3. 公平原则确定民事活动目的性的评价标准，以实现实质正义

判断民事活动是否违背公平原则，主要是从结果上判断是否符合公平的要求，如果交易的结果导致当事人之间的利益失衡，除非当事人自愿接受，否则法律就应当作出适当调整。

4. 公平原则是法官适用民法应当遵循的基本理念，以实现裁判正义

民法是最充分体现公平、正义要求的法律，法官在适用法律裁判民事纠纷时，应当严格依照公平理念作出判断，公正无私地进行司法活动，以保障裁判正义的实现。例如，侵权责任中的"公平补偿规则"，即是公平原则的典型体现。

> 例：《民法典》第243条第1款规定："为了公共利益的需要，依照法律规定的权限和程序可以征收集体所有的土地和组织、个人的房屋以及其他不动产。"
>
> 根据公平正义理念的内涵，理解如下：① 有公共利益的需要，方可进行征收，实现国家、集体和个人利益的统一；② 征收须依照法定权限和程序进行，保证程序公正；③ 无论是集体所有的还是个人所有的不动产被征收，都应当依法给予征收补偿，维护被征收人的合法权益。

五、诚信原则

《民法典》第7条规定："民事主体从事民事活动，应当遵循诚信原则，秉持诚实，恪守承诺。"本条是对诚信原则的规定。诚信原则，是指民事主体在从事民事活动、行使民事权利和履行民事义务时，应当诚实、守信，不得损害他人合法权益和社会公共利益。诚信原则，主要是民法对具有交易性质的民事法律行为和民事活动确立的基本准则，是将诚实信用的市场伦理道德准则吸收到民法规则中，约束具有交易性质的民事法律行为和民事活动的行为人诚实守信，信守承诺。故诚信原则被称为民法特别是债法的最高指导原则，甚至被奉为"帝王原则"。

诚信原则的基本功能包括以下方面。

1. 确立民事法律行为的规则

根据诚信原则确立的民事法律行为规则包括：一是行使民事权利应当以诚信为本，不滥用权利。《民法典》第132条规定："民事主体不得滥用民事权利损害国家利益、社会公共利益或者他人合法权益。"二是履行民事义务应当恪守诚信，守信用，重承诺。民事主体应当以正当的方式履行义务，在没有明确约定的情况下，应当根据诚信原则履行义务，包括履行主要义务和相关的附随义务，如通知、协助、保密等。三是与他人设立、变更、终止民事法律关系，诚实守信，不欺诈、不作假，不损害他人合法权益和社会公共利益，不得从违法行为中获取不正当利益。

2. 为解释法律和合同确定准则，并填补法律漏洞和合同漏洞

诚信原则被贯彻于民法的各个环节之中，通行于民法的各个领域。在解释法律和合同时，应当遵守诚信原则；在法律出现漏洞、规范不足或者空白时，法官应当依据诚信原则作出补充；在合同出现漏洞时，也应当依据诚信原则进行补充。

3. 依据诚信原则平衡当事人的利益冲突

平等主体之间的交易关系，都是各个交易主体因追求各不相同的经济利益而产生的，而各方当事人之间的利益时常会发生冲突或矛盾，这就需要借助诚信原则加以平衡，应当以事实为依据，以法律为准绳，全面保护各方当事人的合法权益，平衡相互之间的利益关系。诚信原则不仅要平衡当事人之间的关系，还要平衡当事人的利益和社会公共利益之间的冲突与矛盾，即要求当事人在从事民事活动过程中，要充分尊重他人合法权益和社会公共利益，不得滥用权利，损害国家、集体和第三人的利益。

例：甲房地产开发公司在出售某小区商品房时，交给购房人张某的小区平面图和项目说明书中都标明，该小区中间将建有一个室内游

泳健身馆。张某喜爱游泳健身，因看中该小区健身方便，决定购买一套商品房并与甲公司签订了购房合同。一年后张某收房时发现小区并没有修建游泳健身馆，追问之下，销售员告诉张某，游泳健身馆并不在规划之列，只是为了宣传效果而画上的。

本案中，甲房地产开发公司违反了诚信原则。因甲公司不守诚信，构成根本违约，张某可主张解除合同，要求退房，并要求甲公司承担违约责任。因甲公司违背诚信原则，在售房过程中进行虚假宣传，构成欺诈，张某因此受损，所以，张某也可以选择主张撤销合同，并要求甲公司承担缔约过失责任。

六、符合法律和公序良俗原则

《民法典》第8条规定："民事主体从事民事活动，不得违反法律，不得违背公序良俗。"本条规定了符合法律和公序良俗原则，具体来说包括合法原则和公序良俗原则。

1. 合法原则

合法原则，是指所有民事法律行为都不得违反法律的强制性规定。这里的"法"包括宪法、法律、法规、条例、命令、规定等，合法原则要求民事主体从事民事活动从目的、内容到形式、程序和行为都必须符合法律的规定。《民法典》第153条第1款规定："违反法律、行政法规的强制性规定的民事法律行为无效。"第154条规定："行为人与相对人恶意串通，损害他人合法权益的民事法律行为无效。"

2. 公序良俗原则

公序良俗是公共秩序和善良风俗的合称，它是社会主义核心价值观的体现，既适用于财产关系，也适用于人身关系。《民法典》第153条第2款规定："违背公序良俗的民事法律行为无效。"

公共秩序，是指政治、经济、文化等领域的基本秩序和根本理念，是与国家和社会整体利益相关的基本性原则、价值和秩序。危害公共秩序的行为通常也是违反法律的强制性规定的行为，如毒品交易、军火走私等行为，本身就因为其违反法律或行政法规的强制性规定而无效。但有时法律规范并不能涵盖所有行为，因而需要公共秩序对现行法律予以有效补充。因此，凡是民事法律行为危害国家公共安全和秩序，即使没有法律规定，也应该被宣告无效，如通过订立合同购买"洋垃圾"。

善良风俗，是指由社会全体成员所普遍认可、遵循的道德准则。善良风俗是以道德要求为核心的。一是社会普遍认可的伦理道德，如见义勇为、救死扶伤；二是指某个区域范围内所普遍存在的风俗习惯，如某地的婚丧嫁娶习俗。善良风俗中有很多内容已经纳入我国民法规范中，如民法提倡的家庭成员之间互相帮助，禁止虐待、遗弃家庭成员等。

确立公序良俗原则的意义在于：① 实现对社会秩序的控制，补充强行法规定的不足。由于强行法无法穷尽社会生活的全部，其适用范围无法涵盖所有的民事活动，公序良俗原则作为一个弹性条款，可以对强行法进行补充。② 对意思自治进行必要的限制，实现意思自治必须在不违背公序良俗原则时才为适法。③ 弘扬社会公共道德，建立稳定的市民社会秩序，从而保障市民社会的有序发展。

例：蒋某（女）与黄某（男）于1963年5月登记结婚，婚后夫妻关系一直较好，并收养一子。1990年7月，蒋某继承父母遗产而取得面积为51平方米的房屋一套。1995年城市建设中，该房屋被拆。拆迁单位将一套面积为77.2平方米的住房安置给蒋某，并以蒋某的名义办理了房屋产权登记手续。1996年，黄某与比他小近30岁的张某相识后，二人便一直在外租房公开同居生活。2000年9月，黄某与蒋某将蒋某继承所得房产以8万元的价格出售。2001年春节，黄某、蒋某将售房款中的3万元赠与其养子。2001年初，黄某因肝癌晚期住院治疗，于2001年4月18日立下书面遗嘱，将总金额为6万元的财产赠与张某，其中包括出售前述房屋所获款项的一半即4万元，及住房补助金、公积金、抚恤金和自己所用的手机一部等。该遗嘱于2001年4月20日在某公证处得到公证。2001年4月22日，黄某因病去世。黄某的遗体火化前，张某偕同律师上前阻拦，并当着蒋某的面宣布了黄某留下的遗嘱。当日下午，张某以蒋某侵害其财产权为由诉至某县人民法院。法院认为，遗赠人黄某的遗赠行为违反了法律的原则和精神，损害了社会公德，破坏了公共秩序，应属无效行为，依照我国《民法通则》第7条的规定，于2001年10月11日作出一审判决，驳回原告张某的诉讼请求。一审宣判后，张某不服一审驳回诉讼请求的判决，于2001年11月提起上诉。二审法院认为，抚恤金是死者单位对死者直系亲属的抚慰，黄某死后的抚恤金不是其个人财产，不属于遗赠财产的范围；黄某的住房补助金、公积金属于夫妻共同财产，黄某未经蒋某同意，单独对夫妻共同财产进行处理，侵犯了蒋某的合法权益。当庭作出了驳回上诉、维持原判的终审判决。

本案是我国法院依照公序良俗原则判决的典型案例。

七、绿色原则

《民法典》第9条规定："民事主体从事民事活动，应当有利于节约资源、保护生态环境。"本条规定了绿色原则。绿色原则，是指民事主体从事民事活动应当遵循的节约资源、保护生态环境的原则。绿色原则对民事主体行使财产权利作出了一定的限制，具有鲜明的价值导向。

绿色原则作为民法基本原则的意义在于：任何民事主体从事民事活动，都必须把节约资源、保护生态环境的基本精神，作为贯穿人格权、物权、债权、知识产权、婚姻家庭、继承以及侵权责任的基本准则。《民法典》把绿色原则与公平原则、平等原则、诚信原则、公序良俗原则并列在一起，使节约资源、保护生态环境成为贯彻《民法典》始终的行为准则，促进人与资源的关系平衡，人与环境和谐相处。

民事主体从事民事活动遵循绿色原则的目的，就是节约资源，保护生态环境，促进人与自然的和谐发展。民事主体行使民事权利，要贯彻绿色原则，不仅要严格执行侵权责任编对环境污染和生态破坏责任的规定，更要在行使物权、债权、知识产权等财产权利时，充分发挥物的效能，防止和避免资源被滥用和环境污染，使有限的资源在一定范围内得到更充分的利用，达到利益最大化。在人格权、婚姻家庭、继承等方面，也要体现绿色原则，缓解资源的紧张关系，使得在行使权利、利用家庭财产以及在继承领域分配遗产时，采用最有利于发挥物的效能的方式进行。

💡 引例分析

甲与乙之间的同学关系不受民法调整；关于二人之间10万元的借款合同，属于民法调整的平等主体之间的财产关系范围；甲请乙吃饭是好意施惠，不属于民法调整范围；但是甲乙共同饮酒后，乙对甲有酒后照管义务，甲酒后开车，乙并未劝阻，未尽到照管义务，乙构成不作为侵权，应承担相应民事赔偿责任，属于民法调整范围；甲乙关于"如果三年后甲未娶，乙未嫁，则甲、乙双方结婚"的约定，不是民法调整的范围；路人丙的行为构成无因管理，属于民法调整范围。

每章一练

一、单项选择题

1. 根据法律规定,应由民法调整的社会关系是（　　）。

   A. 甲请求税务机关退还其多缴的个人所得税

   B. 乙手机丢失后发布寻物启事称:"拾得者送还手机,本人当面酬谢"

   C. 丙对女友书面承诺:"如我在上海找到工作,则陪你去欧洲旅游"

   D. 丁作为青年志愿者,定期去福利院做帮工

2. 甲单独邀请朋友乙到家中吃饭,乙爽快答应并表示一定赴约。甲为此精心准备,还因炒菜被热油烫伤。但当日乙因其他应酬而未赴约,也未及时告知甲,致使甲准备的饭菜浪费。关于乙对甲的责任,下列说法正确的是（　　）。

   A. 无须承担法律责任

   B. 应承担违约责任

   C. 应承担侵权责任

   D. 应承担缔约过失责任

3. 《民法典》第132条规定:"民事主体不得滥用民事权利损害国家利益、社会公共利益或者他人合法权益。"该规定体现了《民法典》（　　）原则。

   A. 诚信

   B. 平等

   C. 公平

   D. 等价有偿

4. 下列情形,可以在甲、乙之间形成民事法律关系的是（　　）。

   A. 甲毕业后,经过多轮面试,成功被乙公司录用,甲、乙双方签订劳动合同

   B. 甲发明了无人驾驶汽车,申请专利后被乙专利行政管理机关授予专利权

   C. 甲到朋友家做客,朋友在乙超市购买的微波炉存在缺陷爆炸将甲炸伤

   D. 甲、乙约定十年后,如果甲未娶,乙未嫁,则甲、乙结婚

5. 张某从银行贷得80万元用于购买房屋,并以该房屋设定了抵押。在借款期间房屋被洪水冲毁。张某尽管生活艰难,仍想方设法还清了银行贷款。对此,周围多有议论。根据社会主义法治理念和民法有关规定,下列观点成立的是（　　）。

   A. 甲认为,房屋被洪水冲毁属于不可抗力,张某无须履行还款义务。坚持还贷是多此一举

B. 乙认为，张某已不具备还贷能力，无须履行还款义务。坚持还贷是为难自己

C. 丙认为，张某对房屋的毁损没有过错，且此情况不止一家，银行应将贷款作坏账处理。坚持还贷是一厢情愿

D. 丁认为，张某与银行的贷款合同并未因房屋被冲毁而消灭。坚持还贷是严守合约、诚实守信

6. 甲、乙二人同村，宅基地毗邻。甲的宅基地倚山、地势较低，乙的宅基地在上将其环绕。乙因琐事与甲多次争吵而郁闷难解，便沿二人宅基地的边界线靠己方一侧建起高5米的围墙，使甲在自家院内却有身处监牢之感。乙的行为违背民法的（　　）。

A. 自愿原则

B. 公平原则

C. 平等原则

D. 诚信原则

二、多项选择题

1. 以下选项中可以适用意思自治原则的是（　　）。

A. 合同关系

B. 夫妻财产关系

C. 继承关系

D. 诉讼管辖权的确定

2. 下列社会关系中属于民法调整的是（　　）。

A. 甲税务机关与乙超市之间订立的办公用品买卖合同关系

B. 甲男与乙女缔结的婚姻关系

C. 交通大队与李四之间因违章驾驶产生的罚款关系

D. 张三与李四之间订立的电视机买卖合同关系

3. 下列各项中属于民法调整的是（　　）。

A. 李某立遗嘱将全部遗产给儿子李三，李某死后其女李四不同意

B. 王某怀孕三个月，其夫张某要求与其离婚

C. 赵某向刘某借款3000元，还款期到来后仍不还款

D. 李某工厂生产的辣椒酱因被工商局认定苏丹红超标而被勒令停业整顿

4. 下列各项中应当适用我国民法调整的是（　　）。

A. 中国驻英国大使馆内发生的民事关系

B. 上海飞往纽约的中国籍飞机上发生的民事关系

C. 在中国留学的印度留学生与学校超市之间的商品买卖关系
D. 在美国工作的美籍华人的婚姻关系

三、判断题

1. 当人身利益受到侵害时,刑罚保护手段更为严厉,因此可以代替民法保护手段。（ ）
2. 民法奉行自愿原则,因此,在民事法律规范中不应该设置强制性规范。（ ）
3. 甲男和乙女在某电视台举办的大型相亲活动中"牵手"成功,该行为受民法调整。（ ）
4. 潘某去某地旅游,当地玉石资源丰富,买者购买原石后自行剖切,损益自负。潘某花5000元向某商家买了两块原石,切开后发现其中一块为极品玉石,市场估价上百万元。商家深觉不公,则潘某应该退还该玉石或补交价款。（ ）

四、名词解释

1. 民法
2. 民法的渊源
3. 平等原则

五、简答题

1. 简述民法的调整对象。
2. 简述民法的性质。
3. 简述民法在空间上的适用范围。
4. 简述绿色原则。

六、论述题

1. 论述诚信原则。
2. 论述自愿原则。

七、案例分析题

1. 甲男和乙女因夫妻感情破裂协议离婚,在离婚协议中双方约定,夫妻共有的住房一套归乙女所有,存款10万元,双方各分得5万元。关于子女抚养有如下约定：离婚后，二人婚生子女小明随母亲乙生活。为了专心抚育小明，乙将来若与他人再婚，不得再生育子女。

试用《民法典》所规定的基本原则分析该离婚协议内容哪些有效、哪些无效，并简述理由。

2. 2006年，李先生与许女士在武汉市某区民政部门登记结婚，双方均系再婚，婚后未生育子女。2014年1月，患病的许女士立下遗嘱，表示自己过世后，将她和李先生共同居住的一套房屋赠与自己的弟弟许先生，不过李先生再婚之前可以一直住在这套房子里。2016年初，许女士病逝，随后许先生和李先生因许女士的遗产纠纷对簿公堂。某区法院经审理查明，许女士生前未生育子女，父母均已离世，在遗嘱中赠与许先生的这套房屋，系许女士婚前所购，属于许女士的个人婚前财产。根据许女士的遗嘱，该房屋所有权归许先生所有。因该房屋为许女士生前与李先生共同居住，许女士在遗嘱中也明确表达了李先生再婚之前可以一直在该房屋居住的愿望。2016年11月，法院判决该房屋归许先生所有，李先生在其再婚前享有该房屋的居住权。判决生效后，李先生一直居住在该套房屋内，许先生也未曾打扰。直至2021年初，李先生偶然发现自己居住的这套房屋被许先生挂在某网络平台准备出售，因担心房屋卖出后影响自己继续居住，他连忙拿着之前的判决书来到法院执行局，申请居住权强制执行。经过法官合议后，某区法院于2月26日作出执行裁定，将该房屋的居住权登记在李先生名下，某区政务服务中心为李先生办理居住权登记。

请结合《民法典》所规定的基本原则来分析法院对该房屋居住权的判决。

第二章

民事法律关系

◆ 知识体系图

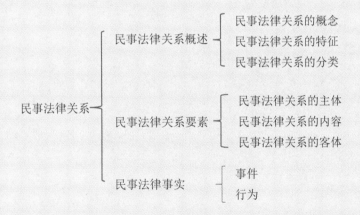

◆ 学习目标

掌握民事法律关系的概念和特征；熟知民事法律关系的主体、内容和客体；了解物的种类，熟知动产与不动产的区别；理解民事法律事实。学会运用本章所学知识确认民事法律关系，区分民事法律行为和事实行为。

◆ 本章引例

赵村的村民甲外出打工前与邻居乙达成协议，委托乙代为收割地里的小麦，并由乙将小麦麦粒晾干后运送到甲家里粮仓储存，甲向其支付1000元报酬。夏天来临，乙发现甲的房屋因连降大雨而即将倾倒，便请人修缮该房屋，材料和人工费共花费8000元。房屋修好后，村民丙看到甲的房屋一直无人居住，就擅自进入该房屋居住，并利用房屋的临街部分开设小超市，每年经营收入达到数万元。

问：本案形成了哪几种民事法律关系？

第一节　民事法律关系概述

民事法律关系是民法学的重要概念，民事法律关系理论是民法学的重要理论。各种民事法律规范的制定和颁布，目的是要求人们以其为根据设立各种民事法律关系，使人们的行为纳入民法调整的法律轨道。

一、民事法律关系的概念

民事法律关系是由民法规范调整的社会关系，也就是由民法确认和保护的社会关系。

在现实社会生活中，各类民事主体为了满足自身的需要，必须从事社会交往，相互之间要发生各种社会关系。同时，为了使社会关系形成安定、和平、有序的状态，人与人之间形成正常的交往关系，法律需要对各种社会关系进行规范。法律关系是法律规范在调整人们之间的社会关系的过程中所形成的一种特殊的社会关系，即法律上的权利义务关系。民事法律关系是由民法规范调整的社会关系，也就是由民法确认和保护的社会关系。物权关系、债权关系、人身权关系等，都属于民事法律关系的范畴。

二、民事法律关系的特征

1. 民事法律关系是民法所调整的社会关系在法律上的表现

人们在社会生活中会形成各种社会关系，各种社会关系分别由不同的法律部门调整，由此形成了不同的法律关系。而民法在调整平等主体之间的财产关系和人身关系的过程中，形成了民事法律关系，并使原来的社会关系的内容表现为法律上的权利义务关系。

民事法律关系是民法调整的结果。民事法律关系与现实生活中存在的由民法所调整的社会关系并不是两个关系，而是一个关系。法律调整社会关系只是赋予当事人权利和义务，使之成为权利义务关系。不能把民事法律关系理解为是一种独立于民法调整对象以外的社会关系。

2. 民事法律关系是人与人之间的权利义务关系

法律关系是人与人之间的法律纽带，民事法律关系也不例外。民事法律关系作为一种权利义务关系，实质上是发生在民事主体之间的社会关系。即使是人格权关系，也是人与人之间的关系，不是人对自身的关系。民事法律关系虽然在许多情况下要与物发生直接的联系，但是它并不是人与物、人与自然界的关系，而是通过物所发生的人与人之间的关系。明确民事法律关系为人与人之间的关系，对于正确适用民法具有重要意义。

3. 民事法律关系是平等主体之间所发生的社会关系，具有平等性

民法调整社会关系的特点首先在于其平等性，民事法律关系就是平等主体之间的财产关系和人身关系在法律上的表现。因此，在这种关系中，不仅当事人在法律地位上是平等的，而且许多法律关系中当事人的权利、义务具有对等性和相应性。一方的权利即是另一方的义务，一方的义务即是另一方的权利。

4. 民事法律关系具有一定程度的任意性

民事主体参与的各种社会关系大都体现其私人利益，所以法律赋予民事主体较大的自治权，民事法律关系因而具有较强的任意性。这表现在：第一，发生上的任意性，即许多民事法律关系由当事人意思自治的方法产生；第二，变更上的任意性，即许多民事法律关系允许当事人协商变更；第三，消灭上的任意性，即许多民事法律关系允许当事人通过意思自治的方法消灭；第四，内容上的任意性，即民事法律关系的内容大多系由当事人的意思决定，只要不违反国家强行性法律和公序良俗，当事人可以依法协商自由确定其权利义务内容，此时当事人的约定优先于法律规定。

当前强调民事法律关系的任意性具有特殊的意义。在我国市场经济条件下，交易的发展和财产的增长都要求市场主体在经济活动中保持高度的能动性和活力，法律应为市场主体提供广阔的自治空间，政府对经济活动的干预应限制在合理的范围内，市场经济对法律提出了尽可能赋予当事人行为自由的要求。这一点在民法中表现得最为突出和明显，这就决定了民事法律关系具有较强的任意性。所以在民事立法过程中，应当更多地运用任意性调整方法，赋予民事主体更多的自治权，不能沿袭旧有的国家过分干预经济生活的传统，否定当事人的意思自治。

三、民事法律关系的分类

民法调整平等主体之间的各种财产关系和人身关系，因此也会形成各种各样的民事法律关系。根据不同的标准，可以对民事法律关系作不同的分类。

1. 人身法律关系与财产法律关系

根据民事法律关系的内容不同，民事法律关系可分为人身法律关系与财产法律关系。

人身法律关系是指与当事人的人身不可分离的、不具有直接物质利益内容的民事法律关系。它包括人格关系和身份关系，前者如生命权法律关系、健康权法律关系、姓名权法律关系、肖像权法律关系、名誉权法律关系等，后者如监护权法律关系、亲属权法律关系等。

财产法律关系是指与财产所有或者财产流转有关的具有物质利益内容的民事法律关系。它包括物权关系和债权关系。前者如所有权法律关系，后者如买卖合同债权法律关系。

区分人身法律关系与财产法律关系的法律意义在于：两种民事法律关系中权利主体所享有的权利性质不同。人身法律关系中，权利主体所享有的是人身权，人身权具有人身依附性，一般不具有可让与性，如自然人所享有的生命健康权等，必须依赖于特定的人身存在，不得转让。而财产法律关系中，权利主体所享有的是财产权，一般具有可让与性，如所有权人可以将自己的财产通过买卖、赠与等方式转让给他人。

2. 绝对民事法律关系与相对民事法律关系

根据民事法律关系的义务主体是否特定，民事法律关系可分为绝对民事法律关系与相对民事法律关系。

绝对民事法律关系指法律关系的义务主体是权利人以外的一切不特定人的民事法律关系。如物权法律关系、人格权法律关系、知识产权法律关系等。在绝对民事法律关系中，权利主体是特定的，无须义务主体的协助就可以直接行使和实现权利；义务主体是不特定的，其义务是不妨碍或者不干预权利主体合法行使权利，义务人所承担的是消极的不作为义务。

相对民事法律关系指法律关系的义务主体是具体的即特定的人的民事法律关系。如债权法律关系。在相对民事法律关系中，权利主体行使权利需要义务主体的积极协助，义务人负有实施特定的具体行为的义务。

区分绝对民事法律关系与相对民事法律关系的法律意义在于：一是有助于明确民事法律关系中的义务主体及其所承担的义务。绝对法律关系中的义务主体是不特定的任何人，而相对法律关系中的义务主体则为特定的人。二是有助于明确民事法律关系中权利主体行使、实现权利的特点。绝对法律关系中权利主体享有的权利是支配权，权利主体可凭自身的意志行使并实现权利，而相对法律关系中权利主体享有的权利是请求权，权利主体必须请求对方当事人为或不为一定行为，才能实现自己的权利。三是有助于区分《民法典》侵权责任编和合同编所保障的权益范围。前者保障的是绝对法律关系，后者保障的是相对法律关系。

3. 调整性民事法律关系与保护性民事法律关系

根据民事法律关系形成和实现的不同，民事法律关系可分为调整性民事法律关系与保护性民事法律关系。

调整性民事法律关系，是指民事主体依其合法行为而形成的、能够正常实现的民事法律关系。保护性民事法律关系，是指因不法行为而发生的民事法律关系。例如财产所有权关系就是一种调整性民事法律关系，而财产被他人损坏所产生的侵权损害赔偿关系则是保护性民事法律关系。

4. 主民事法律关系与从民事法律关系

根据民事法律关系能否独立存在，民事法律关系可分为主民事法律关系与从民事法律关系。

主民事法律关系是无须依赖其他民事关系而能够独立存在的民事法律关系。从民事法律关系是指必须依赖或者附属于其他民事法律关系而存在的民事法律关系。主民事法律关系和从民事法律关系是相对而言的。例如，赵某为了购房，向银行借款100万元，以所购房屋向银行提供抵押担保。本案中存在两个法律关系：一是赵某与银行之间订立的借款合同关系；二是赵某与银行之间订立的房屋抵押合同关系。赵某与银行之间的借款合同为主法律关系，因此借款合同能够独立存在；而房屋抵押合同为从法律关系，其依附于借款合同而存在。

第二节 民事法律关系要素

民事法律关系的要素，是指构成民事法律关系的必要因素。传统民法理论认为，民事法律关系由主体、内容、客体三要素组成，任何一种民事法律关系，都不能缺少这三者。要素发生变化，具体的民事法律关系也就发生变化。

一、民事法律关系的主体

（一）民事法律关系主体的概念和特征

民事法律关系的主体，简称民事主体，是指参与民事法律关系，享有民事权利和承担民事义务的人。

民事法律关系的主体，必须依法具有民事主体资格。只有具有民事主体资格的人，才能在具体的民事法律关系中成为主体。民事法律关系的主体具有以下基本特征。

1. 法律地位的平等性

法律地位的平等性，是商品经济的客观要求，是民事主体参与民事活动的前提条件。法律地位的平等性，意味着民事主体参与民事法律关系的资格是平等的，而且民事主体参与民事法律关系时所适用的法律也是平等的，不论何种类型的民事主体，参与民事法律关系时，在适用法律上都要平等对待。

2. 主体意思的自主性

民事主体参与民事法律关系的意思表示应当是自愿的、真实的。民事主体对是否参与民事法律关系，或者是否变更、消灭民事法律关系，在法律规定的范围内具有意思表示的独立性，任何一方不得将自己的意志强加于另一方。

3. 主体范围的广泛性

同其他法律部门相比，民事法律关系主体的类型十分广泛，自然人、法人和非法人组织，乃至国家在一些场合都可以成为民事法律关系的主体。在自然人中，无论是本国人还是外国人，也无论是成年人还是婴幼儿，甚至具有特殊身份的自然人（如罪犯）都可以成为民事法律关系的主体。在社会组织中，除法人之外，其他组织、某些特殊组织（如清算组织）也可以成为民事法律关系的主体。

4. 权利义务的一致性

民事法律关系是一种民事权利义务关系，民事法律关系的主体既可享受法律赋予的民事权利，同时也必须承担法律所要求的义务。他们既是权利主体，又是义务主体，权利义务的一致性是民事法律关系主体的重要特点。

（二）民事法律关系主体的种类

根据我国民事法律规范的规定，民事法律关系的主体主要有：

1. 自然人

自然人是我国民事法律关系的基本主体。《民法典》规定的个体工商户和农村承包经营户，是民事法律关系主体的两种特殊表现形式。

2. 法人

法人是具有民事权利能力和民事行为能力、依法独立享有民事权利和承担民事义务的组织。随着市场经济的发展，生产的社会化程度不断提高，法人越来越成为重要的民事法律关系主体。

3. 非法人组织

非法人组织是指不具有法人资格，但是能够依法以自己的名义从事民事活动的组织，包括个人独资企业、合伙企业、不具有法人资格的专业服务机构等。

4. 国家

国家作为整体，在一些场合也是民事法律关系的主体。如国家是国家财产的所有人，是国债的债务人。

在具体民事法律关系中，一般都要有双方或多方当事人参加。在参加民事法律关系的当事人中，享有权利的一方是权利主体，承担义务的一方是义务主体。在某些民事法律关系中，一方只享有权利，另一方只承担义务，如赠与法律关系。而在大多数民事法律关系中，双方当事人都既享有权利，又承担义务，如买卖法律关系。

民事法律关系的每一方主体可以是单一的,也可以是多数的。例如,在债权关系中,债权人和债务人每一方都既可以是一个人,也可以是多个人。在相对法律关系中,每一方主体都是特定的,而在绝对法律关系中,承担义务一方是不特定的任何人。

二、民事法律关系的内容

民事法律关系的内容,是指民事主体所享有的民事权利和承担的民事义务。任何个人和组织作为民事主体,参与民事法律关系,必然要享有民事权利和承担民事义务。

民事权利,是指民事主体为实现某种利益为一定行为或不为一定行为的可能性。民事权利既可以是直接享有某种利益或者实施一定行为的可能性,如物权;又可以是请求义务人为一定行为或者不为一定行为的可能性,如债权;还可以是请求国家机关给予保护的可能性。民事权利的核心是保障民事主体的行为自由,允许其以意思自治为基础,自主决定、自由安排事务,不受他人干预。当然,民事主体的行为自由应当受到法律和公序良俗的限制。《民法典》系统、全面地确认了民事主体所享有的各项民事权利,包括人身权、财产权以及综合性权利。

民事义务,是指义务人为满足权利人的利益而为一定行为或不为一定行为的必要性。义务人必须依据法律的规定或合同的约定,为一定的行为或不为一定的行为,以便满足权利人的利益。民事义务和民事权利一样,也是由国家法律确认的,义务体现为一种负担,具有强制性,如果义务人不履行其义务,将依法承担法律责任。根据义务产生的根据不同,可以把义务分为法定义务和约定义务。

在民事法律关系中,权利和义务是相互对立、相互联系在一起的,没有无权利的义务,也没有无义务的权利。《民法典》第131条规定:"民事主体行使权利时,应当履行法律规定的和当事人约定的义务。"该条对义务必须履行原则作出了规定。在通常情况下,权利和义务都是一致的,权利的内容要通过相应的义务表现,而义务的内容则由相应的权利限定,离开了民事义务就无所谓民事权利。当事人一方享有权利,必然有另一方负有相应的义务,并且权利和义务往往是同时产生、变更和消灭的。因此,民事权利和民事义务是从不同的角度表现民事法律关系的内容。

三、民事法律关系的客体

（一）民事法律关系客体的概念

民事法律关系的客体，又称为标的，是指民事法律关系的主体享有的民事权利和承担的民事义务所共同指向的对象。民事法律关系的客体是民事法律关系必不可少的要素。如果没有客体，民事权利和民事义务就无法确定，更不能在当事人之间分配权利、义务。《民法典》总则编第五章"民事权利"部分，规定了民事法律关系客体。

（二）民事法律关系客体的种类

民事法律关系的客体，依利益的表现形式，可分为物、行为、智力成果、人身利益四类。

1. 物

1）物的概念和特征

物作为民事法律关系的客体，必须是存在于人身之外，能够为民事主体所支配或实际控制并能满足其社会需要的物质资料。《民法典》第115条规定："物包括不动产和动产。法律规定权利作为物权客体的，依照其规定。"民法上的物除了具有物的自然属性外，还具有以下特征。

（1）物存在于人身之外。

人是民事法律关系的主体，具有独立人格。能作为民事法律关系客体的物只能是存在于人身之外的物。这里所指的人身并不以生理上的人体为限，如假肢、假牙，一旦成为人体的一部分，就不能再以物来对待。相反，虽然在生理上为人体的一部分，如头发、血液等，一旦与人体发生分离，就可以视为物了。至于人的尸体是否为物，学者历来有争议。实际上，尸体可归民事主体支配，如可以捐献用于医学研究等，应当属于物的范畴。

（2）能满足人们的社会生活需要。

民法上的物须具有价值和使用价值，能够满足人们的社会生活需要。不能满足人的社会生活需要的物，不能成为权利义务的利益载体，也就不能成为权利的客体，不是民法上的物。

（3）民法上的物一般为有体物。

所谓有体物，是指占有一定空间而有形存在的物，如固体、气体、液体等。

但随着社会生活的发展和科技的进步，无形财产逐渐发展，并且在社会生活中的价值也会越来越重要。例如，知识产权、商业秘密、商号、商誉、计算机软件、空间权、经营特许以及客户信息、经营网络等都成为社会中重要的无形财产。尤其是人类社会已经进入了一个互联网、大数据时代，计算机软件、数据、网络虚拟财产等，已经成为重要的财产。《民法典》第127条规定："法律对数据、网络虚拟财产的保护有规定的，依照其规定。"所以，对物的理解不能仅拘泥于有形之意。

（4）能为人力所实际控制或支配。

民法上的物为权利义务的载体，因此它须为人力所能控制或支配。不能为人力所实际控制或支配的物，既不能为某人所利用，也不能用于交易，也就没有法律意义。随着生产力的发展，人类支配自然的能力增强，物的范围也不断扩大。如电、热、声、光、天然气等无形物在交易上是可以作为交易对象的，从交易观念出发，它们可以作为物而对待，许多国家民法明确规定电力等自然力为可以支配的物。《民法典》第115条规定："物包括不动产和动产。法律规定权利作为物权客体的，依照其规定。"从该规定来看，民法所调整的物主要是有体物，但如果法律规定电、热、声、光、天然气等作为物权客体的，则其也可以成为物权的客体。

> 例：江苏宜兴的沈某、刘某夫妇因自然生育困难，在依法取得准生证后，于2012年2月到南京市鼓楼医院采用人工辅助技术繁育后代。但就在准备手术的前几天，二人不幸遭遇车祸双双罹难。男方父母为争夺儿子遗留的4枚冷冻胚胎的监管和处置权，将女方父母诉至宜兴法院。宜兴法院审理认为，胚胎为具有发展为生命的潜能，含有未来生命特征的特殊之物，不能像一般之物一样任意转让或继承，故其不能成为继承的标的，判决驳回原告的诉讼请求。原告不服并提起上诉。2014年9月，无锡中院二审作出判决：撤销原判，将遗留的4枚冷冻胚胎交由双方老人共同监管和处置。
>
> 本案是我国首例关于人体冷冻胚胎的监管、处置权案，本案中的胚胎是一类"特殊的物"。

2）物的分类

根据不同的标准，可以将物划分为不同的类别。

（1）根据其是否具有可移动性，物可分为动产与不动产。

动产是指具有可移动性，且移动后不损害其价值或者用途的物；不动产是指不具有可移动性，即不能移动或者移动会损害其用途或者价值的物。

区分动产与不动产的法律意义主要在于法律对其调整的规则不同。第一，动产与不动产上存在的物权种类不同。如用益物权（土地使用权、土地承包经营权、地役权、典权等）仅存在于不动产上。依现行法，留置权只能存在于动产上。第二，法律调整的规则不同。如动产一般以占有为公示方式，而不动产则以登记为公示方式，因而一般动产物权的取得以实际交付（取得占有）为要件，不动产物权的取得以办理权属变更登记为要件。第三，诉讼管辖不同。因不动产提起的诉讼由不动产所在地法院管辖，而动产涉及的诉讼，按普通管辖的规则确定管辖权。

（2）根据其是否具有流通性以及其流通是否受限制，物可分为流通物、限制流通物与禁止流通物。

流通物又称融通物，是指允许在民事主体之间自由流通的物。限制流通物又称限制融通物，是指法律对其流通予以一定限制，仅可在特定的主体或者特定范围内流通的物。禁止流通物又称禁止融通物，是指法律禁止其流通的物。限制流通物与禁止流通物是由法律直接规定的，我国的禁止流通物主要包括国家专有的财产（如国有土地、矿藏、水流等）、假币、毒品、淫秽物品。限制流通物主要包括非国家专有的自然资源、文物、麻醉药品、枪支弹药等。

区分流通物与限制流通物、禁止流通物的法律意义主要在于：流通物可以自由流通，限制流通物只能在限定的范围内流通，以禁止流通物为交易物或者在限定范围外交易限制流通物的，该交易无效。

（3）根据物能否不依赖他物而独立存在为标准，物可分为主物与从物。

主物与从物是相对而言的。由同一人所有的、需共同使用才能更好发挥其效用的两物中起主要作用的物为主物，辅助主物发挥效用的物为从物，从物须具备三个条件：第一，与主物同属于一个主体；第二，须独成一物；第三，须与主物共同使用才能更好地发挥物的作用。

区分主物与从物的法律意义主要表现为《民法典》第320条的规定，主物转让的，从物随主物转让，但是当事人另有约定的除外。

（4）根据两物之间的渊源关系，物可分为原物与孳息。

原物是指依其自然属性或法律规定可产生新物的物，孳息则是从原物本体中产生的收益。孳息分为天然孳息与法定孳息。前者指依物的自然属性所生的收益，如果树所产的果实；后者指依法律规定所生的收益，如出租房屋的租金。

区分原物与孳息的法律意义在于：除法律另有规定或者当事人另有约定外，孳息归原物的所有人收取。

（5）根据其是否可分割，物可分为可分物与不可分物。

可分物是指经分割后不会改变其性质或影响其效益的物。如一桶油分为若干份，其性质或效用并不会改变，因此，油为可分物。不可分物是指经分割会改变其性质或影响其用途的物。如一头牛若分割，则不为牛。

区分可分物与不可分物的法律意义在于：数人共有一物时，共有物为可分物的，可采取实物分割的方法分割；共有物为不可分物的，则不能采取实物分割的方法分割。

（6）根据物是否具有单独的特征或是否被权利人指定而特定化，可分为特定物与种类物。

特定物是指具有单独的特征、具体确定的物。它既可是因物自身的特点而确定，如某件出土文物，也可依民事主体的主观意志而确定，如从同一型号的电视机中选定的一台。种类物是指仅以品种、规格、型号或者度量衡加以确定的物，如100台某型号的手机。

区分特定物与种类物的意义主要在于：在交易中以特定物为标的物的，当事人可以约定标的物的所有权于交付前转移，并且在标的物意外灭失时，债务人的交付义务免除，债权人只能请求赔偿损失；而以种类物为标的物的，标的物所有权的转移只能于交付后，并且只有在债务人的该种类财产全部灭失的情况下，债务人才可免除交付义务。

（7）根据其是否具有可替代性，物可分为替代物与不可替代物。

替代物是指可以同一种类、质量、数量的物代替的物，如批量印刷的书本；不可替代物是指不能以他物代替的物，如一幅古代名人字画。

区分替代物与不可替代物的法律意义主要在于：替代物一般只能为借贷（消费借贷）的标的物，而不可替代物可以为借用、租赁等转移使用权的法律关系的标的物。

（8）根据其构成形态，物可分为单一物、合成物与集合物。

单一物是指形态上独成一体的物，如一匹马；合成物又称结合物，是指由数个单一物而合成一体的物，其构成部分虽能识别，但在观念上视为一物，如嵌有钻石的戒指；集合物是指数个单一物或合成物聚合而成的物的集合，如一个企业的财产。

区分单一物、合成物与集合物的意义主要在于：对于单一物、合成物只能就其整体设定权利或交易，而不能就其构成部分设定权利或交易；对于集合物，既可以就其整体设定权利或交易，也可以就集合物中的各物单独设定权利或交易。

另外，还有两类特殊意义的物：货币与有价证券。

货币，有时称为金钱，是指充当一般等价物的一种特殊的物，货币的特点在于其价值体现为票面价值。只要货币票面的价值相同，其价值就是一样的。

从性质上说，货币为动产、代替物、种类物、消耗物。因此，货币作为一般等价物是支付手段、流通手段和补偿手段。在任何情形下，占有货币也就取得货币的所有权。

有价证券，指设定并证明持券人有权取得一定财产权利的书面凭证。有价证券代表着一定的财产权利，具有价值与使用价值。我国现行的证券，如股票、债券等都属于有价证券。有价证券属于一种特殊的物，具有以下特点。第一，有价证券与证券上所记载的权利不可分离。有价证券的价值是由证券所代表的财产权利体现出来的，而不在于证券这个"物"，证券之所以"有价"，就是因为它代表着一定财产权利并可用于交易，只有持有证券才能享有证券上的权利。第二，有价证券的持有人只能向特定的义务人主张权利。有价证券的义务人是特定的，有价证券的这一特点不同于货币，货币的持有人可以向任何人主张权利。第三，有价证券的义务人负有单方的见券即付的义务。有价证券通常有票据（本票、汇票、支票）、债券、仓单、提单、股票等。

2. 行为

行为作为民事法律关系的客体，是指人的有意识的活动，是民事法律关系权利人行使权利的活动和义务人履行义务的活动。例如，债权本质上是特定人之间请求为一定行为或不为一定行为的关系，所以债权的客体都是行为。这种行为就表现为债务人所应当作出的行为或不行为。当然，在债权中也涉及物，例如买卖中有标的物。但是债权的客体直接指向的是债务人的行为，而间接涉及物。在任何债的关系中，债务人的给付行为都不可或缺，间接涉及物则只是一部分而不是全部的债的关系。而且即便债权涉及物，物也不是债权的客体。例如，在买卖合同中，债权人只能请求债务人交付标的物，而不能直接支配标的物。

3. 智力成果

智力成果又称知识产品，是指人们通过脑力劳动所创造的、以一定形式表现出来的非物质化产品。知识产品是知识产权的客体，具有多种表现形式，其共同特征是非物质性、客观表现性和创造性。

4. 人身利益

人身利益，是民事主体因享有人身权而获得的各种无形利益。人身利益具体表现为人格利益和身份利益。自然人的人格利益包括生命安全、身体完整、健康、肖像、名誉、隐私、婚姻自主等精神利益，法人、非法人组织的人格利益包括名称、名誉、荣誉等。身份利益一般是因自然人之间的身份关系以及因知识产权而获得的利益。身份利益主要包括两种：一是基于一定的婚姻关系和家庭关系等身份所取得的利益，如夫妻之间、父母子女之间等。二是因知识产权而获得的身份利益。如因著作、专利、商标的发明、创造而享有的身份利益。

第三节 民事法律事实

一、民事法律事实的概念和特征

民事法律关系的发生、变更和消灭必有一定的根据或者原因，这一根据或者原因就是民事法律事实。民事法律事实，是指民事法律规范规定的能够引起民事法律关系产生、变更或消灭的客观情况。其特征如下。

1. 民事法律事实是社会生活中出现的一种客观情况，而不是当事人主观的内心意思

民事法律事实有的与人的意志相关，有的则与人的意志无关，但不论当事人的内心意思如何，民事法律事实都是外在于主观意思而存在的客观情况。例如，台风、地震等与当事人的意志无关，但台风、地震等客观情况会引起当事人人身或财产的损失；又如，商品买卖行为与当事人的意志有关，但必须是表示于外的事实，单纯的内心意思无法产生法律效果。

2. 民事法律事实必须能够引起一定的法律后果，即引起民事法律关系产生、变更或消灭

社会生活中出现的客观情况，并非都与法律规定有关，也并非都能产生一定的法律效果。例如，邀请朋友一起吃饭、背诵古诗等，不可能产生法律意义。法律事实不仅可能引起当事人预期的特定的法律效果，也可能引起当事人预期之外的其他法律后果。例如，当事人订立的合同符合法律的强行性规范且不违反社会公共利益时，就能够产生合同法律关系。如果该合同是无效合同，此时虽然不引起当事人预期的法律后果，但仍产生诸如返还财产、赔偿损失等法律后果。

民事法律事实出现时，产生如下法律后果：第一，引起民事法律关系的产生。只有通过法律事实，才能使民事法律所规定的权利、义务，转化为当事人

实际享有的权利和承担的义务。第二，引起民事法律关系的变更。因法律事实的出现而导致民事法律关系的变更，通常包括主体变更、内容变更和客体变更。第三，引起民事法律关系消灭，使主体之间的权利、义务不再存在。例如，一瓶饮料被喝掉使该物的所有权关系消灭，债务的清偿使债的关系消灭。

3. 民事法律事实能否引起一定的法律后果或者引起何种特定的法律后果，最终都取决于民事法律规范的规定

社会生活中的各种事实，有的是由法律规范的，有的是由道德、宗教等规范的，只有为民事法律规范调整的事实，才是民事法律事实。

二、民事法律事实的分类

根据客观事实是否与人的意志有关，法律事实可以分为事件和行为两大类。《民法典》第129条规定："民事权利可以依据民事法律行为、事实行为、法律规定的事件或者法律规定的其他方式取得。"

事件，又称为自然事实，是指与人的意志无关，能够引起民事法律后果的客观现象。例如，人的死亡使继承人取得继承遗产的权利，物的灭失引起所有权关系的消灭等。

行为，是指人的有意识的活动。行为可以分为以下几种类型。① 民事法律行为，是指行为人旨在确立、变更、终止民事权利义务关系的行为。有的民事法律行为符合法律的要求，能够达到当事人预期的目的，称为有效的民事法律行为；有的民事法律行为不符合法律的要求，不能达到当事人预期的目的，发生与当事人的意志相悖的法律后果，称为无效的民事法律行为。民事法律行为是最主要的民事法律事实。② 事实行为，是指行为人实施一定的行为时在主观上并没有产生、变更或消灭某一民事法律关系的意识，但由于法律的规定，同样会引起一定的民事法律后果的行为。事实行为有合法的，也有不合法的。从事智力创造活动，拾得遗失物、漂流物等属于合法的事实行为；侵害国家、集体的财产或他人的人身、财产则是不合法的事实行为。

三、民事法律事实的构成

民事法律事实的构成，是指能够引起民事法律关系发生、变更或消灭的几个法律事实的总和。

通常情况下，一个法律事实可以引起一个民事法律关系的发生、变更或消

灭，但在有些情况下，需要两个或两个以上的民事法律事实相互结合，才能引起一个民事法律关系的产生、变更或消灭。例如，遗嘱继承法律关系，就需要立遗嘱的行为和遗嘱人死亡这两个法律事实才能够发生。这种引起民事法律关系的产生、变更或消灭的两个或两个以上的法律事实的总和，称为民事法律关系的事实构成。要求事实构成的民事法律关系，只有在事实构成具备的情况下，才能引起民事法律关系的产生、变更和消灭。

引例分析

本案中，当事人之间主要形成了以下四种债的关系。一是合同之债。其产生原因为甲与乙之间的委托合同，具体来说，就是委托人甲与受托人乙之间就甲的庄稼的收割以及储存达成了合意，成立了委托合同关系。基于该委托合同而在二人之间形成一定的债权债务关系，即乙负有为甲收割庄稼并存储的义务而甲负有支付报酬的义务。二是无因管理之债。当乙发现甲的房屋即将倾倒时，未经甲的同意就直接请人修缮并承担了修缮费，这属于无法定义务和约定义务管理他人事务的情形，因此在甲乙之间形成无因管理之债的法律关系。三是侵权之债。丙未经房屋所有权人甲的同意，擅自进入甲的房屋居住，符合过错侵权的一般构成要件，该行为属于侵害甲房屋所有权的侵权行为。因此，在甲和丙之间形成侵权损害赔偿之债的关系。四是不当得利之债。丙未经甲的同意，擅自利用甲的房屋开设小超市，获得利益（如经营收入），该利益之获得并无法律上的原因且与甲的损失之间存在因果关系，因此在丙和甲之间形成不当得利之债的关系。

每章一练

一、单项选择题

1. 下列各项中，不属于民事法律关系要素的是（   ）。

   A. 主体

   B. 客体

   C. 内容

   D. 形式

2. 下列不能成为民事法律关系客体的是（   ）。

   A. 池塘中的鱼

B. 夜空中的星星

C. 不作为

D. 企业的名称权

3. 依据我国民法，下列不能成为民事法律关系主体的是（   ）。

   A. 胎儿与死者

   B. 植物人

   C. 触犯刑法正被执行刑期的人

   D. 被宣告死亡但实际未死亡的人

4. 甲杀害乙，乙的继承人因乙死亡而继承其遗产。引起该继承关系的法律事实是（   ）。

   A. 乙的死亡

   B. 甲的违法行为

   C. 甲的事实行为

   D. 乙的死亡和甲的违法行为

5. 能够引起民事法律关系发生、变更或消灭的法律事实（   ）。

   A. 只能是合法行为

   B. 只能是意思表示行为

   C. 只能是民事法律行为

   D. 可以是合法行为，也可以是违法行为

二、多项选择题

1. 下列可以为民事法律关系主体的有（   ）。

   A. 聋哑人

   B. 合伙企业

   C. 机关法人

   D. 个体工商户

2. 下列属于民事法律关系的是（   ）。

   A. 甲堆木柴于乙门口致乙通行困难，乙要求甲清除木柴

   B. 甲答应与乙结婚后反悔，乙要求甲履行承诺

   C. 甲养的鱼因鱼塘出现缺口顺水游入乙的水塘，甲请求乙予以返还

   D. 甲不在家，邻居乙为其接待来客

3. 下列行为不能引起民事法律关系变动的是（   ）。

   A. 甲酗酒开车的行为

   B. 甲酗酒开车撞人的行为

C. 快递员甲因将门牌号码 88 看成 83 而错投的行为

D. 快递员甲因错投而被公司扣除当月奖金的行为

4. 下列民事法律关系的发生是由事件引起的有（　　）。

A. 甲死，甲子继承其遗产

B. 精神病患者甲打伤乙而产生的求偿关系

C. 甲因年满 18 周岁而丧失对其父的抚养费请求权

D. 甲拾得野果而取得该野果的所有权

三、判断题

1. 民事法律关系的种类是繁多而复杂的，有的属于人与人之间的关系，有的是人与物的关系，有的则为物与物的关系。　　　　　　　　　　　　　（　　）
2. 民事法律关系的客体可以是物，可以是行为，可以是智力成果，还可以是人身利益。　　　　　　　　　　　　　　　　　　　　　　　　　　　（　　）
3. 所有权关系是绝对民事法律关系，其义务主体是不特定的，义务人所承担的是消极的不作为义务。　　　　　　　　　　　　　　　　　　　　　（　　）
4. 某甲在家门口种有两棵橘子树，秋天到了，树上挂满了黄灿灿的橘子。则树上的橘子是孳息。　　　　　　　　　　　　　　　　　　　　　　　（　　）

四、简答题

1. 如何理解民事法律关系的概念和特征？
2. 简述民事法律关系的构成要素。
3. 简述民事法律事实的类型划分。
4. 婚姻法律关系的发生由哪几个法律事实构成？

五、案例分析题

张男与李女通过网络聊天认识，因意气相投，相互爱慕，遂相互留下地址，互递照片，但双方一直没有见面。一年后，张男通过网络约会李女于 2020 年 2 月 14 日在玫瑰餐厅见面。李女同意了张男的邀请。李女十分重视此次约会，为了此次约会，专门到美容院做了美容，并按约定时间到达玫瑰餐厅。但李女从中午一直等到下午日落西山还不见张男的影子。李女十分恼怒，遂按照地址找到张男，质问此事，双方为此发生争执。李女怒而诉至法院，要求张男赔偿其精神损失费 1 万元。试分析张男与李女之间是否存在民事法律关系。

第三章

自然人

◆ 知识体系图

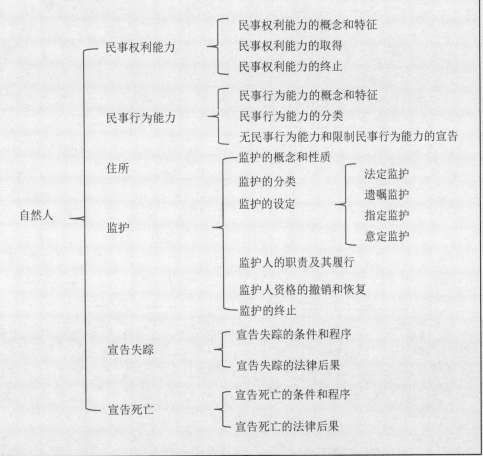

◆ **学习目标**

理解自然人的民事权利能力和民事行为能力的概念和特征；能区分自然人民事权利能力和民事行为能力的取得和终止时间；熟练掌握民事行为能力的分类；熟知监护人的设定；理解监护人的职责；了解监护的撤销及恢复条件；熟知宣告失踪和宣告死亡的条件和程序，熟练掌握宣告失踪和宣告死亡的法律后果。学会运用自然人的民事行为能力理论分析相关案例，区分监护人的法定顺序，分析宣告失踪和宣告死亡后被宣告人又出现的相关案例。

◆ **本章引例**

小明很有音乐天赋，刚满16岁便不再上学，以演出收入为主要生活来源。在小明的成长过程中，曾多次受到家里长辈的馈赠：6岁时曾受赠口琴1支，10岁时曾受赠钢琴1架，15岁时曾受赠名贵小提琴1把。

问：对小明的行为能力及其受赠行为的效力应如何认定？

第一节　自然人的民事权利能力和民事行为能力

自然人是民事主体的重要组成部分，即生物学意义上的人，是基于自然规律出生的人。在范围上包括本国公民、外国公民和无国籍人。自然人与公民不同，公民是宪法概念，仅指具有一国国籍的人，外国的或者无国籍的自然人显然不具有公民资格，不能成为宪法主体，但这并不妨碍其成为民法上的主体。

每一个在自然规律下出生的自然人都是独立的民事主体，《民法典》第2条规定："民法调整平等主体的自然人、法人和非法人组织之间的人身关系和财产关系。"这条规定确认了自然人的民事主体地位，是自然人从事民事活动，依法享有民事权利，承担民事义务的前提。

一、自然人的民事权利能力

民法规定了每个自然人的民事主体地位，也就是都具备民事权利能力。

（一）民事权利能力的概念

民事权利能力，即"做人的资格"，是民事主体依法享有民事权利、承担民事义务的资格。只有具有民事权利能力，才能有机会参与民事活动，享有民事权利和承担民事义务。

民事权利能力是国家通过法律确认的民事主体享有民事权利和承担民事义务的资格；民事权利是民事主体所享有的、由国家强制力予以保障的类型化的利益。民事权利能力和民事权利是两个不同的概念，二者既有联系又有区别：联系是民事权利能力作为一种资格，是享有民事权利的基础，正是民事权利能力的平等性决定了民事权利取得的平等。但二者之间存在明显区别。

一是民事权利能力是享有权利、承担义务的资格，是一种法律上的可能性，只有具备了这种资格，才能实际参与到民事法律关系中，享有民事权利和承担民事义务；而民事权利是民事主体实际享有的现实权利，它以一定实际利益为内容。

二是民事权利能力包括享有权利和承担义务的资格这两个方面的内容；而民事权利和民事义务是两个不同的概念，这两个概念在民事法律关系中是相互独立的。

三是民事权利能力与自然人的人身不可分离,不得转让、抛弃,也不得被剥夺;而民事权利,除专属权外,自然人可以依自己的自由意志转让、抛弃和放弃,并且依法受到限制。

四是民事权利能力作为一种抽象的资格,具有平等性;而民事权利因每个自然人参与的民事法律关系不同而千差万别。

(二)民事权利能力的特征

1. 平等性

自然人的民事权利能力一律平等,就是所有自然人都普遍地、无区别地享有民事权利能力。《民法典》第14条规定:"自然人的民事权利能力一律平等。"这意味着,每一个自然人都平等地享有民事主体资格,都平等地享有法律上所规定的权利能力,不受民族、种族、性别、年龄、职业、职务、家庭出身、宗教信仰、受教育程度、财产状况等限制。除非法律另有规定,任何自然人的权利能力都不受限制和剥夺。

民事权利能力平等,是形式意义上的平等,因为民事权利能力平等,是民事主体资格的平等,是机会的平等,并不意味着实际享有的民事权利的均等,并不谋求结果的平等。能否实际享有民事权利,除了必须具备民事权利能力之外,还必须实施民事法律行为或出现其他法律事实,最终结果取决于是否存在一定的法律事实。

2. 不可剥夺性

在现代社会中,自然人从事民事活动是其维持生存与谋求发展的重要途径,而民事权利能力是从事民事活动的前提和基础。民事权利能力与自然人的生存和发展密不可分,剥夺一个自然人的民事权利能力无异于将其逐出社会之外,有关当事人将无法生存。因此,任何自然人的民事权利能力均不受限制和剥夺。

3. 不可转让性

民事权利能力不可转让或抛弃,只可能因为主体死亡而消灭,因为民事权利能力是自然人生存和发展的必要条件,是参与民事活动的资格要素。转让权利能力,无异于抛弃自己的生存权,因此权利能力不可转让,不可抛弃,纵使出于自愿,也不能被法律所承认,不发生当事人所追求的转让或抛弃民事权利能力的法律后果。

（三）民事权利能力的取得

《民法典》第13条规定："自然人从出生时起到死亡时止，具有民事权利能力，依法享有民事权利，承担民事义务。"据此可知，自然人的民事权利能力始于出生，终于死亡。

1. 出生

出生，是指胎儿活着与母体脱离而成为有独立生命的事实。出生在性质上属于民事法律事实中的事件。出生应当具备两个条件：一是"出"，即胎儿与母体完全分离；二是"生"，即胎儿脱离母体后有独立的生命。

2. 自然人出生时间的认定

关于自然人出生时间的确定，在民法学界有各种学说，如一部分露出说、全部露出说、独立呼吸说等。现代民法一般以全部露出并独立呼吸为依据，我国实际上采用独立呼吸说，即每一个出生的婴儿，从其第一次呼吸开始，就享有民事权利能力。这一点在继承法上有非常重要的意义。例如，《民法典》第1155条规定，遗产分割时，应当保留胎儿的继承份额。如果该胎儿出生是活体，哪怕才独立呼吸了短短几分钟，也享有应继承的财产份额；假如胎儿娩出时是死体，则其不享有继承的财产，为其保留的份额应按照法定继承办理。

关于出生时间的确定，《民法典》第15条规定："自然人的出生时间和死亡时间，以出生证明、死亡证明记载的时间为准；没有出生证明、死亡证明的，以户籍登记或者其他有效身份登记记载的时间为准。有其他证据足以推翻以上记载时间的，以该证据证明的时间为准。"

例： 原告赵某、李某系夫妻关系。2014年5月6日8时10分，被告某县妇幼保健院为原告赵某实施剖宫产手术。同日8时50分产下一男婴，于9时10分死亡。经司法鉴定中心鉴定，赵某之子由于羊水吸入致肺功能障碍而死亡。某县妇幼保健院的医疗行为存在过错，院方过错与赵某之子死亡后果之间存在因果关系。院方过错在赵某之子死亡后果中的参与度为次要责任。后经审理，法院判决被告赔偿二原告死亡赔偿金、丧葬费、医疗费等共计140185.78元，并赔偿二原告精神抚慰金30000元。

3. 对胎儿利益的特殊保护

现实生活中，涉及胎儿利益保护的情况越来越多。假如一个胎儿还没有出生，父亲就去世了，这个胎儿有没有继承父亲财产的权利？自然人的民事权利能力是从活着出生后才开始享有的，但对于尚未出生的胎儿的民事权利能力，我国民法有特殊保护规定，根据《民法典》第16条的规定，涉及遗产继承、接受赠与等胎儿利益的保护的，胎儿视为具有民事权利能力。但是，胎儿娩出时为死体的，其民事权利能力自始不存在。

据此可以看出，虽然自然人的民事权利能力一般是自出生后才拥有的，胎儿不是民事主体，但涉及遗产继承、接受赠与等胎儿利益保护的，未出生的胎儿视为具有民事权利能力，可以享有相应的民事权利。这主要是考虑到胎儿出生后的利益，法律对此有特别的保护性规定。关于胎儿利益保护的具体内容有以下几个方面。

（1）生命权。生命仅指出生后自然人的生命。胎儿虽然是生命形成的必经阶段，但未出生前他的生命和母亲是一体的，他所享有的利益也都是在出生后才能实现。

（2）健康权。胎儿的健康权指的是其在孕育期间所享有的生理机能正常发育的权利。法律未规定胎儿的健康权，意味着胎儿在孕育期间受到的诸如环境、药品、医生失职造成的疾病、畸形等其他危害得不到相应的补偿。这是对胎儿权益的严重损害。

（3）遗产继承权。《民法典》第1155条规定："遗产分割时应当保留胎儿的继承份额。胎儿娩出时是死体的，保留的份额按照法定继承办理。"此外，根据《最高人民法院关于适用〈中华人民共和国民法典〉总则编若干问题的解释》第4条规定："涉及遗产继承、接受赠与等胎儿利益保护，父母在胎儿娩出前作为法定代理人主张相应权利的，人民法院依法予以支持。"此处加入了胎儿出生前的遗产继承权的实现由其法定代理人代为主张，是对此权利实现的具体化规定，体现了法律对胎儿利益的重视。

（4）受赠权。胎儿在娩出前接受赠与的问题，与上述司法解释中遗产继承的规定相同，为了保护胎儿利益，在胎儿出生前发生的他人赠与胎儿财产的行为，胎儿的父母作为法定代理人可以代胎儿主张要求接受赠与，人民法院应予以支持其请求。

> **例**：例：张某意外死亡，其妻甲怀孕2个月。张某父亲乙与甲签订协议："如把孩子顺利生下来，就送10根金条给孩子。"当日乙把8根金条交给了甲。孩子顺利出生后，甲不同意由乙抚养孩子，乙拒绝交付剩余的2根金条，并要求甲退回8根金条。
>
> 本案涉及胎儿接受赠与利益的保护。《民法典》第16条规定，本案中的胎儿视为具有民事权利能力，由其母亲甲作为法定代理人接受赠

与的 8 根金条。孩子出生后，剩余的 2 根金条也不能撤销赠与，因为这是具有道德义务性质的赠与合同，不得撤销。

（四）民事权利能力的终止

根据《民法典》第 13 条的规定，自然人从出生时起到死亡时止，具有民事权利能力。据此可知，自然人死亡后，不再享有民事权利能力。

1. 死亡

死亡，是指自然人生命的终止，在法律上意味着自然人民事权利能力的消灭。民法上讲的死亡包括自然死亡和宣告死亡。与出生一样，死亡是一种自然事件，是引起法律关系变动的重要法律事实。

2. 自然人死亡时间的认定及推定

自然人死亡时，应由医院或有关部门向其家属等出具死亡证明书，自然人死亡时间一般应以死亡证明书上记载的时间为准。自然死亡的具体时间应当以医学上确定的死亡时间为准，但是由于医疗技术水平及人伦价值观念不同，对于自然死亡时间的认定，历来存在不同学说，如心脏搏动停止说、呼吸停止说、脑电波消失说等。我国在实践中一般采脑电波消失说。

宣告死亡的死亡时间，参阅本章第三节宣告死亡。

在特殊情形下，几个自然人在同一事件中死亡，又不能确定死亡先后时间的，可能会带来继承法上的难题，《民法典》第 1121 条第 2 款规定："相互有继承关系的数人在同一事件中死亡，难以确定死亡时间的，推定没有其他继承人的人先死亡。都有其他继承人，辈分不同的，推定长辈先死亡；辈分相同的，推定同时死亡，相互不发生继承。"这一规定从保护继承人的权益出发来解决该难题。

3. 死者人格利益的保护

依据权利能力终于死亡的规定，死者不再享有权利能力，自然也不再享有人格权。但死者的人格利益，如隐私、肖像、名誉、姓名、荣誉等被侵害，仍应当得到法律的保护。《民法典》第 994 条规定："死者的姓名、肖像、名誉、荣誉、隐私、遗体等受到侵害的，其配偶、子女、父母有权依法请求行为人承担民事责任；死者没有配偶、子女且父母已经死亡的，其他近亲属有权依法请求行为人承担民事责任。"需要说明的是，法律此时保护的是社会公共利益和死者的人格利益，侵权客体不是死者的人格权而是人格利益，维权的并非死者而是死者的近亲属，且以近亲属自己的名义进行。

例：L系国外已故著名影星A之子，其在中国境内旅游时发现，国内某市J公司经营的H餐厅的店名，餐厅内大堂、包厢，以及菜单、宣传单等多处未经许可使用了A的照片及姓名。同时，还发现J公司集团网站中存在多篇关于该餐厅的宣传文章，涉案餐厅的微信公众号中也存在多篇关于A的宣传文章，多处使用了A的照片，并搭配有H餐厅的介绍。L诉请J公司承担侵权责任。经审理，法院一审判决J公司停止使用A的姓名和肖像，不得使用A的姓名命名餐厅，不得在餐厅内外、餐厅器具、餐厅宣传资料中使用A的姓名和肖像，并向原告L赔礼道歉，赔偿损失及必要费用20余万元。

本案的判决就是对死者姓名、肖像等人格利益的保护。死者之子L，以自己的名义进行维权。

二、自然人的民事行为能力

自然人生而平等，可以根据自己的内心意思在社会中进行各种民事法律行为，但前提是每个人都有成熟的心智和认知能力，能够恰当地判断自己所处的环境，正确理解自己行为的含义和后果。由此，民法针对不同的自然人的年龄及精神状况所导致的心智成熟程度，采取了不同的对待方式。

（一）民事行为能力的概念

自然人的民事行为能力，指自然人能够以自己的行为独立进行民事活动，取得民事权利和承担民事义务的法律资格。只有具有民事行为能力，民事主体才能以自己独立的意思表示来实施法律行为，把民事权利能力落到实处。

自然人民事行为能力和民事权利能力都由法律规定，非依法不得限制和剥夺，两者紧密相关，民事权利能力是自然人具有民事行为能力的前提，没有民事权利能力，就没有民事行为能力。但二者是有区别的。

1. 二者性质不同

民事权利能力是指自然人依法享有民事权利和承担民事义务的资格；民事行为能力则是指自然人以自己的行为独立取得民事权利、承担民事义务的资格。

2. 开始时间不同

民事权利能力自出生即享有，以生存为条件，一经活着出生即具有民事权利能力，且民事权利能力人人平等享有；而民事行为能力，则需要根据年龄、智力和精神健康状况来认定，只有具备一定的年龄、智力和精神健康状况，才能具有相应的行为能力。

3. 持续时间不同

自然人的民事权利能力始于出生，终于死亡。而民事行为能力不仅要达到一定的年龄，还以一定的智力状况、精神健康状况为判断标准，法律只对有一定认知能力的人赋予相应的民事行为能力。

民事行为能力制度旨在保护认知能力不足之人，并兼顾交易安全，是民法上一项非常重要的制度。

（二）民事行为能力的特征

1. 民事行为能力的法定性

自然人是否具有民事行为能力，是由国家法律加以确认的，与自己的意志无关。国家法律规定了自然人具备民事行为能力应当满足的基本条件，这些条件不能通过自然人的约定加以更改。同时，自然人的民事行为能力是法律赋予的一种独立参加民事活动的资格。民法有关自然人民事行为能力的规定属于强制性规范，对于自己的民事行为能力，自然人不得转让和放弃。非依法定条件和程序，自然人的民事行为能力不得被限制或剥夺。

2. 民事行为能力与自然人的年龄和精神健康状况直接相联系

年龄决定了自然人从事民事行为的一般社会认知程度，精神健康状况则决定了自然人能否正确地理解和理智地从事民事行为。这两个方面的具体要求都由法律直接加以规定。

3. 民事行为能力是民事主体对其民事活动的法律后果负责的资格

只有具备这种资格的主体实施的民事行为才有效，才能对其不法行为承担责任，否则实施的民事行为不能发生法律效力。

（三）自然人民事行为能力的分类

自然人民事行为能力的划分标准是认知能力即意思能力和识别能力，具体而言，就是依据自然人的年龄、能力和精神健康状况进行分类，自然人的民事行为能力主要划分为三类。

1. 完全民事行为能力人

完全民事行为能力人是指年满18周岁的成年人且智力、精神状态正常者；年满16周岁但能靠自己劳动获得收入的未成年人视为完全民事行为能力人。此类人可以独立实施民事法律行为，不会因为主体欠缺行为能力而发生效力瑕疵。

《民法典》第18条规定："成年人为完全民事行为能力人，可以独立实施民事法律行为。十六周岁以上的未成年人，以自己的劳动收入为主要生活来源的，视为完全民事行为能力人。"

在一般情况下，自然人达到成年的时候，不仅能够有意识地实施民事法律行为，而且能够理智地判断和理解法律规范和社会共同生活规则，能够估计到实施某种行为可能发生的后果及对自己的影响。

2. 限制行为能力人

限制行为能力人是8周岁以上的未成年人和不能完全辨认自己行为的成年人，此类人可以独立实施纯获利益的行为或与其年龄、智力、精神健康状态相适应的民事行为，除此之外的行为，要由其法定代理人代理或经其同意、追认。

《民法典》第19条规定："八周岁以上的未成年人为限制民事行为能力人，实施民事法律行为由其法定代理人代理或者经其法定代理人同意、追认；但是，可以独立实施纯获利益的民事法律行为或者与其年龄、智力相适应的民事法律行为。"

故限制行为能力人可以在与其年龄、智力、精神健康状态相适应的范围内单独从事相应的民事行为，包括其纯获利益行为都是有效的民事法律行为，不需要法定代理人代为实施。

对于超越了限制行为能力人的年龄、智力、精神健康状态而作出的民事行为，法定代理人可以通过追认来确定其效力。相对人可以催告法定代理人自收到通知之日起30日内予以追认。法定代理人未作表示的，视为拒绝追认。民事法律行为被追认前，善意相对人有撤销的权利。撤销应当以通知的方式作出。

关于限制行为人行为能力具体的认定标准，根据《最高人民法院关于适用〈中华人民共和国民法典〉总则编若干问题的解释》第5条规定："限制民事行为能力人实施的民事法律行为是否与其年龄、智力、精神健康状况相适应，人民法院可以从行为与本人生活相关联的程度，本人的智力、精神健康状况能否理解其行为并预见相应的后果，以及标的、数量、价款或者报酬等方面认定。"也即在实践中，此类行为人的行为是否是其生活中通常所为行为以及以其智力水平、精神健康状况等能否理解衡量其行为的后果、标的、数量、价款等信息，由法院作出评估判断。

> **例**：14周岁的小明欲购买手机，于是自行去商场选购了一部智能手机，小明用父亲的银行卡支付了手机费用4999元。事后小明的父亲找到商场要求返还全部费用，商场以"一经支付不得退费"为由不予退费。请问商场的做法是否正确？
>
> 商场的做法不正确。本案中小明年龄14周岁，为限制民事行为能力人，只能独立实施与其年龄、智力相适应的民事行为，除此之外的民事行为应由其法定代理人代理，或同意、追认才能产生法律效力。小明购买手机价值昂贵，应由其法定代理人同意或追认才能产生法律效力，现其父拒绝追认并要求退费，所以商场应当返还全部费用。

3. 无民事行为能力人

无民事行为能力人是指不满8周岁的人和不能辨认自己行为的人，此类人不得独立实施任何民事法律行为，否则行为无效，应由其法定代理人代理实施民事法律行为。

《民法典》第20条规定："不满八周岁的未成年人为无民事行为能力人，由其法定代理人代理实施民事法律行为。"《民法典》第21条规定："不能辨认自己行为的成年人为无民事行为能力人，由其法定代理人代理实施民事法律行为。八周岁以上的未成年人不能辨认自己行为的，适用前款规定。"

故无民事行为能力人单独实施的民事法律行为是无效的，即使无行为能力人实施数额小、交易简单的日常生活行为，以及纯获利益的行为，都只能通过法定代理人的代理为之，并且法定代理人不得以追认行为来辅助。

（四）自然人无民事行为能力和限制民事行为能力的宣告

现实社会中，存在虽达到法定成年年龄，但是身患精神疾病、心智发育不全或已经衰退的成年人，出于对其自身利益和对他人利益的保护，我国民法对此类人群的无民事行为能力和限制民事行为能力采取宣告制度。宣告要件为：

(1) 被宣告人须为不能辨认或不能完全辨认自己行为的成年人；

(2) 须经利害关系人或有关组织申请；

(3) 须经人民法院认定。

自然人被宣告为无民事行为能力人或限制行为能力人，其行为能力只是处于一时的中止或受限制状态。所以当其智力障碍被排除，具有辨认事物的能力时，可以根据其健康恢复的状况，经本人或利害关系人申请，由人民法院认定为完全民事行为能力人。

《民法典》第24条第1、2款规定："不能辨认或者不能完全辨认自己行为的成年人，其利害关系人或者有关组织，可以向人民法院申请认定该成年人为无民事行为能力人或者限制民事行为能力人。被人民法院认定为无民事行为能力人或者限制民事行为能力人的，经本人、利害关系人或者有关组织申请，人民法院可以根据其智力、精神健康恢复的状况，认定该成年人恢复为限制民事行为能力人或者完全民事行为能力人。"

根据法律，利害关系人包括配偶、父母、子女及其他近亲属，也可以是同其有民事权利义务关系的其他民事主体；有关组织包括居民委员会、村民委员会、学校、医疗机构、妇女联合会、残疾人联合会、依法设立的老年人组织、民政部门等。

三、自然人的住所

（一）住所

住所是指民事主体进行民事活动的中心场所或者主要场所。自然人的住所一般是指自然人长期居住、较为固定的居所。自然人的住所在法律上具有重要意义，在民法上，住所是决定监护、宣告失踪或死亡、债务履行地、法院诉讼管辖地和诉讼文书送达地、涉外法律适用之准据法等的一个重要因素。

（二）居所

居所是自然人经常居住的场所，其表明自然人居住在特定地方一段时间的行为或事实。将居所与住所相比较而言，居所不要求特定长度的居住时间，更不要求有永久居住的意图，而只要求实际居住即可，自然人可以拥有多处居所。也就是说住所一般是指自然人长期居住、较为固定的处所。居所通常是指自然人临时实际居住的处所。住所只有一个，而居所可以有多个。

《民法典》第25条规定："自然人以户籍登记或者其他有效身份登记记载的居所为住所；经常居所与住所不一致的，经常居所视为住所。"

我国民事司法实践确认，自然人离开住所地最后连续居住1年以上的地方，为经常居住地，但住医院治病的除外。自然人由其户籍所在地迁出后至迁入另一地之前，无经常居住地的，仍以其原户籍所在地为住所。

(三)住所的分类

1. 意定住所

意定住所,又称任意住所,是指基于当事人的意思而设立的住所。意定住所与迁徙自由紧密相连。随着我国市场经济的发展,住所和户籍分离的存在,在客观上要求法律肯定自然人的意定住所。

2. 法定住所

法定住所,是指不依当事人的意思而设立,而由法律规定的住所。在我国,无民事行为能力人和限制民事行为能力人也有自己的户籍,因而应以其户籍所在地的居所地为其住所;如果他同监护人共同生活,则监护人的住所是被监护人的经常居住地,视为被监护人的住所。

3. 拟制住所

拟制住所,是指法律规定在特殊情况下把居所视为住所。我国民法和司法实践肯定了拟制住所的存在:① 自然人的经常居住地与住所不一致的,经常居住地视为住所;② 自然人由其户籍所在地迁出后至迁入另一地点前,无经常居住地的,仍以其户籍所在地为住所;③ 当事人的住所不明或者不明确定的,以其经常居住地为住所。

第二节 监护

一、监护的概念和性质

(一)监护的概念和意义

监护,是指对无民事行为能力人和限制民事行为能力人的人身、财产及其他合法权益进行监督、保护的法律制度。履行监督、保护义务的人,称为监护人;而被监督、保护的人,称为被监护人。世界各国的立法都对未成年人及无民事行为能力或者限制民事行为能力的成年人进行监督和保护,如设立亲权、监护、保护、保佐、辅保等制度。我国立法对于无行为能力人和限制行为能力人的监督和保护统一采用监护制度。根据被监护对象的不同,《民法典》把监护分为两类：一是未成年人的监护制度，即专门针对未成年人所设立的监督和保护制度；二是成年人的监护制度，其中包括了对无民事行为能力、限制民事行为能力的成年人的法定监护与成年意定监护等。

根据法律规定，监护人可能是自然人，也可能是有关组织。人民法院认定自然人的监护能力，应当根据其年龄、身心健康状况、经济条件等因素确定；认定有关组织的监护能力，应当根据其资质、信用、财产状况等因素确定。

监护制度的设立，主要是为了保护无行为能力人和限制行为能力人的合法权益，同时也为了保护交易第三人的合法权益，从而维护社会秩序的稳定、保护交易的安全。《民法典》选择将监护制度规定在自然人中，是因为监护制度主要是对自然人民事行为能力的一种补充，应该成为民事行为能力制度的组成部分，而且监护本身并不一定涉及亲属关系，将其规定在亲属法中，难以涵盖所有类型的监护，会人为地割裂监护制度的内容。

监护从其本质上讲，就是对缺乏行为能力人的监督、照顾和辅助制度。法律设立监护制度的意义：一是对被监护人的行为能力予以弥补，因为不具有完全民事行为能力的自然人，不能进行或不能独立进行民事活动，这就难以满足其物质和精神生活的需要，而通过监护制度，由监护人代为或协助其进行民事活动，就能够满足被监护人的物质和精神需求，有效地保护其合法权益；二是通过监护人的设立，可以对其财产和人身等合法利益予以保护和照顾，避免其受到其他人的侵害；三是对被监护人进行监督和管束，防止其实施违法行为，对他人和社会造成损害；四是由监护人作为法定代理人代理被监护人从事民事法律行为，从而保护相对人的合法权益，维护交易安全。

（二）监护的性质

关于监护的法律性质，学界历来有不同的观点，有人认为监护是一种权利，有人认为监护是一种职责，还有人认为监护既是权利也是义务。《民法典》第34条第1款规定："监护人的职责是代理被监护人实施民事法律行为，保护被监护人的人身权利、财产权利以及其他合法权益等。"第2款也规定："监护人依法履行监护职责产生的权利，受法律保护。"从该条规定来看，监护的主要内容是代理被监护人实施民事法律行为，保护被监护人的权益，可见，《民法典》采纳了职责说。任何人作为监护人首先应意识到其对社会和国家负有的责任，而不能根据自己的意志和利益推卸或不适当地履行此种职责。另一方面，如果说监护是一种权利，那么监护人就可以因监护而取得相应的利益，甚至借监护而谋求自身利益（如为了自己的利益不正当地处分被监护人的财产），这显然违背了监护制度的目的。

监护权与亲权是不同的。所谓亲权，是父母对未成年子女以教养保护为目的，在人身和财产方面所享有的各种权利。其中，人身方面的亲权可分为保护权、教育权和惩戒权，财产方面的亲权可分为财产管理权、使用收益权、处分权和财产上的代理权、同意权。我国现行立法中没有对亲权的概念作出明确规定，所以，有关亲权的一些内容都已经包括在监护权之中。例如，《民法典》第26条就规定："父母对未成年子女负有抚养、教育和保护的义务。成年子女对父母负有赡养、扶助和保护的义务。"

二、监护的分类

依据被监护人的不同，监护可以分为未成年人监护和无民事行为能力、限制行为能力的成年人监护。

（一）未成年人监护

未成年人监护，是指以未成年人为被监护人的监护。《民法典》第27条第1款规定："父母是未成年子女的监护人。"依此规定，未成年人监护的监护人首先是该未成年人的父母，父母对未成年子女的监护因子女出生的法律事实而发生，除因死亡或按法定程序予以剥夺外，任何人不得加以剥夺或限制。父母作为未成年子女的法定监护人，以子女出生这一法律事实为发生原因，一直延续到子女具备完全民事行为能力。父母对未成年子女的监护不受双方离婚而影响。《民法典》第1084条第1、2款规定："父母与子女间的关系，不因父母离婚而消除。离婚后，子女无论由父或者母直接抚养，仍是父母双方的子女。离婚后，父母对于子女仍有抚养、教育、保护的权利和义务。"

《民法典》第27条第2款规定："未成年人的父母已经死亡或者没有监护能力的，由下列有监护能力的人按顺序担任监护人：（一）祖父母、外祖父母；（二）兄、姐；（三）其他愿意担任监护人的个人或者组织，但是须经未成年人住所地的居民委员会、村民委员会或者民政部门同意。"根据本条规定，在未成年人的父母已经死亡或者没有监护能力的情形下，可以由其他自然人或者组织担任监护人。也就是说，在未成年人父母可以担任监护人的情形下，应当由其父母担任监护人，因为由父母担任监护人，最有利于保护未成年人的利益，而且父母一般也会以最有利于子女的方式履行监护职责。此外，由父母担任监护人，也有利于未成年人的成长，因为父母与子女往往具有最亲密的联系。但如果该未成年人的父母已经死亡，或者没有监护能力（如丧失民事行为能力，或者被撤销监护人资格），则应当按照如下顺序确定未成年人的监护人：一是祖父母、外祖父母，二是成年的兄、姐，三是其他愿意担任监护人的个人或者组织，但是须经未成年人住所地的居民委员会、村民委员会或者民政部门同意。上述主体担任未成年人的监护人时，应当按照先后顺序确定，而且已确定的监护人应当具有监护能力。本条规定符合我国的社会习惯，在法律上规定监护的顺序有利于解决实践中存在的因监护权发生的各种纠纷，并且有利于明确监护人。

依据《民法典》第32条的规定，如果没有依法具有监护资格的人，则由民政部门担任监护人，当然，也可以由具备履行监护职责条件的被监护人住所地的居民委员会、村民委员会担任监护人。这实际上是对《民法典》第27条规定的补充，也体现了"以家庭监护为基础，社会监护为保障，国家监护为补充"的理念。对未成年人的监护人，也可以通过法院指定来确定。《民法典》第31条第1款规定："对监护人的确定有争议的，由被监护人住所地的居民委员会、村民委员会或者民政部门指定监护人，有关当事人对指定不服的，可以向人民法院申请指定监护人；有关当事人也可以直接向人民法院申请指定监护人。"

在实践中当事人委托他人承担一定的监护职责也很常见，但受托人只是基于委托合同帮助监护人履行一定的监护职责，《民法典》并未规定委托监护制度。监护人资格具有人身专属性，不得随意移转，如果允许监护人通过合同移转监护人资格，将不利于保护被监护人的利益，监护制度的目的也难以实现。根据《最高人民法院关于适用〈中华人民共和国民法典〉总则编若干问题的解释》第13条规定："监护人因患病、外出务工等原因在一定期限内不能完全履行监护职责，将全部或者部分监护职责委托给他人，当事人主张受托人因此成为监护人的，人民法院不予支持。"由此可见，虽然监护人可以委托他人履行监护职责，但监护人的资格并没有因此移转，监护人与受托人之间的法律关系在性质上应当是委托合同关系，在被监护人造成他人损害时，监护人仍然应当依法承担监护人责任。

（二）无民事行为能力、限制行为能力的成年人监护

成年人监护，是指依据法律规定和约定对无民事行为能力或者限制民事行为能力的成年人所实施的监护。从《民法典》的规定来看，成年人监护包括两种：一是法定监护，即依据法律规定对无民事行为能力或限制民事行为能力的成年人所进行的监护，监护人的范围、顺序以及监护人的设定等都是依法进行的。《民法典》第28条对成年人监护的法定监护人作出了规定，即成年人监护

第一顺序监护人为配偶，第二顺序监护人是父母、子女，第三顺序监护人是其他近亲属，第四顺序监护人为其他愿意担任监护人的人。二是意定监护，即按照具有完全民事行为能力的成年人与有关个人或组织之间的约定所形成的成年人监护。关于意定成年人监护，《民法典》第33条规定："具有完全民事行为能力的成年人，可以与其近亲属、其他愿意担任监护人的个人或者组织事先协商，以书面形式确定自己的监护人。在自己丧失或者部分丧失民事行为能力时，由该监护人履行监护职责。"

《民法典》使用多个条款对成年人监护制度作出了规定，并强化了对被监护人的成年人权益的保护，突出了对其个人意愿的尊重。规定成年监护具有重要意义。第一，有利于保护老年人的合法权益，适应了老龄社会的发展需要。随着年龄增长，老年人对外界情况的判断能力和认知能力下降，对外界的风险常常难以作出清晰的判断，这也使其人身权益和财产权益极易遭受侵害，例如，在实践中，老年人常常成为电信诈骗的受害人。第二，符合国际上的发展趋势。随着老龄社会的到来，各国开始重视老年监护制度，为不能完全处理自身事务的老年人设置监护人，从而对其进行照护和管理。从比较法上看，各国目前主要依靠老年康复协议和老年监护协议等方式推进老年监护制度。一些国家已经开始对老年监护制度作出规定，如一些国家判例要求疗养院应当尽量对老年人进行精神关爱，不得歧视老年人，凸显了维护老年人人格尊严的价值理念。我国成年监护立法的重构需要以法律发展趋势为背景，贯彻尊重自我决定权理念，增设意定监护制度，成年监护应当尽量保障其正常生活，监护人的作用主要是一种辅助作用，而不是纯粹地对被监护人的人身、财产权益进行管理。

未成年监护和成年监护构成了我国民法上的监护制度，但二者也存在一定区别，主要在于：

（1）被监护人不同。未成年监护的被监护人是未成年人，而成年监护的被监护人是无民事行为能力、限制民事行为能力的成年人。

（2）监护职责不同。关于未成年监护中监护人的监护职责，《民法典》第35条第2款规定："未成年人的监护人履行监护职责，在作出与被监护人利益有关的决定时，应当根据被监护人的年龄和智力状况，尊重被监护人的真实意愿。"关于成年监护中监护人的监护职责，《民法典》第35条第3款规定："成年人的监护人履行监护职责，应当最大程度地尊重被监护人的真实意愿，保障并协助被监护人实施与其智力、精神健康状况相适应的民事法律行为。对被监护人有能力独立处理的事务，监护人不得干涉。"从上述规定可以看出，在未成年监护中，监护人对被监护人能够独立处理的事务，应当尊重被监护人的真实意愿。而在成年监护中，监护人应当最大程度地尊重被监护人的真实意愿，并且监护人应当协助被监护人实施与其年龄、精神健康状况相适应的民事法律行为,在被监护人处理其有能力独立处理的事务时,监护人不得干涉。

(3) 在成年监护中,监护人的职责主要是协助被监护人处理事务,而在未成年人监护中,监护人的职责则更多地体现为监督和照管。

(4) 法定监护人的顺序不同。关于未成年人监护中监护人的顺序,《民法典》第27条规定:"父母是未成年子女的监护人。未成年人的父母已经死亡或者没有监护能力的,由下列有监护能力的人按顺序担任监护人:(一)祖父母、外祖父母;(二)兄、姐;(三)其他愿意担任监护人的个人或者组织,但是须经未成年人住所地的居民委员会、村民委员会或者民政部门同意。"关于成年人法定监护中监护人的范围,《民法典》第28条规定:"无民事行为能力或者限制民事行为能力的成年人,由下列有监护能力的人按顺序担任监护人:(一)配偶;(二)父母、子女;(三)其他近亲属;(四)其他愿意担任监护人的个人或者组织,但是须经被监护人住所地的居民委员会、村民委员会或者民政部门同意。"可见,两种监护中法定监护人的顺序存在一定差别。

(5) 是否允许意定监护不同。对未成年人监护而言,为保护未成年人的利益,不允许当事人进行意定监护,而依据《民法典》第33条的规定,成年监护可以进行意定监护。

三、监护的设定

我国《民法典》构建监护制度的基本思路,是要构建以家庭监护为基础,以社会监护为补充,以国家监护为保障的监护制度。从《民法典》第32条规定来看,"没有依法具有监护资格的人的,监护人由民政部门担任,也可以由具备履行监护职责条件的被监护人住所地的居民委员会、村民委员会担任"。可见,在没有监护人的情形下,由民政部门或者具备履行监护职责条件的被监护人住所地的居民委员会、村民委员会担任监护人,这就形成了国家治理和社会治理的良性互动。关于监护的设立,从《民法典》的规定来看,其主要规定了法定监护、遗嘱监护、指定监护和意定监护几种方式。

(一)法定监护

1. 法定监护的概念和特征

所谓法定监护,是指监护人由法律直接规定的监护。法定监护具有以下特征。

(1) 监护人范围具有法定性。《民法典》第 27 条、第 28 条分别对未成年人和成年人的法定监护人作出了规定，可以看出，不论是未成年人的法定监护，还是成年人的法定监护，监护人的范围都是法定的。

(2) 监护人具有法定的顺序。与其他类型的监护不同，在法定监护中，各个具有监护资格的人在担任监护人时，存在一定的顺序限制，即只有顺序在前的人无法担任监护人时，顺序在后的人才能担任监护人。在实践中，确实存在不少监护争议，如争当监护人或者相互推诿，如果没有法定的顺序，则法院对此类纠纷就缺乏解决的依据。

(3) 监护的对象具有特定性。从《民法典》的规定来看，法定监护的被监护人具有特定性，即限于未成年人、无民事行为能力或者限制民事行为能力的成年人。由于未成年人、无民事行为能力或者限制民事行为能力的成年人的认知能力较弱，因而，在法定监护中，监护人的监护职责主要是对被监护人进行监管和照顾；而在成年意定监护中，监护人的职责更多的是对被监护人从事民事活动进行协助。

2. 法定监护的监护人范围

(1) 未成年人法定监护人的范围。《民法典》第 27 条对未成年人的法定监护人范围和顺序作出了规定，依据该条规定，未成年人的法定监护人包括：

第一，父母。基于出生这一自然事件，在未成年人父母能够担任监护人的情形下，父母是未成年子女当然的第一顺位法定监护人，任何个人或组织不得非法剥夺或限制。另外，《民法典》第 1111 条规定："自收养关系成立之日起，养父母与养子女间的权利义务关系，适用本法关于父母子女关系的规定；养子女与养父母的近亲属间的权利义务关系，适用本法关于子女与父母的近亲属关系的规定。养子女与生父母以及其他近亲属间的权利义务关系，因收养关系的成立而消除。"《民法典》第 1072 条第 2 款规定："继父或者继母和受其抚养教育的继子女间的权利义务关系，适用本法关于父母子女关系的规定。"由此可见，作为未成年人监护人的"父母"，除未成年人的生父母外，还应包括养父母和有抚养关系的继父母。

第二，其他近亲属及个人或组织。如果未成年人的父母已经死亡或者没有监护能力，则依据《民法典》第 27 条第 2 款，由下列有监护能力的人按顺序担任监护人：一是祖父母、外祖父母；二是兄、姐；三是其他愿意担任监护人的个人或者组织，但是须经未成年人住所地的居民委员会、村民委员会或者民政部门同意。此处的"兄、姐"应当指具有监护能力的兄或姐。从《民法典》的规定来看，上述主体在担任未成年人的监护人时，应当按照法律规定的顺序进行。如果未成年人祖父母、外祖父母、兄、姐以外的人愿意担任未成年人的监护人，其在担任监护人时应当经该未成年人住所地的居民委员会、村民委员会或者民政部门同意，以避免上述人担任监护人不适当造成未成年人的损害。《民法典》第27条所规定的"组织"主要是指社会公益组织，因为随着我国公益事业的发展，有监护意愿和能力的社会组织增多，由公益组织担任未成年人的监护人，可以作为家庭监护的有益补充。

例：小明5岁时，其父母在一次车祸中不幸双双去世，家中只剩下一个22岁的姐姐，姐姐刚刚大学毕业不久，在一家私立医院当护士。小明的舅舅表示愿意担任小明的监护人，小明父母生前好友张某夫妇表示愿意收养小明。

根据《民法典》相关规定，小明父母去世后，已成年的姐姐应当依法担任小明的法定监护人；假设小明的姐姐不具备监护能力，其舅舅愿意担任监护人的，须经小明住所地的居民委员会、村民委员会或者民政部门同意；假设张某夫妇依法收养了小明，则张某夫妇作为养父母，是小明的法定监护人。

（2）成年人法定监护人的范围。

根据《民法典》第28条，成年人法定监护人的范围如下。

一是配偶。在成年人法定监护中，第一顺序的监护人是被监护人的配偶，而不是其父母，这与未成年人法定监护不同。法律之所以作出此种规定，主要是因为配偶与被监护人长期生活在一起，与其关系更为密切，相互之间更为熟悉，由其作为第一顺序的监护人更为合理，更有利于被监护人的权益保护。配偶关系因婚姻的合法成立而生效，以一方死亡或者双方离婚而终止。

二是父母、子女。在成年人的配偶无法担任监护人时，由成年人的父母或者子女担任。成年人的父母或者子女具有监护能力的，在成年人配偶不能担任监护人时，应当担任监护人，履行监护职责。

三是其他近亲属。民法中的近亲属包括配偶、父母、子女、兄弟姐妹、祖父母、外祖父母、孙子女，外孙子女。此处的"其他近亲属"应当是除被监护人的配偶和父母、子女以外的近亲属。

四是其他愿意担任监护人的个人或者组织，但是须经被监护人住所地的居民委员会、村民委员会或者民政部门同意。

从该条规定来看，其并没有对能够担任成年人法定监护人的范围进行严格限制，任何个人和组织都可以担任成年人的法定监护人，但其担任成年人的法定监护人应当具备如下条件：一是其他个人或者组织愿意担任。二是应当取得被监护人住所地的居民委员会、村民委员会或者民政部门同意。防止因为监护人设置不当，侵害被监护人的利益。三是其他个人或者组织具有担任监护人的能力。

《民法典》第30条规定："依法具有监护资格的人之间可以协议确定监护人。协议确定监护人应当尊重被监护人的真实意愿。"本条是对协议监护的规定，协议监护必须符合几个条件：第一，必须是在依法具有监护资格的人之间进行协商，但要尊重监护人的法定顺序。例如，在父母有多个子女，或者未成年人有多个兄姐时，究竟由何人担任监护人，可以协商确定。第二，协议监护必须是父母以外的人，不能通过协议将父母排除在监护人的范围之外。第三，要尊重被监护人的真实意愿。具有监护资格的数人在进行协商确定时，要考虑被监护人的真实意愿。也就是说，通常在协商时应当征求被监护人的意见。需要指出的是，该条规定的依法具有监护资格的人之间可以协议确定监护人，仍然属于法定监护的一种，而非意定监护。虽然协议确定监护人也可以适用于未成年人监护，但该协议只能在依法具有监护资格的人之间订立，因此，其应当属于法定监护的范畴。

（二）遗嘱监护

遗嘱监护是指被监护人的父母在担任监护人期间，通过遗嘱的方式为被监护人指定监护人的监护制度。《民法典》第29条规定："被监护人的父母担任监护人的，可以通过遗嘱指定监护人。"该条对遗嘱监护制度作出了规定。《民法典》对遗嘱监护制度的规定，有利于实现被监护人利益的最大化。依据该条规定，遗嘱监护的特征表现为：

第一，能够设定遗嘱监护的是被监护人的父母。父母在设定遗嘱监护时，能够从最有利于保护子女利益的角度出发，实现子女利益的最大化。从比较法上来看，各国也都只允许父母通过遗嘱指定监护人。需要注意的是，如果被监护人的父母都是监护人的，则父母一方不得通过设定遗嘱的方式排除另一方的监护人资格，因为父母都是第一顺位的法定监护人，任何一方不得通过设定遗嘱的方式排除另一方的监护人资格。

第二，遗嘱监护既适用于未成年人监护，也适用于成年人监护。遗嘱的方式通常适用于在父母去世前，因担心被监护人没有合适的监护人时会遭受到人身、财产的损害，因而通过遗嘱的方式，为被监护人指定监护人。这一制度主要适用于未成年人监护，但也可以适用于成年人监护。

第三，被监护人父母在设定遗嘱监护时必须具有监护人资格。如果其父母已经被取消监护资格，则不能通过遗嘱指定监护人。在设定遗嘱监护时如果父母不具备监护人资格，则不利于实现被监护人利益的最大化。

第四，遗嘱指定的监护人不受《民法典》第27条、第28条关于监护人范围以及顺序的限制。从《民法典》第29条的规定来看，其只是规范被监护人的父母可以通过遗嘱为被监护人指定监护人，而没有对被指定的监护人的范围作出限制，可见，被指定的监护人的范围并不受法定监护顺序的限制。

第五，遗嘱监护的生效需要被指定的人同意担任监护人。担任监护人的被监护人父母通过遗嘱指定监护人，遗嘱生效时被指定的人不同意担任监护人的，人民法院应当适用《民法典》第27条、第28条的规定确定监护人，该遗嘱指定不发生效力。

第六，遗嘱监护以遗嘱人的死亡作为生效要件。遗嘱作为一种死因法律行为，其生效应以遗嘱人死亡为条件，也就是说，只有设定遗嘱的人死亡后，遗嘱监护才能生效。

例：2018年3月，小明6岁，其母亲不幸病故，其后小明一直由父亲照顾。3年后，其父亲因吸毒被强制戒毒2年。因父亲觉得愧对小明，一直不愿将监护权委托给他人，导致9岁的小明处于无人照管的状态。小明的奶奶向人民法院申请，依法撤销了小明父亲的监护权，由奶奶担任小明的监护人。2022年底，小明奶奶患病，预感自己将不久于人世，欲通过遗嘱为小明指定一个可靠的监护人。一周后，小明的父亲也身患重病，也想通过遗嘱为小明指定监护人。

本案中，小明的奶奶和父亲都不能通过遗嘱为小明指定监护人，因为小明奶奶不是被监护人的父母，而小明的父亲立遗嘱时又没有担任监护人。二者都不符合《民法典》第29条规定的"父母担任监护人"的条件。

（三）指定监护

《民法典》第31条规定了指定监护制度，依据这一规定，指定监护包括两种类型。

1. 由被监护人住所地的居民委员会、村民委员会或者民政部门指定监护人

《民法典》第27条、第28条虽然规定了监护人的顺序，但同一顺序的当事人可能会对监护人资格产生争议，如对当事人担任监护人的资格等发生争议，或者相关当事人因不愿担任监护人而发生争议。依据《民法典》第31条第1款的规定，当事人就监护人的确定发生争议的，由被监护人住所地的居民委员会、村民委员会或者民政部门指定监护人，如果当事人对该指定不服，则可以向人民法院申请指定监护人。

2. 由人民法院指定监护人

从该条规定来看，由人民法院指定监护人包括两种情形。一是当事人对被监护人住所地的居民委员会、村民委员会或者民政部门指定的监护人不服的，可以由人民法院指定监护人；二是人民法院也可以直接依据有关当事人的申请指定监护人，而不需要经过被监护人住所地的居民委员会、村民委员会或者民政部门指定监护人这一阶段。

关于监护人的指定，《民法典》第 31 条第 2 款规定："居民委员会、村民委员会、民政部门或者人民法院应当尊重被监护人的真实意愿，按照最有利于被监护人的原则在依法具有监护资格的人中指定监护人。"依据这一规定，居民委员会、村民委员会、民政部门或者人民法院在指定监护人时，应当遵循如下规则：一是按照被监护人利益最大化的原则和尊重其意愿的原则指定。也就是说，如果被监护人有一定的识别能力，在指定监护人时应当征求被监护人的意见，同时，也要充分考虑具有监护资格的人的品行、身体状况、经济条件以及能够为被监护人提供的教育水平或者生活照料措施等，综合进行判断。二是应从有监护人资格的人中指定。《民法典》第 27 条、第 28 条对未成年人监护和成年人监护的监护人范围作出了规定，居民委员会、村民委员会、民政部门或者人民法院在指定监护人时，应当在上述规定所确定的监护人范围中指定。不过，虽然《民法典》第 27 条、第 28 条在规定监护人范围时，设定了一定的顺序限制，但居民委员会、村民委员会、民政部门或者人民法院在指定监护人时，并不需要严格按照这一顺序指定，而只需要在尊重被监护人意愿的情况下，按照被监护人利益最大化原则指定即可。指定监护人时，被指定的监护人既可以是一个，也可以是数个。

在指定监护人之前，被监护人的人身、财产等权益可能处于无人照管的状态，其人身、财产权益随时可能遭受他人侵害，此时，相关主体担任临时监护人就很有必要。《民法典》第 31 条第 3 款规定："依照本条第一款规定指定监护人前，被监护人的人身权利、财产权利以及其他合法权益处于无人保护状态的，由被监护人住所地的居民委员会、村民委员会、法律规定的有关组织或者民政部门担任临时监护人。"这就是说，出现上述情形时，可以由被监护人住所地的居民委员会、村民委员会、法律规定的有关组织或者民政部门担任临时监护人，这些主体也应当履行监护职责。

在指定监护人的情形下，监护人一旦确定，就不得随意变更，对此，《民法典》第31条第4款规定："监护人被指定后，不得擅自变更；擅自变更的，不免除被指定的监护人的责任。"依据该条规定，指定监护人后，因相关主体擅自变更监护人而使被监护人遭受损害的，监护人应当承担不履行监护职责的责任。

例：独生子女小明5岁时，其父母在一次车祸中不幸双双去世，家中再无其他人。小明的舅舅和姑妈均表示愿意担任小明的监护人。对于由谁担任小明的监护人更合适，上述二人意见分歧很大。小明的姑妈向人民法院申请，最终由人民法院指定小明的姑妈担任监护人。两年后，因为担心照顾小明会影响自己谈恋爱，姑妈私自把小明送到他舅舅家，由舅舅担任监护人。某日，小明在楼下玩耍时将邻居家的小孩打伤，需赔偿医药费2000元。

本案中，小明的姑妈是人民法院指定的监护人，根据《民法典》第31条第4款的规定，小明侵权造成的损害赔偿，姑妈作为其监护人应当承担相应的责任。

（四）意定监护

所谓意定监护，是指具有完全民事行为能力的成年人与其近亲属、其他愿意担任监护人的个人或者组织事先协商，以书面形式确定，在其丧失或者部分丧失民事行为能力时由该监护人履行监护职责的监护。《民法典》第33条关于意定监护的规定源自《老年人权益保障法》，该法第26条第1款规定："具备完全民事行为能力的老年人，可以在近亲属或者其他与自己关系密切、愿意承担监护责任的个人、组织中协商确定自己的监护人。监护人在老年人丧失或者部分丧失民事行为能力时，依法承担监护责任。"当然，《民法典》也在《老年人权益保障法》的基础上，对其进行了进一步完善，如强调书面形式等，以防止发生争议。

从《民法典》第33条的规定来看，意定监护具有如下特征。

第一，仅适用于具有完全民事行为能力的成年人。从该条规定来看，只有成年人才能通过协议确定自己的监护人。同时，只有具有完全民事行为能力的成年人才能通过协议确定自己的监护人，因为完全民事行为能力人具有辨认自己行为后果的能力，所以，法律上允许其可以通过协议确定监护人，安排自己的事务，规划好自己的生活。如果成年人是无民事行为能力人或限制民事行为能力人，则无法通过协议确定自己的监护人。

第二，监护人的范围较为广泛，不限于法定监护人，也不受法定监护人顺序的限制。从《民法典》第33条的规定来看，意定监护的监护人范围并不限于法定监护人，设定意定监护的成年人的近亲属、其他愿意担任监护人的个人或者组织都可以成为其监护人，这也赋予成年人较大的选择监护人的自由。

第三，需要采用书面形式。《民法典》第33条要求当事人设定意定监护必须采用书面形式。由于意定监护的内容直接关系到被监护人的重大权益，而且在设定监护的成年人丧失或者部分丧失民事行为能力时，监护人才开始履行监护职责，此时可能距离协议订立时间较为久远，或者设定监护的成年人民事行为能力欠缺等原因，使准确确定协议的内容较为困难。因此，为准确确定意定监护协议的内容，减少可能发生的争议，《民法典》要求设定意定监护必须采用书面形式。

第四，在设定意定监护的成年人丧失或者部分丧失民事行为能力时，监护人才开始履行监护职责。也就是说，当事人订立协议与监护人履行监护职责之间有一定的时间间隔，当事人在订立意定监护协议时，设定意定监护的成年人仍属于完全民事行为能力人，并不需要他人的监护，只有在其丧失或者部分丧失民事行为能力时，协议所设定的监护人才开始履行监护职责。这就是说，只有在监护设定人丧失或者部分丧失民事行为能力时，监护人才开始履行监护职责，因为在其未完全或者部分丧失民事行为能力时，客观上并不需要被监护。还应当看到，意定监护制度能够更好地尊重当事人的意愿：一方面，成年人监护中的法定监护主要是对精神病人的监护，而成年人在其丧失行为能力之前，可以根据自己的意愿，选择适当的人作为其未来的监护人，这也是私法自治原则的重要体现。而且与指定监护相比，允许成年人通过协议设定监护人，也能够更好地尊重其意愿。另一方面，在意定监护中，当事人在选择监护人时，既不受法定监护人范围的限制，也不受监护顺序的限制，更不需要其住所地的居民委员会、村民委员会的同意，这就能够最大程度地尊重当事人的意愿。

四、监护人的职责及其履行

（一）监护人监护职责的内容

《民法典》第34条采用的是"监护人的职责"这一表述，因此，在监护关系中，监护人负担的是监护职责，其应当是权利与义务的结合。《民法典》第26条第1款规定："父母对未成年子女负有抚养、教育和保护的义务。"《民法典》第34条第1、2、3款规定："监护人的职责是代理被监护人实施民事法律行为，保护被监护人的人身权利、财产权利以及其他合法权益等。监护人依法履行监护职责产生的权利，受法律保护。监护人不履行监护职责或者侵害被监护人合法权益的，应当承担法律责任。"依据上述规定，监护人的监护职责包括如下内容。

一是代理被监护人实施民事法律行为。《民法典》第23条规定："无民事行为能力人、限制民事行为能力人的监护人是其法定代理人。"依据该条规定，在法定监护中，监护人是被监护人的法定代理人，代理被监护人实施民事法律行为。在意定监护中，监护人是在被监护人丧失或者部分丧失民事行为能力时才开始履行监护职责，监护人也需要代理被监护人实施部分民事法律行为。监护制度的首要目的在于弥补被监护人行为能力的不足，监护人作为被监护人的法定代理人，可以以被监护人的名义进行民事活动，为被监护人取得和行使权利、设定和履行义务。

二是保护被监护人的人身、财产及其他合法权益。监护制度的重要目的是对被监护人进行照管，因此，保护被监护人的人身、财产及其他合法权益也是监护人监护职责的重要内容。《民法典》第34条第3款中的"法律责任"一般是侵权责任，但在意定监护中，监护人不履行监护职责也可能构成违约。

（二）监护人监护职责的履行

《民法典》第34条规定，监护人依法履行监护产生的权利受法律保护。也就是说，监护人在依据法律规定或者约定履行监护职责时，任何个人或组织不得进行非法干涉。依据《民法典》第35条的规定，监护人履行监护职责应当遵循以下原则。

1. 按照最有利于被监护人的原则履行监护职责

监护制度设立的主要目的是对被监护人进行保护和照顾，因此，监护人在履行监护职责时，应当按照最有利于被监护人的原则履行监护职责。比较法上普遍采纳了这一原则。所谓最有利于被监护人，就是说，监护人要根据被监护人的实际情况来行使监护职责，充分地保护被监护人的财产、人身和其他利益。例如，被监护人有财产的，监护人应努力使被监护人的财产保值、增值，而不能浪费；如果被监护人生病的，则监护人应当及时将其送医救治；如果被监护人处于受教育阶段的，则监护人应当使被监护人尽量获得好的教育。在判断监护人履行监护职责是否最有利于被监护人时，应当结合监护事项的特点、对被监护人利益的影响、监护人的监护能力等多种因素加以判断。

2. 不得擅自处分被监护人的财产

监护制度的目的在于对被监护人进行管理和照顾，其既包括对被监护人的人身权益进行照顾，也包括对被监护人的财产进行照管，这尤其体现在成年人监护中。监护人在履行监护职责时，一般只是对被监护人的财产进行管理，而不能通过被监护人的财产为自己谋利。依据《民法典》第35条的规定，除为维护被监护人利益的情形外，监护人不得处分被监护人的财产。

3. 尊重被监护人的意愿

我国《民法典》秉持人文关怀的理念，从关爱、保护被监护人考虑，要求监护人在履行监护职责时，应当尽可能尊重被监护人的意愿。《民法典》在尊重被监护人的意愿方面，又区分未成年人监护和成年人监护，分别作出了规定，具体来说，应从两方面考虑。

第一，在未成年人监护中，依据《民法典》第35条第2款的规定，未成年人的监护人在作出与被监护人利益有关的决定时，应当根据被监护人的年龄和智力状况，尊重被监护人的真实意愿。在未成年人监护中，未成年人毕竟心智发育不全，判断能力不足，其所作出的判断可能并不是最佳判断，监护人不能完全按照未成年人的意愿行为。

第二，依据《民法典》第35条第3款的规定，成年人的监护人履行监护职责，应当最大程度地尊重被监护人的真实意愿，保障并协助被监护人实施与其智力、精神健康状况相适应的民事法律行为。相对于未成年人，成年人的认知能力和判断能力更强，因而，《民法典》要求监护人必须最大程度地尊重被监护人的真实意愿。所谓最大程度，就是指监护人应当尽可能地尊重被监护人的意愿，由被监护人作出决定，在作出决定时，监护人只是起到一种保障并协助的作用。例如，城市中许多老人都有自己的房屋，但老年人愿意以房养老，或者愿意将房屋以多少价格出售，或者将房屋长期出租等，这些事务究竟应当如何处置，监护人应当尽可能听取老年人的意见；如果老年人有能力独立处理这些事务，就应当由其独立决定，监护人主要起到一种保障与协助的作用。在处分被监护人的财产时，监护人不能决定在房价涨到最高时，就代其出卖房屋。如果被监护人能够独立作出决定，则监护人只是提供意见供被监护人参考，最终还是由被监护人独立作出决定。

例：某甲15岁，多次在国际钢琴大赛中获奖，并获得大量奖金。甲的父母乙、丙为了甲的利益，考虑到甲的奖金存放银行增值有限，遂将奖金全部购买了股票，但恰遇股市暴跌，甲的奖金损失过半。

监护人应当按照最有利于被监护人的原则履行监护职责,除为维护被监护人利益外,不得处分被监护人的财产。本案中,甲的父母乙和丙作为甲的监护人,将甲的财产投入股市,但一般人均知道股市有风险,有可能会损害甲的利益,故乙、丙属于未妥当履行监护职责且因此侵害了甲的财产权利,应当承担损失赔偿的法律责任。

五、监护人资格的撤销和恢复

(一)撤销条件

所谓撤销监护资格,是指监护人在履行职责期间,从事了严重侵害被监护人权益的行为,被取消其监护资格的行为。法律之所以规定撤销监护人资格制度,主要是为了保护被监护人的合法权益,对监护人进行监督。在监护关系设定后,监护人因各种原因已经无法或者未能履行职责,从保护被监护人利益角度考虑,有必要规定监护资格撤销制度。《民法典》第36条第1款规定:"监护人有下列情形之一的,人民法院根据有关个人或者组织的申请,撤销其监护人资格,安排必要的临时监护措施,并按照最有利于被监护人的原则依法指定监护人:(一)实施严重损害被监护人身心健康行为的;(二)怠于履行监护职责,或者无法履行监护职责并且拒绝将监护职责部分或者全部委托给他人,导致被监护人处于危困状态的;(三)实施严重侵害被监护人合法权益的其他行为的。"这就对撤销监护人资格的原因和条件等作了明确规定。

依据这一规定,撤销监护人资格的条件,包括如下几种。

第一,实施严重损害被监护人身心健康的行为。监护制度的本意,是实现对被监护人的照管、保护,如果监护人对被监护人实施了严重损害其身心健康的行为,就构成撤销的事由。例如,监护人对被监护人实施性侵害,对被监护人进行暴力殴打、虐待等行为,都会严重损害被监护人的身心健康。此处所说的严重侵害,是针对被监护人的人身权益,而不是针对财产的侵害,而且侵害行为必须达到造成严重损害的后果的程度。

第二,怠于履行监护职责,或者无法履行监护职责并且拒绝将监护职责部分或者全部委托给他人,导致被监护人处于危困状态。具体而言,又可分为如下几种。一是怠于履行监护职责,导致被监护人处于危困状态的。监护人本应尽到对被监护人利益最大化的保护,但监护人不作为,怠于履行监护职责。例如,监护人明知被监护人挨饿受冻,而拒绝提供食物和衣物,使被监护人处于可能冻死饿死的危急状态,则可能导致其监护资格的撤销。二是无法履行监护职责并且拒绝将监护职责部分或者全部委托给他人，导致被监护人处于危困状态的。如果监护人因各种原因而无法履行监护职责，例如监护人因吸毒、赌博、身患重病等原因而无法履行监护职责，在此情形下，监护人应当尽快将监护职责委托给他人行使。如果监护人及时将监护职责委托给他人行使，则并不会导致自身的监护资格被撤销。只有当监护人自己无法履行监护职责，并且拒绝将监护职责部分或者全部委托给他人时，才应导致监护资格的撤销。在上述两种情形下，如果导致被监护人的权益受到重大损害、被监护人处于危困状态的，则将会发生监护人监护资格被撤销的情形。此处所说的被监护人处于危困状态，是指被监护人的人身权益受到极大威胁或侵害，例如被监护人处于挨饿、受冻状态，或者居住在危楼之中，极不安全。在此情形下，就会导致监护人监护资格的撤销。

第三，实施严重侵害被监护人合法权益的其他行为。该条是一个兜底条款，只要出现了其他严重侵害被监护人合法权益的行为，都可能导致监护人监护资格的撤销。例如，监护人恶意侵占被监护人的财产，导致被监护人合法的财产权益受损。

（二）指定临时监护人

监护人资格被撤销之后，如果没有及时指定新的监护人，则被监护人就处于无人监护的状态，对其十分不利。被监护人的人身、财产都处于无人监护的状态，极易遭受第三人的侵害。因此，依据《民法典》第36条第1款，人民法院根据有关个人或者组织的申请，在撤销监护人资格以后，应当为被监护人安排必要的临时监护措施。所谓临时监护措施，就是为了在短期内起到保护被监护人权益的作用而采取的一些监护措施。例如，将被监护人安置在医院、看护所等场所，委托医院负责看护等。在采取这些措施的同时，人民法院也应当按照最有利于被监护人的原则依法指定临时监护人。

（三）申请撤销的主体

并非任何人都有权申请撤销监护人的监护资格。只有了解被监护人的情形，能够为其提供照顾、保护等措施的人，或者与被监护人有一定利害关系的人，才能作为主体申请撤销监护资格。关于申请撤销监护资格的主体，《民法典》第36条第2款规定："本条规定的有关个人、组织包括：其他依法具有监护资格的人，居民委员会、村民委员会、学校、医疗机构、妇女联合会、残疾人联合会、未成年人保护组织、依法设立的老年人组织、民政部门等。"在这些机构中，居民委员会、村民委员会都是群众性的自治组织，有义务办理一些公益性的事业，防止被监护人的利益受到侵害。至于学校、医疗机构、妇女联合会、残疾人联合会、未成年人保护组织、依法设立的老年人组织、民政部门等机构，也都与被监护人的成长、生活相关，对被监护人负有照顾、保护等义务。而且该条还使用了"等"字，就表明列举的这些机构并不是完全列举，并不局限于这些机构。这一规定作为兜底性的规定，尽量扩大了有权申请撤销监护资格的主体范围。

此外，《民法典》第36条第3款还规定："前款规定的个人和民政部门以外的组织未及时向人民法院申请撤销监护人资格的，民政部门应当向人民法院申请。"这就规定了民政部门在其他个人或组织均未及时提起撤销申请时的申请义务。民政部门作为政府的职能部门，负有保护未成年人的义务，其本身就应当承担一定的社会救助义务，这样规定，可以防止出现无人申请的情况。我国的监护制度是以家庭监护为基础，以社会监护为补充，以国家监护作为保障的监护制度，这一规定实际上也强化了国家在监护中的义务。因此，在相关主体未向人民法院申请撤销监护人的，民政部门负有提出申请的义务。

（四）抚养费、赡养费、扶养费的支付

《民法典》第37条规定："依法负担被监护人抚养费、赡养费、扶养费的父母、子女、配偶等，被人民法院撤销监护人资格后，应当继续履行负担的义务。"监护资格与扶养义务是区分的。抚养、赡养、扶养是法定的义务，是基于血缘等关系而确立的，这些义务不因监护关系的终止而终止。依《民法典》规定，法定扶养关系有如下几种。一是父母对未成年子女有抚养的义务。二是夫妻之间的相互扶养义务，这就是说，依据《民法典》第1059条的规定，夫妻之间有相互扶养的义务。三是依据《民法典》第26条的规定，成年子女对父母负有赡养的义务。上述义务都是法定的义务，不因监护关系的撤销而终止，即便监护资格被撤销，上述义务仍然应当履行。

（五）监护资格的恢复

监护资格被撤销后，并不意味着其永远丧失监护资格，在一定条件下也可以恢复。《民法典》第38条规定："被监护人的父母或者子女被人民法院撤销监护人资格后，除对被监护人实施故意犯罪的外，确有悔改表现的，经其申请，人民法院可以在尊重被监护人真实意愿的前提下，视情况恢复其监护人资格，人民法院指定的监护人与被监护人的监护关系同时终止。"依据这一规定，监护资格的恢复必须具备如下几个条件。

第一，被撤销监护资格的人确有悔改表现。该条规定仅适用于被撤销监护

资格的自然人，主要包括两类人：一是被监护人的父母；二是被监护人的子女。如果这些人确有悔改的表现，则人民法院可以考虑恢复监护人的监护资格。当然，监护人不能仅有悔改意愿，而且必须有悔改的行为。监护人是否有悔改的表现，应当由人民法院根据具体情形予以判断。

第二，提出申请，愿意继续担任监护人。监护资格的恢复应当按照法定程序进行，监护人监护资格的恢复应当由监护人提出申请，愿意继续担任监护人。因此，即便监护人有悔改表现，且被监护人愿意恢复监护关系，该监护关系也不能当然恢复，而必须由人民法院依据法定程序予以恢复。

第三，被监护人愿意恢复。监护人监护资格的恢复应当尊重被监护人的意愿，这也有利于保障被监护人的健康成长。因此，在监护资格被撤销后，即便其确有悔改表现，但如果被监护人不愿意恢复其监护人资格，则人民法院仍然不能恢复其监护资格。

第四，不存在对被监护人实施故意犯罪的情形。如监护人对被监护人实施性侵、虐待、遗弃等故意犯罪的，则监护人资格不得恢复。

六、监护的终止

监护关系因一定的法律事实而终止。根据《民法典》第39条规定，监护关系的终止包括以下情形。

（1）被监护人取得或者恢复完全民事行为能力。如被监护人成年或恢复完全民事行为能力，则不需要监护。

（2）监护人丧失监护能力。监护关系的成立以监护人具备完全民事行为能力为基本前提，否则无法履行监护职责。

（3）被监护人或者监护人死亡。

（4）人民法院认定监护关系终止的其他情形。

监护关系终止后，被监护人仍然需要监护的，应当依法另行确定监护人。

> **例**：甲在妻子乙病故后性情日益暴躁，时常对9岁的独生儿子小明虐待、体罚。某日，因小明期末考试成绩不理想，甲酒后暴打小明，甲的邻居担心小明的生命安全而报警。经鉴定，小明构成轻伤，甲因此被判有期徒刑1年，缓刑3年。
>
> 本案中，甲实施了严重侵害被监护人小明身心健康的行为，有关组织和个人有权申请人民法院撤销甲的监护资格。若甲的监护资格被撤销，小明仍有权请求甲支付抚养费。因为甲对被监护人小明实施了故意犯罪的行为，因此监护人资格不得恢复。

第三节　宣告失踪和宣告死亡

天有不测风云，人有旦夕祸福。意外和风险时常在人们的生活中出现，当意外来临，自然人下落不明，其自身权利及其利害关系人权利的保护问题，民法用宣告失踪和宣告死亡制度进行了规定。

一、宣告失踪

（一）宣告失踪的概念

宣告失踪，指自然人离开自己的住所，下落不明达到法定期限，经利害关系人申请，由人民法院宣告其为失踪人的法律制度。《民法典》第 40 条规定："自然人下落不明满二年的，利害关系人可以向人民法院申请宣告该自然人为失踪人。"

确立宣告失踪制度的目的，在于结束失踪人财产关系不确定的状态，为失踪人设置财产代管人，结束失踪人财产无人管理、所负担的义务得不到履行的不正常状态，从而维护自然人的合法权益和社会经济活动的有序进行。宣告失踪制度重在保护失踪人的利益，兼顾利害关系人的利益。

（二）宣告失踪的条件和程序

1. 须有失踪事实

即自然人下落不明持续满 2 年。所谓下落不明，指自然人离开住所无任何消息。根据《民法典》第 41 条的规定，下落不明的时间应自其失去音讯之日起计算，战争期间下落不明的时间自战争结束之日或有关机关确定的下落不明之日起计算。

2. 须由利害关系人向人民法院申请

根据《最高人民法院关于适用〈中华人民共和国民法典〉总则编若干问题的解释》第 14 条规定，利害关系人包括：一是被申请人的近亲属，如配偶、父母、子女、兄弟姐妹、祖父母、外祖父母、孙子女、外孙子女；二是依据《民法典》第1128条、第1129条规定对被申请人有继承权的亲属，也即相关代位继承人；三是与被申请人有民事权利义务关系的债权人、债务人、合伙人等，但是不申请宣告失踪不影响其权利行使、义务履行的除外。

以上人员无顺序上的要求。凡利害关系人均可向法院提出宣告失踪的申请。

3. 须由人民法院依据法定程序进行宣告

（1）宣告失踪只能由人民法院作出，其他任何机关和个人无权作出宣告失踪的决定。

（2）由下落不明人住所地的基层法院受理，住所地与居住地不一致的，由最后居住地的基层法院受理。

（3）人民法院受理后，应对下落不明的自然人发出公告，寻找自然人，公告期为3个月。公告期满，不能确定被申请人尚生存的，应当作出宣告失踪的判决。

（三）宣告失踪的法律后果

自然人被宣告失踪后，其民事主体资格仍然存在，因而不发生继承，也不改变与其人身有关的民事法律关系。宣告失踪所产生的法律后果主要是为失踪人设立财产代管人，由代管人对失踪人的财产进行代管并履行相应义务。

1. 财产代管人的设立和变更

（1）代管人的设立有三种情形。第一，由有权申请宣告失踪的人自愿或协商担任，失踪人的配偶、父母、成年子女或其他愿意担任财产代管人的人都可担任，无顺序、人数限制。第二，代管有争议、没有前款规定的人，或前款规定的人无代管能力的，由人民法院指定代管人。第三，无民事行为能力、限制民事行为能力人失踪的，其监护人就是财产代管人。

（2）代管人的变更。代管人设立后，基于以下情形可以变更或撤销代管人。第一，代管人不履行代管职责、侵害失踪人财产或丧失代管能力的，失踪人的利害关系人可以向人民法院申请变更财产代管人。第二，代管人有正当理由的，可以主动向人民法院申请变更代管人。

2. 财产代管人的义务和职责

（1）代管人应妥善管理失踪人的财产，维护其财产利益；代管人有权追索失踪人债权，该债权应为失踪人所有，由代管人代为管理；被宣告失踪人重新出现的，代管人应及时移交有关财产并报告财产代管情况。

（2）有权管理与处分失踪人的财产。失踪人所欠税款、债务和应付的费用（包括赡养费、抚养费、扶养费和因代管财产所需的管理费等必要费用），由代管人从失踪人的财产中支付。

（3）代管人因故意或重大过失造成失踪人财产损失的，承担赔偿责任。

（4）代管人拒绝支付失踪人所欠税款、债务和其他费用，债权人提起诉讼的，人民法院应当将代管人列为被告。失踪人的财产代管人向失踪人的债务人要求偿还债务的，可以作为原告提起诉讼。

（四）宣告失踪的撤销

根据《民法典》第45条的规定，失踪宣告，因为失踪人重新出现，经本人或者利害关系人申请（无顺序要求），人民法院应当撤销对他的失踪宣告。失踪人重新出现，有权请求财产代管人及时移交有关财产并报告财产代管情况。

二、宣告死亡

（一）宣告死亡的概念

宣告死亡，指自然人离开自己的住所，下落不明达到法定期限，经利害关系人申请，由人民法院宣告其死亡的法律制度。这是由人民法院以判决的方式推定自然人死亡。

一个人失踪时间越长，不在人世的可能性就越大。基于大概率的事实推定，宣告长期失踪人死亡，以消除因该自然人失踪而引起的民事法律关系的不确定状态。

宣告失踪的目的仅在于解决失踪人的财产管理问题，并不能解决因失踪引起的民事法律关系的不确定状态。而宣告死亡的目的在于，保护长期下落不明之人的利害关系人的合法权益，彻底解决民事法律关系因自然人长期失踪而产生的不确定状态。

（二）宣告死亡的条件和程序

根据《民法典》第46条的规定，宣告死亡按照以下流程进行。

1. 自然人下落不明达到法定期限

（1）下落不明满4年。

（2）因意外事件，下落不明满2年。因意外事件下落不明，经有关机关证明自然人不可能生存的，申请宣告死亡不受2年限制。

2. 必须由利害关系人申请

宣告死亡的申请，必须由下落不明的自然人的利害关系人向人民法院申请，利害关系之外的人不能提出死亡宣告申请，人民法院也不能主动宣告自然人死亡。宣告死亡案件的管辖应由下落不明人住所地的基层人民法院管辖，住所地与居住地不一致的，由最后居住地的基层人民法院管辖。

根据《最高人民法院关于适用〈中华人民共和国民法典〉总则编若干问题的解释》第16条相关规定，有权申请宣告失踪人死亡的利害关系人是：

（1）被申请人的配偶、父母、子女，以及依据《民法典》第1129条规定对被申请人有继承权的亲属，如丧偶儿媳对公婆、丧偶女婿对岳父母，尽了主要赡养义务的也可作为利害关系人。

（2）在被申请人的配偶、父母、子女均已死亡或者下落不明的情况下，被申请人的其他近亲属（如兄弟姐妹、祖父母外祖父母等）以及相关代位继承人，不申请宣告死亡不能保护其相应合法权益的，可以作为利害关系人。

（3）被申请人的债权人、债务人、合伙人等民事主体不能认定为利害关系人，但是不申请宣告死亡不能保护其相应合法权益的，可以作为利害关系人。

以上人员无顺序上的要求。《民法典》没有关于利害关系人申请顺位的规定，在符合条件的情况下均可以提出宣告申请，根据自己的利益，可以单独申请，也可以一同申请。

3. 必须由人民法院进行宣告

宣告死亡的案件只能由人民法院审理，其他任何单位和个人都无权宣告自然人死亡。人民法院受理宣告死亡的案件后，必须发出寻找失踪人的公告：

（1）普通失踪的，公告期为1年。
（2）意外失踪的，公告期为1年。
（3）意外失踪且经有关机关证明不可能生存的，公告期为3个月。

公告期届满仍不能确定失踪人尚生存的，人民法院依法作出死亡宣告。根据《民法典》第48条的规定，判决作出之日为其死亡之日；因意外事件下落不明宣告死亡的，意外发生之日视为死亡之日。

（三）宣告死亡的法律后果

自然人被宣告死亡产生与自然死亡同样的法律后果。

（1）被宣告死亡人的权利能力至此丧失，丧失民事主体资格。

（2）与配偶的婚姻关系自动消灭，但存在恢复可能。

（3）个人财产变成遗产，继承开始。

（4）子女可以被配偶一方独自决定送养他人，该收养行为有效。

（四）死亡宣告的撤销

根据《民法典》第50条的规定，被宣告死亡的人重新出现，经本人或利害关系人申请，人民法院应当撤销对他的死亡宣告判决。撤销后产生以下法律后果。

（1）本人民事权利能力。宣告死亡只是对失踪人死亡的推定，如果推定与事实不符，仍然应当承认其有民事权利能力。根据《民法典》第49条的规定，自然人被宣告死亡但是并未死亡的，不影响该自然人在被宣告死亡期间实施的民事法律行为的效力。

（2）婚姻关系。根据《民法典》第51条的规定：第一，配偶尚未再婚的，夫妻关系原则上自然恢复；第二，配偶再婚，无论后一婚姻正在存续，还是又离婚或是再婚配偶死亡，都不得自行恢复原婚姻关系；第三，配偶向婚姻登记机关书面声明不愿意恢复的，也不得自行恢复原婚姻关系。

（3）子女收养关系。根据《民法典》第52条的规定，子女被他人依法收养的，仅以未经本人同意为由主张收养行为无效的，不予支持，但收养人和被收养人同意的除外。

（4）财产关系。第一，依继承取得财产的，继承人应返还原物，如原物不存在的，给予补偿；第二，原物已为第三人合法取得，第三人并无返还义务，继承人此时应承担补偿义务。

（5）侵权赔偿。利害关系人隐瞒真实情况致他人被宣告死亡而取得财产的，负有返还原物（及孳息）和赔偿损失的义务。

例：某甲为躲避债务一走了之，从此再无任何音讯。5年后其妻子乙申请宣告甲死亡。后乙和丙结婚，婚姻关系持续1年后离婚。8年后甲突然归来。

本案中，法院宣告甲死亡时，甲乙的婚姻关系消灭，乙当然可以再婚。甲被宣告死亡后，死亡宣告被撤销的，婚姻关系自撤销死亡宣告之日起自行恢复，但其配偶再婚或者向婚姻登记机关书面声明不愿意恢复的除外。因此，即使乙和丙离婚，乙和甲的婚姻关系也不能自行恢复。如甲乙想要成立婚姻关系，需要另行登记结婚。

三、宣告失踪和宣告死亡的关系

第一，宣告失踪不是宣告死亡的必经程序。即利害关系人可以不申请宣告失踪而直接申请宣告死亡，宣告失踪并不是宣告死亡的前置程序。

第二，利害关系人只申请宣告失踪的，即使符合宣告死亡的条件，也只能宣告失踪。宣告失踪还是宣告死亡，取决于利害关系人的意愿，符合宣告死亡的条件，但利害关系人只申请宣告失踪的，人民法院应尊重当事人的选择，同时也符合不告不理的原则。

第三，对同一自然人，有的利害关系人申请宣告失踪，有的利害关系人申请宣告死亡，这种情况下，符合宣告死亡的条件的，人民法院应当宣告死亡。

第四节　个体工商户和农村承包经营户

一、两户制度

在我国，"两户"是个体工商户和农村承包经营户的简称。在改革开放之前，自然人从事经营活动受到严格限制。为了扩大自然人从事经营（包括工商业经营和农业经营）的自由，我国从《民法通则》开始就设立了个体工商户和农村承包经营户。可以说，两户是改革成果的一种制度化表现。

个体工商户是自然人从事工商业经营的法律形式，是自然人成为市场经济主体、参与工商业经营活动的重要途径。这一制度设计推动了市场经济的发展。目前，我国已登记的个体工商户数量多达几千万户，其在社会经济生活中发挥着十分重要的作用。在法律上规定个体工商户的法律地位，不仅有助于解决就业问题，而且也有利于推动"大众创业、万众创新"的主要主体。农村承包经营户有2亿多，并且成为我国以家庭承包经营为基础、统分结合的农村集体经济组织经营体制的重要载体。《民法典》要巩固改革成果，并且要进一步推进改革，因此继续规定了两户制度。

二、个体工商户

（一）个体工商户的概念和特征

《民法典》第 54 条规定："自然人从事工商业经营，经依法登记，为个体工商户。"据此可见，个体工商户是指经过依法登记，从事工商业经营的自然人。个体经济是社会主义市场经济的重要组成部分，个体工商户是重要的市场主体，在繁荣经济、增加就业、推动创业创新、方便群众生活等方面发挥着重要作用。关于个体工商户的性质，理论上存在不同观点。从《民法典》的规定来看，其将个体工商户规定在"自然人"一章中，表明其在性质上仍然属于从事工商业经营活动的自然人，而不应当属于非法人组织。当然，自然人一旦以个体工商户的名义从事工商业经营活动，就成为商事主体。个体工商户的特征主要在于：

第一，它是商事主体的一种类型。虽然个体工商户是在"自然人"部分规定的，但是，它与自然人不完全相同。个体工商户可以是一个自然人，也可以是数个自然人。根据《促进个体工商户发展条例》第 2 条的规定，"有经营能力的公民在中华人民共和国境内从事工商业经营，依法登记为个体工商户的，适用本条例"。本条规定中"有经营能力"，要求作为个体工商户的自然人应当具备经营能力，参与市场经济活动。但个体工商户又不是一个组织体，即使是家庭经营，家庭也并非组织。

第二，它有自己的经营范围。个体工商户在登记时应明确其经营范围，该经营范围也决定了个体工商户的权利能力和行为能力的范围。

第三，它必须依法办理登记。个体工商户应依法进行设立登记、变更登记以及注销登记。《促进个体工商户发展条例》第 11 条规定："市场主体登记机关应当为个体工商户提供依法合规、规范统一、公开透明、便捷高效的登记服务。"在这一点上，它同法人和非法人组织的设立是不同的。法律要求个体工商户必须依法登记，是为了有效规范和监管个体工商户的经营活动，保障其正常合法经营。《促进个体工商户发展条例》第 13 条规定："个体工商户可以自愿变更经营者或者转型为企业。变更经营者的，可以直接向市场主体登记机关申请办理变更登记。涉及有关行政许可的，行政许可部门应当简化手续，依法为个体工商户提供便利。"

（二）个体工商户的债务承担

依据《民法典》第 56 条第 1 款的规定，其采取区别处理的模式。

依据《民法典》第56条第1款的规定，个体工商户的债务承担采取以下两种模式。

一是个人财产承担。个人经营个体工商户的，其债务以个人财产承担。从登记的角度来看，这些个体工商户会明确登记为"个人经营"。因为在个人经营的情况下，个体工商户和经营者是同一个主体，而且，个体工商户并没有独立的财产，因此，应当以经营者个人财产承担债务。

二是家庭财产承担。家庭经营个体工商户的，以家庭财产承担。在办理登记时，个体工商户可以被明确地登记为"家庭经营"。不过，从实践来看，有些个体工商户虽然登记为"个人经营"，但其他家庭成员也参与到经营之中，从而形成事实上的家庭经营。

这里所说的家庭财产，包括了从事经营的各个家庭成员的个人财产和共同财产。因为在家庭经营的情况下，家庭成员的个人财产也要投入到家庭经营之中，因而个体工商户的财产无法与家庭财产区分开来。如此规定有利于强化对债权人的保护。但是，在有些情况下，个体工商户究竟是个人经营还是家经营难以区分。例如，虽然登记为"个人经营"，但是其家庭成员也参与了经营活动。为了解决此时的债务承担问题，也为了强化对债权人的保护，我国《民法典》第56条第1款规定，"无法区分的，以家庭财产承担"。

三、农村承包经营户

（一）农村承包经营户的概念

《民法典》第55条规定："农村集体经济组织的成员，依法取得农村土地承包经营权，从事家庭承包经营的，为农村承包经营户。"据此，所谓农村承包经营户，是指依法取得农村土地承包经营权，从事家庭承包经营的农户。农村承包经营户的出现是我国20世纪70年代末农村经济体制改革的产物，至今仍然是最为重要的农村集体经济的经营形式。宪法第8条规定："农村集体经济组织实行家庭承包经营为基础、统分结合的双层经营体制。"因此，明确农村承包经营户的法律地位，保障其合法权益，是落实宪法确立的农村集体经济组织经营体制的要求。

比较而言，农村承包经营户与个体工商户的区别在于：

第一，农村承包经营户是以"户"为单位从事家庭承包经营的。户本身不是组织体，而是基于血缘、婚姻等而组成的。而个体工商户并非都是以"户"为单位从事经营，其可以是个人经营，也可以是家庭经营，在经营方式上是比较灵活的。

第二，农村承包经营户需要依法取得农村土地承包经营权。依据《民法典》第55条的规定，农村承包经营户可以取得农村土地承包经营权。农村土地承包经营权是指权利人依法对其承包经营的耕地、林地、草地等享有占有、使用和收益的权利，该权利在性质上属于独立的用益物权。农村承包经营户可以将该权利流转，也可以利用该权利进行融资，而且在该权利被征收的情况下，还有权获得征收补偿，这就更有利于保护农村承包经营户的权利。

第三，农村承包经营户从事的是土地承包经营。与个体工商户不同，农村承包经营户主要从事的是农业生产，而非工商业活动，并没有明确的经营范围。而个体工商户从事的是工商业经营，还必须经过登记取得营业执照。

第四，农村承包经营户并不以登记为前提，只要依法取得了农村土地承包经营权，就应当认定其主体资格。而个体工商户必须依法办理登记。此外，个体工商户可以起字号，该字号可作为名称权予以保护，而农村承包经营户并不享有起字号的权利。

（二）农村承包经营户的债务承担

考虑到农村承包经营户是以"户"为单位进行农业经营活动的，因此，其债务也应当由"户"来承担。《民法典》第56条第2款规定，"农村承包经营户的债务，以从事农村土地承包经营的农户财产承担"，这里所说的"农户财产"包括该户内成员的个人财产和共同财产。例如，夫妻二人组成农村承包经营户，在债务承担时，责任财产既包括其夫妻的个人财产，也包括其夫妻的共同财产。

另外，在有些情况下，农户仅由部分成员经营。此时，应当由参与经营的成员承担债务。对此，《民法典》第56条第2款规定，"事实上由农户部分成员经营的，以该部分成员的财产承担"，这也体现了权利义务一致的原则。例如，因为考学、服兵役等人口流动的原因，农户中的一些成员已经不再从事农业经营，要求这些成员也对农户的债务负责，是不合理的。

💡 引例分析

本案中，小明年满16岁，以其演出收入为主要生活来源，根据《民法典》第18条规定，可以视为完全民事行为能力人。关于他所接受赠与行为的效力，小明6岁时为无民事行为能力人，无民事行为能力人实施的民事法律行为无效，因此小明6岁时受赠口琴1支的行为属于无效民事法律行为。10岁和15岁的小明均属于限制行为能力人，《民法典》规定限制民事行为能力人实施的纯获利益的民事法律行为或者与其年龄、智力、精神健康状况相适应的民事法律行为有效，因此小明10岁时受赠钢琴1架、15岁时受赠名贵小提琴1把，均属于限制民事行为能力人实施的纯获利益的民事法律行为，故均为有效。

每章一练

一、单项选择题

1. 宣告失踪要求自然人下落不明满（　　）年。
   A. 1
   B. 2
   C. 3
   D. 4

2. 田某被宣告死亡后，其妻叶某改嫁于甲，其后甲死亡。2年后，田某重新出现并向法院申请撤销了自己的死亡宣告，田某与叶某的婚姻关系（　　）。
   A. 自行恢复
   B. 不得自行恢复
   C. 如叶某自愿则自动恢复
   D. 由田某决定是否恢复

3. 依据《民法典》规定，监护人应当按照（　　）的原则履行监护职责。
   A. 遵守法律法规
   B. 尊重被监护人意愿
   C. 最有利于被监护人
   D. 最有利于监护人

4. 小明从小聪明伶俐，其爷爷对孙子甚是喜爱。在小明5岁时，爷爷将家中祖传的价值50余万元的一枚玉石赠与小明。母亲张某得知此事后，坚决表示反对。在小明15岁那年，爷爷又将自己收藏的10根金条赠与小明。母亲张某亦明确表示反对。关于本案，下列说法正确的是（　　）。
   A. 爷爷将玉石赠与小明的行为因纯获利益而有效
   B. 爷爷将玉石赠与小明的行为因母亲张某反对而无效
   C. 爷爷将10根金条赠与小明的行为因纯获利益而有效
   D. 爷爷将10根金条赠与小明的行为因母亲张某反对而无效

5. 2014年3月8日，家住北京市某区的某甲乘坐MH360航班从马来西亚飞回北京。飞机中途失事，至今下落不明。现甲妻子乙欲将儿子小明送养以便再嫁。

甲的父母不知如何处理,咨询某律师。关于律师的答复,下列说法正确的是( )。

A. 甲的利害关系人申请宣告甲死亡有顺序先后的限制

B. 甲的父母申请宣告甲死亡,其妻乙申请宣告失踪,某区法院应当根据父母的申请宣告甲死亡

C. 如某区法院宣告甲死亡,则判决作出之日视为甲死亡的日期

D. 如某区法院宣告甲死亡但是甲并未死亡的,在被宣告死亡期间甲所实施的民事法律行为效力待定

二、多项选择题

1. 未成年人的父母已经死亡或者没有监护能力的,由下列有监护能力的人按顺序担任监护人:( )。

    A. 祖父母、外祖父母

    B. 叔、姨

    C. 兄、姐;

    D. 其他愿意担任监护人的个人或者组织,但是须经未成年人住所地的居民委员会、村民委员会或者民政部门同意

2. 无民事行为能力或者限制民事行为能力的成年人,由下列有监护能力的人按顺序担任监护人:( )。

    A. 配偶

    B. 父母、子女

    C. 其他近亲属

    D. 其他愿意担任监护人的个人或者组织,但是须经被监护人住所地的居民委员

3. 高某于2017年4月8日失去音讯,生死不明,家中有配偶孙某、母亲张某、弟弟高二某、儿子高小某,以下说法正确的是( )。

    A. 如果孙某申请宣告高某死亡,最早的时间为2021年4月8日

    B. 如果孙某申请宣告高某失踪,张某、高二某均表示赞同,但高小某主张宣告高某死亡,则法院应宣告高某死亡

    C. 如果高某是因意外事件下落不明的,则人民法院宣告死亡的判决作出之日视为高某死亡的日期

    D. 高某被宣告死亡后,其所留个人房屋由高小某继承,后高小某将其出售于吴某。如果高某重新出现,其死亡宣告被撤销,则其不可以要求吴某返还该房屋,但可以要求高小某按房屋价值给予补偿

三、判断题

1. 小王7岁，将父亲送给他的一块手表卖给了成年人肖某，其父母可以要求肖某退回。（   ）
2. 我国法律对精神病人的无民事行为能力和限制民事行为能力采取公告制度。（   ）
3. 9岁男孩在与父母沟通后，用自己的压岁钱向灾区捐款2万元。该捐款行为无效。（   ）
4. 依据《民法典》规定，依法负担被监护人抚养费、赡养费、扶养费的父母、子女、配偶等，被人民法院撤销监护人资格后，不必继续履行负担的义务。（   ）
5. 甲中年丧偶，子女均已成年。后甲与乙再婚，婚后第二年，甲意外受伤卧床不起，生活不能处理，乙见状离家出走达三年之久。甲的子女可以作为申请人向人民法院申请宣告乙失踪。（   ）

四、名词解释

1. 民事权利能力
2. 民事行为能力
3. 限制行为能力人
4. 宣告失踪
5. 宣告死亡
6. 意定监护

五、简答题

1. 什么是自然人的民事权利能力和民事行为能力？二者有何区别？
2. 民事行为能力是如何划分的？
3. 成年人法定监护人的范围有哪些？
4. 简述撤销监护人资格的原因。
5. 简述监护关系终止的情形。
6. 宣告失踪的条件和程序是什么？

六、案例分析题

1. 李某某，女，1983年8月23日出生。李某某与杨某某系夫妻，杨某某于2016年4月因病离家出走，至今下落不明已满4年。现李某某意欲改嫁，还准备将二人之子小杨送养他人以便改嫁。

试分析：

（1）李某某是否有权这样做？

（2）李某某改嫁并送养小杨之后，如杨某某重新出现，其婚姻关系和亲子关系能自行恢复吗？

2. 兰某和谢某为夫妻，一日，谢某出车祸当场死亡，未留遗嘱。其妻兰某正怀有胎儿。

试分析：遗产继承之时，是否要给未出生的胎儿预留相应的份额？为什么？

3. 2013年10月，李某与王某结婚。婚后2014年4月生一子小李。2019年1月，李某因病去世。之后，王某与小李的爷爷、奶奶关系逐渐恶化，只好搬离原住宅。小李仍与爷爷、奶奶共同居住。后因双方关系不断恶化，爷爷、奶奶不仅阻碍王某探望其子，更不让王某将其子带出游玩。为此，双方引发了争夺小孩的监护权诉讼，此时，小李某刚满6岁。

根据《民法典》的规定，人民法院应该如何判决？

第四章

法人和非法人组织

◆ 知识体系图

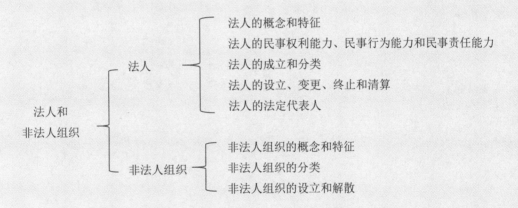

◆ 学习目标

掌握法人和非法人组织的概念和特征,了解法人的民事权利能力和民事行为能力;熟练掌握法人的成立要件和法人的分类,熟知法人的设立、变更、终止和清算。学会运用本章所学知识,区分各类不同性质的法人。

◆ 本章引例

经校长办公会批准,某大学物理系改造实验室。物理系主任以物理系的名义与某装修公司签订了实验室装修改造合同。当他向校长汇报工作时,校长却告诉他物理系没有签订合同的主体资格,合同须以该大学的名义签订。

问:校长的说法是否正确?

第一节　法人

一、法人的概念和特征

法人是与自然人相对应的概念。法人是由法律拟制的人。法人是一种享有民事主体资格的组织，是重要的民事主体。《民法典》第57条规定："法人是具有民事权利能力和民事行为能力，依法独立享有民事权利和承担民事义务的组织。"这种组织既可以是人的结合团体，也可以是依特殊目的所组织的财产。从根本上讲，法人与其他组织一样，是自然人实现自身特定目标的手段，它们是法律技术的产物，它的存在从根本上减轻了自然人在社会交往中的负担。法律确认法人为民事主体，意在为自然人充分实现自我提供有效的法律工具。

《民法典》第58条规定："法人应当依法成立。法人应当有自己的名称、组织机构、住所、财产或者经费。法人成立的具体条件和程序，依照法律、行政法规的规定。设立法人，法律、行政法规规定须经有关机关批准的，依照其规定。"我们可以从以下方面理解法人的特征。

1. 法人是社会组织

与作为生命体的自然人不同，法人是社会组织。所谓社会组织，是指按照一定的宗旨和条件建立起来的具有明确的活动目的和内容，有一定组织机构的有机整体。法人是由多个自然人或者一定数量的财产组成的集合体。

2. 法人是依法成立的一种社会组织

社会组织类型有很多，但并不是所有社会组织都是法人。法人是依法成立，并被赋予了民事权利能力和民事行为能力，具有独立的法律人格的社会组织。

3. 法人是拥有独立的财产或经费的社会组织

法人作为民事主体，从事民事活动，参与市场交换，必须有自己的财产。拥有属于自己的财产既是法人作为独立主体存在的基础和前提条件，也是法人独立地享有民事权利并承担民事义务的物质基础。法人拥有独立的财产，意味着法人的财产独立于其创设人或其成员的财产，当然也独立于其他法人或自然人的财产。

4. 法人是能够独立承担民事责任的社会组织

独立承担民事责任是否应当为法人的特征，各国法律有不同的规定。《民法典》第60条明确规定："法人以其全部财产独立承担民事责任。"法人的独立责任是指法人有能力履行法定或约定义务并在违反法定或约定义务需要对外承担财产责任时，应以其所拥有或经营管理的全部自有财产承担责任，而法人的成员和其他人对法人的债务不承担责任（法律另有规定的除外）。

二、法人的民事权利能力、民事行为能力和民事责任能力

法人的能力可分为法人的民事权利能力、法人的民事行为能力和法人的民事责任能力。

（一）法人的民事权利能力

法人的民事权利能力，是指法人能够以自己的名义独立享有民事权利并承担民事义务的资格。《民法典》第59条规定："法人的民事权利能力和民事行为能力，从法人成立时产生，到法人终止时消灭。"

法人的民事权利能力是法人作为民事主体参加民事活动的前提。没有这种民事权利能力，它就不能参加民事活动。和自然人的民事权利能力一样，法人的民事权利能力是法律所赋予的一种资格。《民法典》第57条明确了法人是具有民事权利能力的社会组织。

法人毕竟不同于自然人。法人是一种社会组织，而非生命体。法人和自然人存在性质上的不同，两者的民事权利能力也有所不同，主要表现在以下方面。

1. 民事权利能力的取得与消灭原因不同

法人的民事权利能力，因法人的有效成立而取得，因法人终止而消灭；自然人的民事权利能力因自然人的出生而取得，因自然人死亡而消灭。

2. 民事权利能力的范围不同

法人不可能享有专属自然人的某些民事权利能力的内容，如生命权、健康权、继承权、肖像权等；而自然人也不能享有专属于某些法人的民事权利能力的内容，如银行法人开展信贷业务的权利。

3. 民事权利能力之间的差异程度不同

自然人的民事权利能力是普遍、一致和平等的，非依法律的规定不得限制或剥夺，而法人的民事权利能力却存在差异。法人设立的宗旨不同，其民事权利能力范围也不同，如机关法人和企业法人的民事权利能力就不相同。同为企业法人，其民事权利能力也不尽相同，通常受其核准登记的经营范围限制。特别是一些从事某些准入经营的法人，其民事权利能力往往是其他未获准入的企业法人所不具备的。例如，从事药品生产经营需取得主管部门颁发的药品生产经营许可证，具有药品生产经营的权利能力，而未取得许可证的其他法人则不具有这方面的权利能力。

（二）法人的民事行为能力

法人的民事行为能力，是指法人通过自己的独立行为取得民事权利、承担民事义务的能力，是国家赋予社会组织独立进行民事活动的能力或资格。《民法典》第57条明确规定了法人具有民事行为能力。

和自然人的民事行为能力相比，法人的民事行为能力具有以下特征。

1. 法人的民事行为能力和民事权利能力同时取得、同时消灭

是否具有行为能力，直接取决于主体是否具有意思能力。法人的意思由法人的机关作出，它不受年龄和智力因素的影响。法人的民事权利能力和民事行为能力，因法人成立而取得，因法人终止而消灭。这与自然人的民事行为能力不同。自然人虽然一出生就具有民事权利能力，但其民事行为能力受到年龄和智力的影响，具有民事权利能力的自然人不一定具有民事行为能力。

2. 法人的民事行为能力受民事权利能力范围的限制

由于不同法人的民事权利能力范围各不相同，因此各法人的民事行为能力范围也不一致。法人只能在其民事权利能力范围内活动。

3. 法人的民事行为能力是通过它的机关或法定代表人实现的

法人作为组织体，其自身并不能直接从事民事活动。法人只能通过法人的机关或工作人员，如法定代表人从事民事活动；同时，法人机关和工作人员代表法人所从事的活动被视同法人的行为，且其法律后果由法人承担。当然，法人机关也可以委托其他法人、自然人或非法人组织作为法人的代理人，以法人的名义进行民事活动。

（三）法人的民事责任能力

法人的民事责任能力，是指法人在自己民事权利能力的范围内，对自己的行为承担民事责任的能力或资格。法人的民事责任能力与法人的民事行为能力、民事权利能力在存续时间上是一致的，共存于法人的存续期间，而且法人的民事责任能力和民事权利能力的范围一致，法人只对其机关和工作人员在民事权利能力范围内的活动承担民事责任。

三、法人的成立和分类

（一）法人的成立

法人为法律拟制的人格。一个社会组织要取得法人资格，需经过设立和成立两个阶段。

1. 法人的成立

法人的成立，是指社会组织历经设立阶段，具备法人的条件后，经依法登记而取得法人资格。法人的设立和法人的成立是两个不同的概念。前者是创设法人的行为，而后者是创设法人的结果。法人成立意味着法人设立的完成，但法人的设立并不必然导致法人成立，当设立无效时，法人就不能成立。在通常情况下，法人的设立不仅是指设立法人的行为本身，也指设立的结果，即法人成立。法人的成立应具备法定的条件。通常，《民法典》仅对法人的条件作一般性或原则性的规定，至于某一类型法人的条件则由特别法或专门法予以规定。例如，在我国，公司法人应具备的条件由《公司法》规定，而基金会法人应具备的条件则由国务院《基金会管理办法》具体规定。

2. 法人成立的条件

《民法典》第58条规定了法人成立的一般条件。

第一，依法成立。依法成立是指依照法律规定而成立，它包括实体合法和程序合法双重含义。一是实体合法，即法人的经营范围或者业务范围合法。法人的经营或者业务范围必须为法律所允许，这是法人取得法律主体资格的前提。二是程序合法，即法人须依照法定条件和程序设立。法人的成立均须依一定的条件和程序，但是不同类型法人的设立条件和程序不同。在我国，公司法人的设立须依据《公司法》和《市场主体登记管理条例》规定的条件和程序，经公司登记机关核准登记，方可取得法人资格。社会团体法人须依据《社会团体登记管理条例》规定的条件和程序，在获得业务主管部门批准后，经登记机关核准登记，方可取得法人资格。事业单位法人须依据《事业单位登记管理暂行条例》规定的条件和程序，经县级以上各级人民政府及其有关主管部门批准成立后，经登记机关登记，取得法人资格。

第二，有必要的财产或者经费。必要的财产或者经费，是法人从事民事活动的物质基础，是其独立承担民事责任的财产保障。所谓有必要的财产，是指企业法人须具有与其经营活动范围相适应的最低限额要求的财产。所谓有必要的经费，是指非企业法人须具有与其开展业务活动相适应的可独立支配的经费。

第三，有自己的名称、组织机构和经营场所。所谓名称，是法人在社会活动中用以确定和代表自身，并与他人相区别的文字符号和标记。名称既是法人作为独立民事主体的象征，也是法人独立开展民事活动的身份象征。因此，法人必须具有自己的名称。法人的名称应当同法人的性质、种类、活动目的、业务范围以及隶属关系等相符合。名称一经登记注册，便受国家法律的保护。法人在规定的范围内对之享有专用权，任何人不得侵犯。企业法人的名称还可以依法转让，但机关法人、事业单位法人和社会团体法人的名称不能转让。所谓组织机构，是根据法律或者章程的规定设立，法人实现其民事权利能力和民事行为能力的组织系统，是法人这个社会组织的意思表示的机构，包括权力机关、执行机关和监督机关等。所谓场所，是法人从事经营或者业务活动的场所，包括主要办事机构所在地及其他业务活动场所。

第四，其他条件。除以上三个条件外，法人的成立还需满足法律规定的其他条件，如设立公司法人需制定公司章程，设立社会团体法人需制定社会团体章程等。

（二）法人的分类

大陆法系和英美法系对法人有多种分类标准，因此就有了法人的多种类型。这里仅介绍我国《民法典》规定的几种法人类型。《民法典》将法人分为营利法人、非营利法人以及特别法人等类型。

1. 营利法人

营利法人，是指以取得利润并分配给其股东等出资人为目的而成立的法人，包括有限责任公司、股份有限公司和其他企业法人等。营利法人，经依法登记成立，取得法人资格。依法设立的营利法人，由登记机关发给营利法人营业执照。营业执照签发日期为营利法人的成立日期。设立营利法人应当依法制定法人章程。

营利法人应当设股东会或股东大会等权力机构。权力机构行使修改法人章程，选举或者更换执行机构、监督机构成员，以及法人章程规定的其他职权。

营利法人应当设执行机构。执行机构召集权力机构会议，决定法人的经营计划和投资方案，决定法人内部管理机构的设置，并行使法人章程规定的其他职权。执行机构为董事会或者执行董事的，董事长、执行董事或者经理依照法人章程的规定担任法定代表人；未设董事会或者执行董事的，法人章程规定的主要负责人为其执行机构和法定代表人。

营利法人设监事会或者监事等监督机构的，监督机构依法检查法人财务，对执行机构成员及高级管理人员执行法人职务的行为进行监督，并行使法人章程规定的其他职权。

法律对营利法人的组织机构、法定代表人另有规定的，依照其规定。

营利法人的出资人不得滥用出资人权利损害法人或者其他出资人的利益。法人的出资人滥用出资人权利给法人或者其他出资人造成损失的，应当依法承担民事责任。营利法人的出资人不得滥用法人独立地位和出资人有限责任损害法人债权人的利益。法人的出资人滥用法人独立地位和出资人有限责任，逃避债务，严重损害法人债权人利益的，应当对法人债务承担连带责任。

营利法人的权力机构、执行机构的会议召集程序、表决方式违反法律、行政法规、法人章程，或者决议内容违反法人章程的，营利法人的出资人可以请求人民法院予以撤销，但是营利法人依据该决议与善意相对人形成的民事法律关系不受影响。

营利法人从事经营活动，应当遵守商业道德，维护交易安全，接受政府和社会的监督，承担社会责任。

> **例：** 甲、乙、丙三人共同出资 60 万元设立某有限责任公司。在经营过程中，由于投资决策失误，致使公司遭受巨额亏损，累计负债 100 万元。现公司全部资产仅为 30 万元，请问剩余的 70 万元债务应如何处理？
>
> 公司作为独立法人，对其债务独立承担责任；股东仅以其出资额为限承担有限责任。因此，某有限责任公司以其全部资产偿还债务，无力偿还的可以申请破产程序处理。

2. 非营利法人

非营利法人，是指为公益目的或者其他非营利目的成立，不向其出资人或者设立人分配所取得利润的法人,包括事业单位、社会团体、基金会、社会服务机构等。

为公益目的成立的非营利法人终止时,不得向其出资人或者设立人分配剩余财产。其剩余财产应当按照法人章程的规定或者权力机构的决议用于公益目的;不能按照法人章程规定或者权力机构的决议处理的,由主管机关主持转给宗旨相同或者相近的以公益为目的的法人,并向社会公告。

具备法人条件、为实现公益目的设立的事业单位,经依法登记成立,取得事业单位法人资格;依法不需要办理法人登记的,从成立之日起,具有事业单位法人资格。事业单位法人设理事会的,理事会为其决策机构。事业单位法人的法定代表人按照法人章程的规定产生。法律对事业单位法人的组织机构、法定代表人另有规定的,依照其规定。

具备法人条件,基于会员共同意愿,为实现公益目的或者会员共同利益等非营利目的设立的社会团体,经依法登记成立,取得社会团体法人资格;依法不需要办理法人登记的,从成立之日起,具有社会团体法人资格。设立社会团体法人应当依法制定法人章程。社会团体法人应当设会员大会或者会员代表大会等权力机构。社会团体法人应当设理事会等执行机构。理事长或者会长等负责人依照法人章程的规定担任法定代表人。

具备法人条件,为实现公益目的,以捐助财产设立的基金会、社会服务机构等,经依法登记成立,取得捐助法人资格。依法设立的宗教活动场所,具备法人条件的,可以申请法人登记,取得捐助法人资格。设立捐助法人应当依法制定法人章程。捐助法人应当设理事会、民主管理组织等决策机构,并设执行机构。理事长等负责人依照法人章程的规定担任法定代表人。捐助法人应当设监事会等监督机构。捐助人有权向捐助法人查询捐助财产的使用、管理情况,并提出意见和建议,捐助法人应当及时、如实答复。捐助法人的决策机构、执行机构或者其法定代表人作出的决定违反捐助法人章程的,捐助人等利害关系人或者主管机关可以请求人民法院予以撤销,但是捐助法人依据该决定与善意相对人形成的民事法律关系不受影响。

例:张某患尿毒症,其所在单位甲公司组织员工捐款20万元用于救治张某。此20万元存放于专门设立的账户中。张某医治无效死亡,花了15万元医疗费。关于余下5万元的归属,有几种不同的说法:A认为应归甲公司所有;B认为应归张某继承人所有;C认为应按比例退还员工;D认为应用于同类公益事业。请问哪种说法正确?

募捐人是发起人,他可以对募捐款进行保管、监督和支配,但对募捐款不享有所有权。因此,余下的5万元不应归甲公司所有,故A

的说法错误。从捐款的目的来看，公益捐助的目的是为了扶贫济困，而不是从捐款中谋取利益。捐款的用途一旦达到或被救助者因医治无效而死亡后，如果受益人或其继承人将剩余款项据为己有的话，则违背了捐款人的意愿，也违背了公平原则和公序良俗。因此，受益人或其继承人不应享有捐款余额的所有权，故 B 的说法也是错误。募捐行为可以看作是附条件的赠与合同，捐赠人将财产捐赠出去，就与那笔财产再无所有权关系了，即使存在捐款余额捐赠人也没有权利将余额要回。因此余下的 5 万元不应归还给员工，故 C 的说法错误。根据《公益事业捐赠法》第 3 条规定："本法所称公益事业是指非营利的下列事项：（一）救助灾害、救济贫困、扶助残疾人等困难的社会群体和个人的活动；（二）教育、科学、文化、卫生、体育事业；（三）环境保护、社会公共设施建设；（四）促进社会发展和进步的其他社会公共和福利事业。"该法第 5 条规定："捐赠财产的使用应当尊重捐赠人的意愿，符合公益目的，不得将捐赠财产挪作他用。"由此可知，捐赠财产必须用于公益事业。在该笔捐款用途已经特定化的前提下，应将剩余的 5 万元捐款用于同类公益事业，故 D 项正确。

3. 特别法人

特别法人，是指具备法人条件、具有法人资格的机关法人、农村集体经济组织法人、合作经济组织法人、基层群众性自治组织法人等。

有独立经费的机关和承担行政职能的法定机构从成立之日起，具有机关法人资格，可以从事为履行职能所需要的民事活动。机关法人被撤销的，法人终止，其民事责任由继续履行其职能的机关法人承担；没有继续履行其职能的机关法人的，由撤销该机关法人的机关法人承担。

农村集体经济组织依法取得法人资格。法律、行政法规对农村集体经济组织有规定的，依照其规定。

城镇、农村的合作经济组织依法取得法人资格。法律、行政法规对城镇、农村的合作经济组织有规定的，依照其规定。

居民委员会、村民委员会具有基层群众性自治组织法人资格，可以从事为履行职能所需要的民事活动。未设立村集体经济组织的，村民委员会可以依法代行村集体经济组织的职能。

四、法人的设立、变更、终止和清算

(一) 法人的设立

法人的设立是指创设法人的行为。法人的设立是法人成立的前提条件,是法人成立的必经阶段。只有法人成立了,该法人才能取得独立的民事权利能力和民事行为能力。

1. 设立中的法人

设立中的法人不同于筹备前的法人。设立中的法人须成立筹备机构,实际地从事设立法人的行为。

设立中的法人即使具有独立的行为机构、独立的财产和相对独立的责任能力,具有一定的民事权利能力,但因其并未通过登记获得公示,为保护债权人利益,其责任不能完全独立。其责任承担的规则是:

(1) 设立人为设立法人从事的民事活动,其法律后果在法人成立后由法人承受。法人设立完成,具有完全民事权利能力,在设立中从事的民事活动后果均由该法人承受。

(2) 设立中法人的设立行为没有成功,法人未成立的,其在设立法人过程中从事的民事活动的法律后果,应当由设立人承受。设立人为二人以上的,所有的设立人应当承担连带责任。

设立人为设立法人以自己的名义从事民事活动产生的民事责任,第三人有权选择请求法人或者设立人承担。

2. 我国法人的设立原则

(1) 营利法人的设立原则。在我国,营利法人主要是企业法人,企业法人分为公司企业法人与非公司企业法人。公司企业法人依照《公司法》的规定,分为有限责任公司和股份有限公司。有限责任公司以及股份有限公司的设立,一般采准则设立主义,即符合相关法律关于有限责任公司或股份有限公司的成立条件的,仅须向公司登记机关申请设立登记,公司即可成立。但也有采许可设立主义的,如《公司法》第6条第2款规定:"法律、行政法规规定设立公司必须报经批准的,应当在公司登记前依法办理批准手续。"非公司企业法人,依《企业法人登记管理条例》第14条的规定,首先须经主管部门或有关审批机关批准,然后才向登记机关申请登记,属许可设立主义。

(2) 非营利法人的设立原则。非营利法人的设立原则不一。如事业单位法人的设立，需依照法律和行政命令的规定，在设立原则上通常采特许设立主义。事业单位法人自成立之日起，即具有法人资格。社会团体法人的设立，有采特许设立主义，需要按照法律和行政命令的规定来设立，如妇女联合会、工会、共青团组织等；也有采许可设立主义的，即法人的设立需要经过业务主管部门审查同意，然后向登记机关申请登记才可成立，如各种协会、学会等。

(3) 特别法人的设立原则。特别法人的设立原则，不尽一致。其中机关法人的设立，取决于宪法和相关国家机构设置法的特别规定，在设立原则上采特许设立主义。机关法人自成立之日起，即具有法人资格。

（二）法人的变更

法人的变更，是指法人在其存续期间内所发生的合并、分立，或者组织形式、宗旨等重要事项的变动。

法人的合并，是指两个或两个以上的法人根据法律的规定或合同的约定合并为一个法人，包括新设合并和吸收合并两种形式。新设合并又称创设合并，是指两个或两个以上的法人合并为一个新法人，同时原法人人格全部消灭。此时原法人的权利、义务全部由新法人享有并承担。吸收合并是指一个或多个法人归入到一个现存的法人之中，被合并的法人人格消灭，而存续的法人人格依然存在。此时被合并的法人的权利、义务由承续的法人享有并承担。

法人的分立，是指一个法人分为两个或两个以上的法人，包括新设分立和派生分立两种方式。新设分立又称创设分立，是指一个法人分成两个或两个以上的法人，原法人消灭；派生分立又称存续式分立，即原法人存续，并分出一部分财产设立新法人。法人分立后，其权利、义务按照分立协议，由分立后的法人承受。

法人组织形式的变更，是指在不消灭法人人格的前提下将法人由一种组织形式变更为另一种组织形式。例如，将非公司法人改制为公司法人，将有限责任公司改为股份有限公司等，都是法人组织形式的变更。

法人宗旨的变更，是指法人所从事的事业发生改变。就企业法人而言，其宗旨的变更主要是放弃原来的经营项目而从事新项目的经营，即通常所说的转产。法人宗旨的变更将引起法人业务活动范围与方式的变化，即民事权利能力和民事行为能力的变化，但不影响其法人资格的继续存在。

法人其他重要事项的变更，包括法人名称、活动范围、注册资本、住所等的变更。凡应登记的事项变更的，均为重要事项的变更。法人重要事项的变更，不影响法人原参与的民事权利义务关系的效力。

法人变更应向登记主管机关履行变更登记，并以一定的方式公告。

（三）法人的终止

法人的终止，是指法人资格的消灭。法人终止的原因因法人种类的不同而有所不同。企业法人由于下列原因之一终止：① 依法被撤销；② 解散；③ 依法宣告破产；④ 其他原因，如法人的合并、分立、国家经济政策的调整和发生战争等，也可导致法人的消灭。而依法律或命令成立的机关法人常因法律或命令的撤销而终止。

（四）法人的清算

法人的清算，指法人消灭或终止时，由依法成立的清算组织依据其职权清理并消灭法人的全部财产关系。法人清算时应成立清算组织。企业法人解散时，自行成立清算组织。企业法人被撤销、被宣告破产的，应当由主管机关或者人民法院组织有关机关和有关人员成立清算组织。

清算是法人的终止程序。清算中的法人与清算前的法人具有同一人格，只是对其民事权利能力与民事行为能力进行了限制。清算组织在清算期间虽然不能进行积极的民事活动，但仍然以原法人的名义对外享有债权并承担债务。

完成清算后，清算人应向企业登记机构办理注销登记并公告。完成注销登记和公告后，法人人格即告消灭。

五、法人的机关

法人的机关，即法人的组织机构，是指根据法律或法人章程的规定，对内形成法人意思，对外代表法人为意思表示的个人或集体。法人机关对内管理法人的内部事务，对外代表法人进行民事活动。

法人的机关是法人的重要组成部分，是体现法人团体意志的组织要素。法人的机关代表法人进行活动时，不需专门授权，其权限由法律和章程规定。法人的其他成员要以法人的名义从事经营活动，必须取得法人的授权。

法人的机关通常包括权力机关、执行机关、代表机关和监督机关。权力机关是法人意思的形成机关，如股东会；执行机关是负责执行权力机关意思、法人章程的机关，如董事会；代表机关是对外代表法人进行意思表示的机关，如董事长；监督机关是根据法人章程和意思机关的决议对法人执行机关、代表机关实施监督的机关。监督机关不是法人的必设机关。

法人的执行机关的主要负责人是法人的法定代表人。《民法典》第61条第1款规定："依照法律或者法人章程的规定，代表法人从事民事活动的负责人，为法人的法定代表人。"

法人机关，都是法人的组成部分。法人机关执行职务所为的行为就是法人的行为，依法由法人承担责任。如企业法人有下列情形之一的，除法人承担责任外，对法定代表人可以给予行政处分、罚款，构成犯罪的，依法追究刑事责任：① 超出登记机关核准登记的经营范围从事非法经营的；② 向登记机关、税务机关隐瞒真实情况，弄虚作假的；③ 抽逃资金，隐匿财产逃避债务的；④ 解散、被撤销、被宣告破产后，擅自处理财产的；⑤ 变更、终止时不及时申请办理登记和公告，使利害关系人遭受重大损失的；⑥ 从事法律禁止的其他活动，损害国家利益或者社会公共利益的。

第二节　非法人组织

一、非法人组织的概念和特征

（一）非法人组织概念

非法人组织是不具有法人资格，但是依法能够以自己的名义从事民事活动的组织。非法人组织包括个人独资企业、合伙企业、不具有法人资格的专业服务机构和其他非法人组织。非法人组织应当依照法律的规定登记。设立非法人组织，法律、行政法规规定须经有关机关批准的，依照其规定。

非法人组织的出资人或者设立人对该组织的债务承担无限责任。法律另有规定的，依照其规定。非法人组织可以确定一人或者数人代表该组织从事民事活动。有下列情形之一的，非法人组织解散。

(1) 章程规定的存续期间届满或者章程规定的其他解散事由出现的。

(2) 出资人或者设立人决定解散的。

(3) 法律规定的其他情形。

非法人组织解散的，应当依法进行清算。

（二）非法人组织的特征

(1) 非法人组织是不同于自然人和法人的社会组织。

（2）非法人组织有自己的名称，以自己的名义进行民事活动，是不具备法人资格的社会组织。

（3）非法人组织具有相应的民事权利能力和民事行为能力。

（4）非法人组织有自己特定的民事活动目的，如进行经营活动，发展教育、科学、宗教以及慈善事业。

二、非法人组织的分类

（一）个人独资企业

个人独资企业，是指依照《个人独资企业法》在中国境内设立，由一个自然人投资，财产为投资人个人所有，投资人以其个人财产对企业债务承担无限责任的经营实体。个人独资企业既不同于自然人，也不同于法人。

其主要法律特征是：

（1）个人独资企业投资主体具有单一性，只能是自然人。

（2）个人独资企业虽不具有法人地位，但其能以企业的名义对外进行独立的经营活动和诉讼活动，有自己的住所，在法律人格上具有相对独立性。

（3）个人独资企业财产具有相对独立性。个人独资企业的财产由投资者所有，企业本身不享有所有权；但投资人用于经营的个人独资企业的财产与其他财产是区分的，在财务制度上相对独立于投资者的其他个人财产。

（4）个人独资企业的投资人承担无限责任。个人独资企业在对其债务的承担上，应先以其独立的财产承担责任，在其财产不足以清偿债务时，应由投资人以个人其他财产承担无限责任。个人独资企业投资人在申请企业设立登记时明确以家庭共有财产作为个人出资的，应当依法以家庭共有财产对企业债务承担无限责任。

> **例**：2020年5月1日，黄某与某歌厅签订了厨房承包合同，该歌厅为张某投资的个人独资企业。2020年12月17日，某歌厅与黄某经过结算达成解除合同，并向黄某出具了欠条。2021年4月13日，黄某发现，张某欲将该歌厅转让。黄某的债权如何实现？
>
> 本案中，某歌厅的性质为个人独资企业，其债务的承担上，应先以其独立的财产承担责任，在其财产不足以清偿债务时，应由投资人以个人其他财产承担无限责任。所以，黄某可以要求某歌厅清偿债务，该歌厅财产不足以清偿债务的，可以向张某主张。

（二）合伙企业

一般而言，合伙企业包括普通合伙企业和有限合伙企业。普通合伙企业是指由普通合伙人组成，合伙人对合伙企业债务承担无限连带责任的合伙企业，有限合伙企业是指由普通合伙人和有限合伙人组成的合伙企业。

合伙企业，是指依据《合伙企业法》在中国境内设立的普通合伙企业和有限合伙企业。

普通合伙企业，是指依据《合伙企业法》在中国境内设立的由普通合伙人组成，合伙人对合伙企业债务承担无限连带责任的营利性组织。普通合伙企业设立的条件：一是有两个以上合伙人；二是有书面合伙协议；三是有合伙人认缴或者实际缴付的出资；四是有合伙企业的名称和生产经营场所；五是法律、行政法规规定的其他条件。普通企业名称中应当标明"普通合伙"字样。

有限合伙企业，是指由普通合伙人和有限合伙人组成的营利性组织。普通合伙人对合伙企业债务承担无限连带责任，而有限合伙人以其认缴的出资额为限对合伙企业债务承担责任。设立有限合伙企业的条件大部分与普通合伙相同，但也有一些特殊要求：一是合伙人应为2人以上50人以下，法律另有规定的除外；二是有限合伙企业至少应当有一个普通合伙人；三是合伙协议除普通合伙协议的内容外，还应当载明有限合伙人入伙、退伙的条件、程序，以及相关责任，有限合伙人与普通合伙人相互转变的程序等；四是企业名称中应当标明"有限合伙"字样等。

国有独资公司、国有企业、上市公司以及公益性的事业单位、社会团体不得成为普通合伙人。合伙企业的设立、变更、注销，应当依法办理企业登记。

例： 甲企业是由自然人张三与乙企业（个人独资）各出资50%设立的普通合伙企业，欠丙企业货款50万元。由于经营不善，甲企业全部资产仅剩20万元，现所欠货款到期，相关各方因货款清偿发生纠纷。对于所欠的50万元货款，张三和乙企业应该如何偿还？

《合伙企业法》第38条规定："合伙企业对其债务，应先以其全部财产进行清偿。"第39条规定："合伙企业不能清偿到期债务的，合伙人承担无限连带责任。"据此，在合伙企业中，除法律另有规定外，普通合伙人须对合伙企业的债务负无限连带责任，当合伙企业财产不足以清偿时，普通合伙人要以自己的全部财产清偿。本案中，普通合伙企业甲企业对外欠债50万元，但合伙企业全部资产仅剩20万元，欠款应先以甲企业的财产偿还，不足部分应由合伙人张三与乙企业承担无限连带责任。

（三）不具有法人资格的专业服务机构

它是特殊的普通合伙企业，指以专门知识和专门技能为客户提供有偿服务，并依法承担责任的普通合伙企业，主要是指律师事务所、会计师事务所等提供专业服务的企业。

（四）其他非法人组织

如依法登记领取我国营业执照的中外合作经营企业、外资企业以及依法登记领取营业执照的乡镇企业、街道企业，符合《民法典》总则编关于非法人组织条件要求的企业。

三、非法人组织的设立和解散

（一）非法人组织的设立程序

（1）非法人组织设立应当依照法律的规定进行登记。即分别按照个人独资企业、合伙企业、不具有法人资格的专业服务机构等的设立登记程序进行登记，取得非法人组织的经营资格，同时也取得其民事主体地位。

（2）对某一类非法人组织的设立，法律或者行政法规规定须经过有关机关批准才能设立的，应当按照该法律或者行政法规的规定报批。经批准后方取得非法人组织的经营资格，成为民事主体。

（二）非法人组织的解散情形

（1）章程规定的存续期间届满或者章程规定的其他解散事由出现。非法人组织章程规定的存续期间届满，出资人或者设立人决定不再经营，非法人组织可以解散。非法人组织章程规定的其他解散事由出现的，非法人组织可以解散。

（2）出资人或者设立人决定解散，在非法人组织存续期间内，只要全体出资人或者设立人决定终止非法人组织，就可以解散非法人组织。

（3）法律规定的其他情形。法律规定了非法人组织解散的其他事由，当该事由出现后，非法人组织依照这些法律或者行政法规的规定予以解散，如非法人组织被兼并或者被宣告破产，也导致非法人组织解散。

非法人组织解散后应当依法进行清算，以终结非法人组织现存的各种法律关系，依法清理非法人组织的债权债务。

（三）非法人组织承担的责任

非法人组织承担的责任是无限连带责任，与法人承担有限责任不同，这是非法人组织与法人的根本性区别之一。非法人组织的债务超过了非法人组织拥有的财产时，出资人或者设立人不仅应接受出资损失的事实，以非法人组织的财产清偿债务，还应当以自己的全部其他财产对非法人组织的债务承担责任。

承担非法人组织债务的主体是出资人或者设立人。对非法人组织的债务，所有的出资人或者设立人都承担无限责任。出资人或者设立人为二人以上的，对非法人组织的债务承担的责任是无限连带责任。非法人组织承担债务的财产范围包括两部分：一是非法人组织自己的财产，即出资人或者设立人对非法人组织出资的财产；二是出资人或者设立人自己个人的财产，由于要承担无限责任，因而自己的财产也是承担非法人组织债务的财产。

如果其他法律对非法人组织的债务承担责任另有规定的，应当依照其特别规定确定非法人组织承担民事责任的方法。例如，《合伙企业法》第2条第3款规定有限合伙的有限合伙人以其认缴的出资额为限承担有限责任。这就是法律对非法人组织债务承担责任的"另有规定"，因而不适用无限责任的规定。

非法人组织的财产不足以清偿债务的，其出资人或者设立人承担无限责任。法律另有规定的，依照其规定。

引例分析

校长的主张是正确的。某大学是一个独立的法人，可以作为民事法律关系的主体，但是物理系是大学内部的一个教学机构，不具有独立的法人资格，因此不能成为独立的民事法律关系的主体。签订实验室装修改造合同就是要在当事人之间建立民事权利义务关系，故当事人需具有民事主体资格。因此，不能以物理系的名义签订合同，而应以某大学的名义签订。

每章一练

一、单项选择题

1. 下列为法人的是（　　）。
   A. 律师事务所
   B. 农村集体经济组织

C. 某中学社团

D. 某高校金融法研究中心

2. 企业法人依法被解散、宣告破产或其他法定原因而进行清算时，企业法人（　　）。

    A. 主体资格消灭，不能进行民事活动

    B. 主体资格不消灭，但不能进行民事活动

    C. 主体资格不消灭，仍然可以进行各种民事活动

    D. 主体资格不消灭，但不能进行清算范围以外的民事活动

3. 某有限公司章程规定，公司对外签署标的额超过100万元的合同必须召开股东会。后该公司法定代表人甲在未召开股东会的情况下与另一公司签订了标的额为150万元的合同。关于该合同的效力及理由，下列说法正确的是（　　）。

    A. 合同无效，因为公司章程已经禁止在未召开股东会的情况下订立标的额超过100万元的合同

    B. 合同有效，合同系该公司的法定代表人所签署，法定代表人的一切行为皆由公司负责

    C. 合同效力待定，因为该法定代表人在签署合同时并未告知对方公司其代表权限受到限制的情形

    D. 合同有效，法定代表人超越权限对外所签订的合同，除相对人知道或者应当知道外，该代表行为有效

4. 某有限责任公司有甲、乙、丙三名股东，甲为该公司的法定代表人。公司章程规定公司对外提供借款的金额不得超过1000万元。甲以公司名义向丁提供借款1500万元并签订借款合同。对此，下列说法正确的是（　　）。

    A. 因为借款额度超过公司章程规定，所以借款行为不对公司发生效力

    B. 若丁为善意第三人，借款行为对公司依旧发生效力

    C. 若公司不能足额支付款项，甲应承担补充责任

    D. 若公司不能足额支付款项，甲、乙、丙三股东都应承担补充责任

5. 李某是甲公司法定代表人，以甲公司名义与乙公司签订一份合同，约定甲公司以150万元的价格购买乙公司某型号大型机械一台。李某在签约回来的路上遭遇车祸不幸死亡。甲公司新任法定代表人张某以李某已经死亡为由，拒绝履行合同义务。关于李某签订的合同，下列表述正确的是（　　）。

    A. 无效

    B. 效力待定

C. 可撤销

D. 有效

二、多项选择题

1. 下列属于社团法人的组织是（　　）。
   A. 农村信用合作社
   B. 中国法学会
   C. 中国文联
   D. 联想集团公司

2. 某市国有投资部门出资51%，其他34名股东共出资49%组建红星有限责任公司。1997年5月，国有投资部门作出了撤销公司董事长张某的决定，并通知了各股东，但未及时到工商行政管理部门办理变更登记。在此期间，张某应李某所求，以红星公司的名义为李某个人提供了50万元的担保。后因李某的债权人向红星公司请求承担担保责任而发生纠纷。下列说法正确的是（　　）。
   A. 从撤销决定作出之日起，张某不再是公司董事长
   B. 在办理变更登记之前，张某仍是公司董事长
   C. 本案担保有效
   D. 应责令张某取消担保

3. 杜某与陈某设立了一家旨在帮助留守儿童的公益基金，设立过程中杜某以自己的名义为基金购置硬件设施，陈某以基金的名义为基金购买软件设施。其后，基金因为管理不善终止运营。下列说法正确的是（　　）。
   A. 硬件设施的出卖人有权向基金主张债权
   B. 软件设施的出卖人有权向陈某主张债权
   C. 基金权力机构可以决议将剩余财产分配给杜某与陈某
   D. 若基金章程和权力机构未对剩余财产作处理，主管机关可将其转给宗旨相同或者相近的法人

4. 企业法人终止的原因有（　　）。
   A. 依法被撤销
   B. 解散
   C. 合并
   D. 依法宣告破产

三、判断题

1. 集体经济组织法人和城镇农村的合作经济组织法人，都属于营利法人。（　　）

2. 非法人组织不具有法人资格，不能以自己的名义进行民事活动。（   ）
3. 法人的清算组织在清算期间虽然不能进行积极的民事活动，但仍然以原法人的名义对外享有债权并承担债务。（   ）

四、简答题

1. 简述法人组织的类型。
2. 简述普通合伙成立的条件。
3. 简述有限合伙成立的条件。
4. 简述个人独资企业的特点。

五、案例分析题

1. 2014年12月，万里出资6万元，邢涛出资4万元，合办了同利家政服务有限公司，向工商局办理了注册登记，领取了营业执照。其中，邢涛出资的4万元是向朋友齐冰借的。2016年，同利公司经营不善，发生亏损。5月又发生严重失窃事件，致使公司财产损失殆尽，只剩下1万元存款，而负债却达到6万元。其中欠个体户蔡成运输款2万元，向某电脑公司买电脑货款2万元，房租2万元。同利公司因此宣告破产。齐冰、蔡成、电脑公司和房屋业主都找到出资人万里和邢涛，要求他们清偿欠款。万里和邢涛提出自己开办的是有限公司，承担有限责任，只能用公司账面上所剩的1万元还款，在四者之间按比例清偿。齐冰等人不同意，要求万里和邢涛用个人财产偿还未果，起诉至法院。

试分析：
（1）同利公司具备何种主体资格？
（2）同利公司的财产范围是什么？
（3）属于公司的债务有哪些？
（4）本案中4个债权人如何获得清偿？

2. 甲、乙、丙、丁四人大学毕业后各出资1万元创立了花气袭人鲜花礼品店，合伙经营。四人齐心协力，经营灵活，服务周到，第一年每人分得利润5万元，还剩10万元。他们又投资了一个新店。因新店选址匆忙，加上四人经营理念发生分歧，第二家店不但不赚钱，反而赔钱。最后两家店因进货共欠供应商张某20万元。鲜花礼品店的财产不能使张某得到全部清偿。张某要求四人用个人财产清偿。甲、乙、丙除了该鲜花礼品店无其他个人财产，丁生活比较富裕，有骐达轿车一辆、存款5万元。

请问张某能否要求丁以个人的财产进行清偿？

第五章

民事权利

◆ 知识体系图

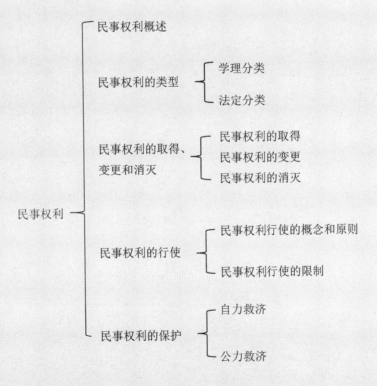

◆ **学习目标**

　　掌握民事权利的概念和特征；熟练掌握民事权利的法定分类，正确理解其学理分类；能够准确区分不同种类的民事权利；掌握民事权利取得的方式；了解民事权利的变更和终止；熟知民事权利行使规则；掌握民事权利保护的方式，尤其是自力救济中的正当防卫和紧急避险；能运用所学知识分析相关的民事案例，并学会如何保护民事主体的合法权益。

◆ **本章引例**

　　某甲为著名职业男子篮球运动员。因在篮球运动领域内的突出表现和对社会公益慈善事业的突出贡献，某市人民政府特授予甲功勋运动员的荣誉称号，多个国际知名品牌也纷纷聘请甲作为形象代言人。乙公司在未征求甲的意见的情况下，擅自使用甲的姓名和肖像进行广告宣传，并在其生产的产品中使用"甲一代"（内含甲的姓名）作为产品的商业标识。现甲依法向某市人民法院提起诉讼，要求乙公司停止侵权行为，赔偿自己相应的损失。

　　问：

　　（1）乙公司侵犯了公民甲的哪些民事权利？

　　（2）甲有权要求乙公司承担何种民事责任？

第一节　民事权利概述

一、民事权利的概念和特征

关于民事权利的概念，学界有多种说法。通说认为，民事权利是指民事主体为实现某种利益为一定行为或不为一定行为的可能性。其含义具体包括：① 权利人在法定范围内享有为或者不为一定行为的可能性；② 权利人要求他人为或不为一定行为的可能性；③ 权利人的权利受到侵害时，权利人有权要求国家机关采取强制措施予以保护。

在理解民事权利的概念时，需要注意民事权利与相关概念的区别。民事权利不同于权限。权限是法律所确认的当事人的意思范围，是确定当事人意思自由的限度。而且在很多情况下，权限与权限人的利益无关。

民事权利不同于权能。权能是权利的具体作用样态。如所有权可以表现为占有、使用、收益和处分的权能。

民事权利不同于法益。法益是法律所保护的利益，但是这种受法律保护的利益还没有达到权利的程度。每一种权利的内容都有具体的法益，但是并非每一种法益都可以上升到权利的程度。

民事权利具有以下法律特征。

第一，民事权利是民事主体享有的利益。民事权利有许多类型，有不同的表述。如所有权、债权等，又如姓名权、肖像权等。虽然各种民事权利内涵各有不同，但总体体现为民事主体的利益。《民法典》第 3 条规定："民事主体的人身权利、财产权利以及其他合法权益受法律保护，任何组织或者个人不得侵犯。"此处的权益包括权利和利益。

第二，民事权利是拥有立法权的国家机关制定或认可的。民事权利通常是指民法上明文规定的权利，包括各种人身权和财产权。在法律尚未明文规定而社会实践又有需要的情况下，根据判例或者司法解释认可新的民事权利，也是必要的。拉伦茨认为，权利的内容既可以来源于法律规定，也可以在私法自治的范围内来源于当事人约定。例如，在各种合同关系中，权利内容可以由当事人约定。

第三，民事权利受国家强制力保障。权利人可以在法定范围内享有某种利益，实施一定的行为。权利人可以请求义务人为一定行为或不为一定行为，以保障其享有并实现某种利益。权利人因他人的行为而使其权利受到侵害时，可以请求有关国家机关采取强制措施予以保护。

二、民事权利的意义

民事权利是私法秩序维持的手段，是个人人格发展的自由空间。民事权利的意义在于保证民事主体意志自由，保证民事主体地位平等，保证公法不干预私法，保证私法自治。

第二节 民事权利的类型

民事权利的种类繁多，性质也各有不同，将各种民事权利分类，有助于掌握不同类型的民事权利的性质、特点、功能，有助于正确理解和行使民事权利，正确处理民事纠纷。根据不同的标准，可以对民事权利作不同的分类。

一、民事权利的学理分类

（一）人身权、财产权与综合性权利

这是以民事权利的内容为划分标准进行的分类，也是民事权利最基本的分类。

1. 人身权

人身权是以人格和身份利益为内容的权利，包括人格权和身份权。

（1）人格权。人格权是社会个体生存和发展的基础，是整个法律体系中的一种基础性权利。具体而言，人格权的内涵包括：① 生命权，即自然人主体依法享有生命的权利；② 健康权，即自然人主体依法享有健康的权利；③ 身体权，即自然人主体依法享有自己的身体的权利；④ 人身自由权，即权利主体在法律范围内自主支配行动的权利；⑤ 婚姻自主权，即当事人依法决定缔结或解除婚姻的权利；⑥ 姓名权，即自然人以文字符号区别于他人的权利；⑦ 名称权，即法人、个体工商户、个人合伙享有名称的权利；⑧ 肖像权，即肖像权人支配自己的肖像的权利；⑨ 名誉权，即权利主体依赖自己的名誉参与社会生活的权利；⑩ 隐私权，即自然人享有的私人信息的权利。

（2）身份权。身份权是指民事主体因特定身份而产生的民事权利，也是人身权的重要组成部分。身份权具体包括：① 荣誉权。所谓荣誉权是指民事主体对自己的荣誉享有利益并排除他人非法侵害的权利。② 配偶权。所谓配偶权是指具有合法婚姻关系的夫妻之间基于配偶关系发生的、为夫妻双方专属且平等享有的以配偶身份利益为客体的身份权。配偶权是一组权利义务的集合。具体而言，配偶权包括夫妻姓名权、住所决定权、同居的权利和义务、忠实义务、相互扶助义务以及日常事务代理权。③ 亲权。所谓亲权是指父母基于其身份而对未成年子女的人身和财产进行管教和保护的权利和义务。亲权名为权利，实际上也是权利和义务的集合体。亲权只能够由父母专有。具体而言，亲权的内容包括人身照护权和财产照护权两方面。④ 知识产权法上的各种人身权。它是指知识产权人基于权利人身份而享有的人身权。在具体内容方面，因知识产权的类型不同而不同。

人身权具有以下特征。第一，人身权是与民事主体自身主体资格密不可分的民事权利。一方面是指人身权只能由特定民事主体享有，一般不得转让或继承。作为例外，少数人身权也可被转让或继承，如法人的名称权可以转让。另一方面是指民事主体之所以成为民事主体，是因为他享有人身权。换言之，如果民事主体失去了某些人身权，他就可能不再被认为是民事主体。例如，某人的生命权受到侵犯，他就可能失去民事主体的资格。第二，人身权的法定性。人身权所包括的内容须经过法律的认可。这一特征与物权法中的物权法定原则相类似，但不像物权法定那样严格。第三，人身权的固有性。绝大多数人身权都是民事主体成为民事主体那一刻就开始享有。例如，自然人一出生，就享有生命权、健康权等；法人一成立，就享有名称权。

2. 财产权

财产权是以财产利益为内容的权利，是通过对有体物和权利的直接支配，或者通过对他人请求为一定行为（包括作为和不作为）而享受生活中的利益的权利。财产权主要包括物权和债权。

（1）物权。物权是指权利人依法对特定的物享有的直接支配和排他的权利。物权包括所有权、用益物权、担保物权。所有权是指权利人对自己的不动产或者动产，依法享有占有、使用、收益和处分的权利。用益物权是指用益物权人对他人所有的不动产或者动产，依法享有占有、使用和收益的权利。用益物权包括土地承包经营权、建设用地使用权、宅基地使用权、居住权和地役权。担保物权是指担保物权人在债务人不履行到期债务或者发生当事人约定的实现担保物权的情形，依法享有就担保财产优先受偿的权利。担保物权包括抵押权、质权、留置权等物权。

(2) 债权。债权是指请求他人为一定行为（作为或不作为）的民法上的权利。债权的种类包括合同之债、无因管理之债、不当得利之债、侵权行为之债等。合同之债是指依据有效合同（契约）所产生的债。无因管理之债是指无因管理（没有法律规定或约定的义务而为他人管理事务）人，要求受益人返还因无因管理而支出的必要的合理费用而产生的债权债务关系。不当得利之债是指因债务人的不当得利（没有法律上的根据而取得利益）而引起的债权债务关系。侵权行为之债是指因侵权行为产生的债权债务关系。

财产权具有以下特征。第一，财产权的内容为财产利益，表现为对各种财产的利益。这里的财产是广义上的，既包括有形财产，如房屋等不动产和机器设备、生活资料等动产，也包括具有直接经济利益内容的无形财产，如有价证券、股份等；既包括直接支配财产的权利，如物权，也包括请求交付具有直接经济利益内容的财产的权利，如债权。第二，财产权具有可转让性。第三，财产权的取得主要是通过法律行为而取得，如物权行为、债权行为。第四，对财产权受侵害时的救济方法也以财产为主，如返还财产、恢复原状、赔偿损失等。

3. 综合性权利

所谓综合性权利，是指由人身权和财产权结合所产生的权利，包括知识产权、社员权、继承权等。这些权利的内容既包括人身利益，又包括财产利益。

(1) 知识产权。知识产权制度是随着工业革命和文化艺术的发展，在18世纪以后逐渐建立起来的一项法律制度。知识产权是指权利人对其发明、作品等智力成果和商标等工商业标志享有的独占性的、排他性的权利，包括专利权、商标权、著作权等。知识产权的属性主要是财产性质的权利，同时又具有人身权的属性。

(2) 社员权。社员权是指团体组织的成员依照团体组织的章程，而在团体组织之内享有的财产权和人身权的总称。社员权中有财产权的内容，如利益分配权、财产分割权、新股认购权，也有身份权的内容，如投票权、监督权、质询权和诉讼权。

(3) 继承权。继承权是指继承人依法继承被继承人遗产的权利。继承权以继承人的特定身份为基础，以财产利益为内容，既具有财产权利性质，又具有人身权的属性。

区分人身权、财产权与综合性权利的主要意义在于：人身权与财产权受到侵害时，所采取的救济措施有所不同。例如，侵害人身权的救济方式既可以采取财产责任的救济方式,也可以采取非财产责任的救济方式,如赔礼道歉、恢复名誉、消除影响等。而侵害财产权的救济方式一般只能采取财产责任的救济方式。侵害综合性的权利既侵害人身权,又侵害财产权,因而救济方式通常既包括财产责任,也包括非财产责任。

例:摄影爱好者刘某拍摄了一组梅花的照片,并配上二十四节气中的"雨水"二字,发布在自己的社交平台上。某媒体负责人看到后,征求刘某的意见,双方经协商达成一致:该媒体选取刘某拍摄的两张照片应用于其网站首页,署名为刘某,并支付人民币200元。

本案中,刘某对于自己拍摄的照片享有著作权,这是一种综合性的权利,具体体现为对自己拍摄的照片享有署名权,以及许可他人使用时享有的财产权利。

(二)支配权、请求权、形成权与抗辩权

这是以权利的作用为标准而作出的分类。

1. 支配权

支配权是指权利人可以直接支配权利客体,并具有排他性的权利。支配权的权利人可以直接实现其利益,不需要他人的协助,其对应的义务为不作为的义务。支配权在我国主要包括三大权利群,即物权、知识产权和人身权。

支配权具有以下特征。第一,支配权的内容是权利人能够独立地、自主地将其意志作用于客体之上,不受他人的干涉。支配的方式包括占有、使用、收益、处分。支配权人可以积极行使权利,也可以消极地不行使权利。支配权的支配方式因权利类型的不同而有所不同。第二,支配权的权利主体是特定的,而义务主体是除权利主体以外的任何人。第三,支配权的意义主要体现在物权上。物权是最典型的支配权,人身权、知识产权、财产权当中的物权均为支配权。第四,支配权是对特定客体的权利。支配权的客体是特定的,包括物、权利、人身利益以及智力成果。

2. 请求权

请求权是指权利人要求他人为特定行为或者不为特定行为的权利。请求权的权利人不能对权利客体直接支配而享有,其必须通过义务人实施一定的行为或不实施一定的行为,才能实现其利益。

请求权具有以下特征。第一，请求权的客体是行为，包括作为和不作为。如买卖合同的客体就是交付行为，运输合同的客体就是运输行为。第二，请求权具有请求性。即非支配型请求权是不能直接实现的。第三，请求权的权利主体是特定的。在请求权关系中，请求权是特定的、明确的。第四，请求权的义务主体是特定的。与支配权不同，请求权作为相对权和对人权，其义务主体是特定的、明确的。

请求权的类型与体系如下。

（1）债权请求权。债权请求权是狭义上的请求权，是作为基础性权利的请求权。债权是与物权并列的财产权，是民事主体享有的一项十分重要的民事权利。债权请求权包括以下类型。

① 基于合同的请求权。基于合同的请求权是因合同当事人的约定而形成的请求权，其给付内容具有最大的任意性。合同是债权的最主要发生依据。

② 基于损害赔偿的请求权。基于损害赔偿的请求权体现了债权请求权与派生性请求权之间的交叉关系和请求权体系的复杂性。一方面，损害赔偿之债属于法定之债，损害赔偿是债的发生依据之一。另一方面，损害赔偿请求权又是基于基础性权利而产生的，包括基于物权、人身权、知识产权以及债权自身受到损害时产生的请求权。

③ 基于不当得利的请求权。基于不当得利的请求权是法定请求权，即基于法律的直接规定而形成的请求权。不当得利的法律事实一旦出现，即产生不当得利之债。因不当得利而受到损害的人作为权利人，享有请求获利人返还不当得利的权利。

④ 基于无因管理的请求权。基于无因管理的请求权是法定请求权，由法律的直接规定而产生。一旦成立无因管理的事实，无因管理请求权的管理人作为权利人可以请求受益人给付因实施管理行为而发生的必要的合理费用。

⑤ 基于缔约过失的请求权。基于缔约过失的请求权是法定请求权。缔约一方当事人因在缔约过程中，违反诚信原则而给对方当事人造成损失的，对方当事人作为权利人可以依法请求赔偿。

⑥ 基于单方允诺的请求权。基于单方允诺的请求权属于法定请求权。作出单方允诺的行为人在相对人完成目的事项时应当依其允诺向相对人支付对价。相对人享有请求支付该对价的权利。例如，悬赏广告中的单方允诺。

（2）物权请求权。物权请求权是指物权的圆满状态被妨害或者有被妨害之虞时，物权人为排除妨害或者防止妨害发生，得对现为妨害或者将为妨害之人请求为一定行为之权利。物权请求权基于物权而产生，旨在通过恢复物权的完美状态实现对物权的保护。

① 物权确认请求权。《民法典》第234条规定，因物权的归属、内容发生争议的，利害关系人可以请求确认权利。

② 物权人的返还请求权。《民法典》第235条规定，无权占有不动产或者动产的，权利人可以请求返还原物。

③ 排除妨害请求权和消除危险请求权。《民法典》第236条规定，妨害物权或者可能妨害物权的，权利人可以请求排除妨害或者消除危险。

④ 恢复原状请求权。《民法典》第237条规定，造成不动产或者动产毁损的，权利人可以请求修理、重作、更换或者恢复原状。

（3）占有保护请求权。即占有人享有的请求他人为或不为一定行为的权利。其权利以占有遇到某种危险、受到某种妨害或者侵害为前提。占有保护请求权具有以下特征。第一，返还原物请求权的权利主体是占有人。这里的占有人，既可以是有权占有人，又可以是无权占有人；既可以是直接占有人，又可以是间接占有人；既可以是善意占有人，又可以是恶意占有人；既可以是自主占有人，又可以是他主占有人。第二，该权利的义务主体是侵占人。所谓侵占是指行为人通过非法手段使占有人丧失占有。第三，该权利自侵占发生之日起一年内未行使时消灭。

（4）基于人身权的请求权。基于人身权的请求权包括基于人格权的请求权和基于身份权的请求权。此二者在权利基础的救济方式上有所不同。基于人格权的请求权为民事主体普遍享有，救济方式以停止侵害、赔礼道歉、恢复名誉为主。基于身份权的请求权以具有特定身份关系的当事人之间为存在条件，如夫妻之间的扶养请求权、同居请求权、监护请求权等，其救济方式以履行具有身份内容的义务为主。

（5）基于知识产权的请求权。基于知识产权的请求权包括基于专利权的请求权、基于商标权的请求权和基于著作权的请求权。其权利主体为知识产权的权利人。其救济方式以停止侵害、排除妨害、赔礼道歉为主。

例：摄影爱好者刘某拍摄了一组梅花的照片，并配上二十四节气中的"雨水"二字，发布在自己的社交平台上。张某无意中看到这组照片，甚为喜爱，就擅自选取了其中两张照片，上传到自己经营的公众号，获得无数粉丝点赞，还有不少粉丝付费下载。刘某得知此事，要求张某立即澄清事实、删除照片，并向自己赔礼道歉。

本案中，刘某将自己拍摄的照片发布在自己的社交平台上，这是一种支配权；张某擅自使用构成侵权，刘某要求对方澄清事实、删除照片、赔礼道歉的行为，是一种请求权。

3. 形成权

形成权是指以权利人的单方意思表示即可产生民事法律关系的设立、变更和终止的权利。如对无权代理行为进行追认的权利、对显失公平的行为进行撤销的权利等。形成权包括同意权、追认权、拒绝权、撤销权、解除权、抵销权、选择权、免除权等类型。

形成权具有以下特征。第一，形成权依附于具体的实体权利而存在。形成权在性质上属于独立类型的民事权利，具有独立的价值与功能。大多数形成权依附于合同债权而存在。例如，抵销权以享有合同债权为前提，解除权、选择权亦如此。追认权、承认权、拒绝权、催告权等既可以依附于债权而存在，也可以针对特定的法律关系而存在。例如，处分权人对行为人无权处分行为的追认。第二，形成权是权利人依自己单方的意思表示即可使民事法律关系发生变动效果的权利。形成权的行使属于单方行为，无需他人的同意。例如，被代理人行使追认权，对无权代理行为进行追认即可产生使无权代理行为成为有权代理的效果，无需行为人或者相对人的同意。第三，形成权是基于法律的直接规定而享有的权利。在立法技术上，形成权通常采取具体列举的表述方式。权利人在何种情形下享有形成权、享有何种形成权均由法律直接加以规定。第四，形成权一般具有存续期间。法律对其规定一定的权利存续期间，这种期间通常较短。但约定的形成权和无需通过公力救济途径即可实现的形成权，其存续期间由当事人自己约定。若当事人没有约定权利存续期间，则要在合理期间内行使。但也有一些形成权没有存续期间，如身份权中的离婚请求权、物权中的抛弃权、债权中的抵销权等。

形成权的类型包括：① 使法律关系发生效力的形成权。如同意权、追认权等。② 使权利义务变更的形成权，即因一方的意思表示就可以使既存权利义务发生变动。如因重大误解而请求变更合同权利义务的权利。③ 使法律关系消灭的形成权。如抵销权、撤销权、解除权等。

形成权的行使包括行使的方式和行使的限制。行使的方式有两种：一是诉讼外形式，一般是指形成权向对方为单方意思表示的方式就可以有效地行使，不必经过诉讼程序。如抵销权的行使、合同解除权的行使。二是诉讼形式。而行使的限制包括两点：一是形成权通常不得附期限或者附条件；二是不得撤回行使的意思表示。

例：小明，17岁，某中学高三年级学生。某日小明利用自己积攒的压岁钱，到某商场购买了一台价值近2万元的电脑和一辆价值近3000元的自行车。小明的父母认为，小明尚未成年，购买这么贵重的物品应该经过父母同意，而且因为担心沉迷电脑游戏影响学业，小明的父母坚决反对购买电脑，但对于自行车，父母认为小明上学需要，可以购买。

本案中，小明为限制民事行为能力人，其与商场订立购买电脑和自行车的合同，属于效力待定的合同。小明的父母对于小明购买电脑的反对（否认），以及对购买自行车的同意（追认），均属于形成权。

4. 抗辩权

抗辩权是指对抗他人请求权以阻止其效力的权利。抗辩权以对抗他人请求权为目的，故需以他人已提出请求权为前提。如果他人未提出请求权或者请求权已消灭，则抗辩权无从行使。在司法实践中，以合同履行中的抗辩权最为普遍。如以履行时间为标准抗辩，包括先履行抗辩权、同时履行抗辩权和不安抗辩权。

抗辩权具有以下特征。第一，抗辩权是实体权利，而非程序权利。程序权利是指权利人依据《民事诉讼法》的规定在诉讼程序中享有的权利。程序法上的抗辩权只能在诉讼程序中行使。民法上的抗辩权仅仅指实体法上的抗辩权，它是指在进入诉讼前当事人针对请求权的提出而主张的抗辩，其抗辩的理由是基于实体法的规定。第二，抗辩权的行使以请求权的行使为条件。抗辩权的功能在于抵消请求权的效力或者延缓请求权的效力，是防御性的权利。抗辩权只能针对请求权或部分形成权行使，不能针对支配权行使。例如，甲将其物置于公寓旁的空地，乙提出抗议，认为有害通行与观瞻，甲则辩曰无害通行与观瞻。此时并非乙对甲行使抗辩权，相反乙向甲提出了请求权，甲则主张了抗辩权。第三，抗辩权包括狭义的抗辩权和广义的抗辩权。狭义的抗辩权是指法律明确规定的具体的抗辩权。例如，一般担保保证人的先诉抗辩权，双务合同履行中的同时履行抗辩权、先履行抗辩权和不安抗辩权。广义的抗辩权是指法律并未直接具体规定的抗辩权，也即没有一定名称的抗辩权，但同样具有抗辩权的效力。例如，甲主张乙侵害其著作权并要求赔偿，乙提出其为合理使用，不构成侵权，不予以赔偿。乙的主张即为抗辩权。

从诉讼法的角度，抗辩主要有三种：关于权利未发生的抗辩、关于权利消灭的抗辩、关于排除权利的抗辩。

区分支配权、请求权、形成权与抗辩权的主要意义在于：这些权利发生的作用不同，实现的途径也存在差异。例如，支配权通过支配一定的客体即可实现，而请求权必须基于他人的行为才能实现。

(三)绝对权与相对权

这是以权利的效力为标准而作的划分。

绝对权是指无需通过义务人实施一定的行为即可实现并且可对抗不特定人的权利。其特征包括：第一，权利上的利益是直接实现的，无需义务人的协助。第二，义务主体为不特定的任何人，故又称对世权。人身权、知识产权、物权等均属于绝对权。

相对权是指必须通过义务人实施一定的行为才能实现且只能对抗特定人的权利。其特征包括：第一，权利的实现需通过相对人（义务人）的协助，否则无法实现；第二，义务主体为特定的人，权利人只能请求特定的人履行义务。请求权属于相对权，其中债权是典型的相对权。

区分绝对权与相对权的主要意义在于：一方面，权利人实现权利的途径存在差异。绝对权的行使不需要他人行使的介入，而相对权的行使需要他人行为的介入。另一方面，侵害绝对权和侵害相对权产生的民事责任不同。侵害绝对权产生侵权责任，侵害相对权产生债的不履行责任。

(四)主权利与从权利

以民事权利的依存关系为标准，民事权利可分为主权利与从权利。

主权利是指相互关联的两个民事权利中，能够独立存在的权利。从权利是指不能独立存在，而从属于主权利的权利。例如，为担保债权的实现而设立的保证之债的债权为从权利，被担保的债权为主权利。抵押权、质权和留置权对于其所担保的债权而言，均为从权利。

主权利与从权利是在相关联的法律关系中相对应的法律概念：没有主权利，从权利不能存在；没有从权利，主权利就没有存在的意义。主权利与从权利的主从关系主要体现在：第一，主权利存在，从权利才能存在。主权利因履行、抵销、免除等原因而消灭时，从权利同时消灭。第二，在一般情况下，从权利不能离开主权利而单独转让。

区分主权利与从权利的主要意义在于：在一般情况下，从权利决定于主权利。

(五)专属权与非专属权

以民事权利与主体的关系为标准，民事权利可以分为专属权与非专属权。

专属权是指专属于某特定民事主体的权利。人格权、身份权均为专属权。

专属权一般不得让与和继承，但也有例外，如企业的名称权。

非专属权是指不属于某特定民事主体专有的权利。非专属权可以让与和继承。财产权通常为非专属权，但也有的财产权属于专属权，例如矿藏的所有权归国家所有，为专属权。

区分专属权与非专属权的主要意义在于：对于专属权，权利人不能转让，也不能继承；对于非专属权，权利人一般可以依法转让，也可以依法继承。

（六）既得权与期待权

以民事权利是否已经取得为标准，民事权利可分为既得权与期待权。

既得权是指权利人已经取得而可以实现的权利。例如，现实享有的物权、债权、人身权和知识产权。

期待权是指将来可能取得的权利。例如，民事行为中附条件或者附期限的权利、继承开始前继承人的权利、保险事故发生前保险合同中的被保险人或者受益人的权利等。

区分既得权与期待权的主要意义在于：既得权可以行使，而期待权尚不能行使。

（七）原权与救济权

以权利发生的先后及相互关系为标准，民事权利可分为原权与救济权。

原权也称原权利，是指原有民事法律关系中存在的权利。例如，基于有体物而发生的所有权、基于合同而发生的债权。侵害原权的形式包括侵权行为和债务不履行。

救济权是原权受到侵害或者有受到侵害的现实危险时发生的权利。救济权是基于原权而派生的权利，其目的在于救济被侵害的原权。

区分原权与救济权的主要意义在于：原权可以单独存在，而救济权不能单独存在，只能在原权受到侵害时产生。

二、民事权利的法定分类

我国《民法典》总则编第五章对民事权利进行了分类。其分类的标准，主要是以标的是否具有财产价值进行的分类。有句法谚说过：权利无价，但是权利的获得、使用、转让及损害赔偿有价。本章主要根据《民法典》第一编"总则"第五章"民事权利"第109条至第132条的规定，并结合第二编"物权"、第六编"继承"的相关规定，对民事权利的种类归纳如下。

（一）人格权

人格权是以主体依法固有的人格利益为客体的权利。《民法典》分别规定如下。

（1）一般性人格权（《民法典》第109条）。自然人的人身自由、人格尊严受法律保护。

（2）具体人格权（《民法典》第110条）。一是物质性人格权，包括生命权、身体权、健康权；二是精神性人格权，包括姓名权、肖像权、名誉权、荣誉权、隐私权、婚姻自主权等。

法人、非法人组织享有名称权、名誉权、荣誉权等权利。

（3）个人信息权（《民法典》第111条）。自然人的个人信息受法律保护。任何组织或者个人需要获取他人个人信息的，应当依法取得并确保信息安全，不得非法收集、使用、加工、传输他人个人信息，不得非法买卖、提供或者公开他人个人信息。

（二）身份权

身份权是基于一定的身份关系所产生的权利，包括亲属权、监护权、配偶权等。自然人因婚姻、家庭关系等产生的人身权利受法律保护。（《民法典》第112条）

（三）物权

《民法典》第113条规定："民事主体的财产权受法律平等保护。"财产权利主要包括物权和债权。

民事主体依法享有物权。物权是权利人依法对特定的物享有直接支配和排他性的权利，包括所有权、用益物权和担保物权。（《民法典》第114条）物包括不动产和动产。法律规定权利作为物权客体的，依照其规定。（《民法典》第115条）

（1）动产物权。动产物权包括：动产自物权，如动产所有权；动产他物权，如动产质权、留置权、权利质权等。

（2）不动产物权。不动产物权包括：不动产自物权，如不动产所有权、建筑物区分所有权、相邻权、共有权；不动产他物权，如用益物权中的土地承包经营权、建设用地使用权、宅基地使用权、居住权和地役权；担保物权中的不动产抵押权。

（四）债权

民事主体依法享有债权。债权是因合同、侵权行为、无因管理、不当得利以及法律的其他规定，权利人请求特定义务人为或者不为一定行为的权利。（《民法典》第118条）

（1）合同之债。依法成立的合同，对当事人具有法律约束力。（《民法典》第119条）

（2）侵权之债。民事权益受到侵害的，被侵权人有权请求侵权人承担侵权责任。（《民法典》第120条）

（3）无因管理之债。没有法定的或者约定的义务，为避免他人利益受损失而进行管理的人，有权请求受益人偿还由此支出的必要费用。（《民法典》第121条）

（4）不当得利之债。因他人没有法律根据，取得不当利益，受损失的人有权请求其返还不当利益。（《民法典》第122条）

（五）知识产权

民事主体依法享有知识产权。知识产权包括著作权、专利权和商标权。

根据《民法典》第123条的规定，知识产权是权利人依法就下列客体享有的专有的权利：① 作品；② 发明、实用新型、外观设计；③ 商标；④ 地理标志；⑤ 商业秘密；⑥ 集成电路布图设计；⑦ 植物新品种；⑧ 法律规定的其他客体。

（六）继承权

自然人依法享有继承权。自然人合法的私有财产，可以依法继承。（《民法典》第124条）

（七）股权及其他投资性权利

民事主体依法享有股权和其他投资性权利。（《民法典》第125条）

（八）其他民事权利和利益

民事主体享有法律规定的其他民事权利和利益。（《民法典》第126条）

（九）对数据、网络虚拟财产的权利

法律对数据、网络虚拟财产的保护有规定的，依照其规定。（《民法典》第127条）

（十）未成年人、老年人、残疾人、妇女、消费者等特殊主体的特殊权利

法律对未成年人、老年人、残疾人、妇女、消费者等的民事权利保护有特别规定的，依照其规定。（《民法典》第128条）

第三节　民事权利的取得、变更和消灭

一、民事权利的取得

民事权利的取得是指民事主体依据合法的方式获得民事权利。

从民法原理的角度看，权利取得的样态包括原始取得和继受取得。原始取得是指不以他人既存的权利为前提的取得，如先占。有的权利的取得方式，从表面上看，也是以他人既存的权利为前提，但法律却规定其为原始取得，如善意取得。继受取得是指以他人的既存权利为基础的取得，如通过买卖行为取得物的所有权。这种取得又称为传来取得。继受取得的效力体现在他人物上的权利不因取得而消灭。如在房屋上设定抵押权，房屋买卖后，抵押权不因此而消灭。

根据《民法典》第129条的规定，民事权利可以依据民事法律行为、事实行为、法律规定的事件或者法律规定的其他方式取得。

1. 民事法律行为

民事法律行为是指民事主体通过意思表示设立、变更、终止民事法律关系的行为。民法理论一般称为民事法律行为，如订立买卖合同、订立遗嘱、放弃继承权、赠与等。民事法律行为以意思表示为核心要素，没有意思表示则没有民事法律行为。

2. 事实行为

事实行为是指行为人主观上没有引起民事法律关系发生、变更或者消灭的意思，而依照法律的规定产生一定民事法律后果的行为。如自建房屋、拾得遗失物、无因管理行为、劳动生产等。事实行为有合法的，也有不合法的。拾得遗失物等属于合法的事实行为，侵害他人的人身、财产的行为是不合法的事实

行为。民事权利可以依据事实行为取得，如民事主体因无因管理行为取得对他人的无因管理债权等。

3. 法律规定的事件

法律规定的事件是指与人的意志无关而根据法律规定能引起民事法律关系变动的客观情况，如自然人的出生、死亡、自然灾害、生产事故、果实自落以及时间经过等。

4. 法律规定的其他方式

除了民事法律行为、事实行为、法律规定的事件等情形，民事权利还可以依据法律规定的其他方式取得。如《民法典》第229条规定，因人民法院、仲裁委员会的法律文书或者征收决定等，导致物权设立、变更、转让或者消灭的，自法律文书或者人民政府的征收决定等生效时发生效力。《民法典》还规定，为了公共利益的需要，依照法律规定的权限和程序可以征收集体所有的土地和单位、个人的房屋及其他不动产。

二、民事权利的变更

民事权利的变更是指民事权利不失其同一性而变更其形态，包括民事权利主体的变更、民事权利内容的变更和民事权利客体的变更。

（1）民事权利主体的变更，即权利在不同主体间产生的变更。就新主体而言，实际上是权利移转的继受取得，因此，民事权利主体的变更也即权利的相对发生。

（2）民事权利内容的变更。民事权利内容的变更又可分为量的变更与质的变更。量的变更如债权因一部分清偿所发生的变更，质的变更如无息债权变更为有息债权、债权因债务人不履行而变为损害赔偿请求权等。民事权利内容的变更还包括民事权利效力的变更。效力的变更是指权利源自法律所赋之强制性作用力的增减变化。例如，具备公力救济请求权的债权，因债务人行使诉讼时效抗辩权而变为自然债权。

（3）民事权利客体的变更，即客体在数量、范围、性质等方面发生变化，比如因消耗而减少了所有物的范围。

三、民事权利的消灭

民事权利的消灭是指基于某种法律事实使某项权利与特定主体相分离的客

观事实。民事权利的消灭包括绝对消灭和相对消灭。

绝对消灭是指权利本身不复存在，权利消灭但他人也没有取得。如所有权因标的物灭失而消灭，知识产权因保护期间届满而消灭，债权因全部清偿而消灭，形成权因除斥期间届满而消灭等。

相对消灭是指权利由前手移转于后手，其本身并不消灭。权利从一个人处丧失，但为另一个人取得。如赠与物的所有权因交付而自赠与方移转至受赠方。对赠与方而言，即"权利的相对消灭"；对受赠方而言，即"权利的继受取得"。

第四节　民事权利的行使

一、民事权利行使的概念和原则

民事权利的行使是指权利人为实现自己的权利实施一定的行为。权利行使的方式有事实方式和法律方式两种。事实方式是指权利人通过事实行为行使权利；法律方式是指权利人通过民事法律行为行使权利。

民事权利的行使应遵循以下两项主要原则：第一，自由行使原则。《民法典》第130条规定，"民事主体按照自己的意愿依法行使民事权利，不受干涉"。权利行使是权利人的自由，自应依当事人的意思决定，他人不得干涉。第二，诚信原则。权利人应当依权利的目的正当行使权利，在行使权利时遵循诚信原则，禁止权利滥用。

二、民事权利行使的限制

1. 诚信原则的要求

权利人应当遵循诚信原则行使其民事权利。诚实信用不仅是道德要求，也是法律要求；不仅是处理人身关系、行使人身权的法律原则，也是处理财产关系、行使财产权的法律原则。

民事权利的行使如不遵循诚信原则，便无法建立起和谐有序的市民社会的秩序，同时会增加交易成本，加大纠纷隐患，降低权利效用，最终损害社会全体成员的共同利益。

例：甲将其房屋转让给乙。乙已经居住该房屋数年，后甲发现自己与乙尚未办理房屋所有权的过户登记手续。于是甲又与丙签订房屋买卖合同，将该房屋卖给丙，并办理了过户登记手续。

依不动产物权变动的登记要件主义，甲仍为房屋的所有权人，有权处分其房屋，丙因登记而取得房屋的所有权。但甲的行为显然有违诚信原则，系不正当行使其权利。乙可以通过诉讼请求人民法院确认甲与丙之间的买卖合同因违反诚信原则，损害其权利而无效。

2. 权利滥用的禁止

权利的实质是自由，但自由均有其限度。权利的行使亦有其边界，越过边界便不再是自由，而是对自由的破坏。所谓权利滥用就是因权利的行使而损害社会公共利益或者他人合法权益的行为。

构成权利滥用，应当符合下列条件。

第一，权利滥用的前提是权利人享有权利。如果行为人不现实地享有某些民事权利，便不会构成滥用权利。如无合同关系而请求他人为给付义务，不是滥用权利，因其无债权行使的前提。但超过合同约定的数量而请求对方为给付，则构成权利的滥用。

第二，权利滥用须有损害社会公共利益或者他人合法权益的后果。权利滥用与权利的浪费、闲置、抛弃等低效益、无效益或者不利己的使用是不同的。权利人可以最大限度地发挥权利带来的积极效益，享受其利益，但也可以束之高阁，弃之不用。只要不损害社会公共利益或者他人合法权益，就不受法律管束，不构成权利的滥用。例如，房屋的所有权人可以将其房屋闲置；人身权人享有身体健康权，但若无视自己的健康而通宵达旦进行写作或玩游戏，则均属于个人的私事，与权利滥用无涉。

第三，权利滥用须有主观上的过错。滥用权利通常以故意为主观心理状态，但也包括过失，不以故意为限。例如，甲于深夜在自己家中弹奏钢琴，以为墙壁隔音效果佳，不至于影响邻人，但实际上邻人因此而彻夜难眠。甲主观上为过失，仍构成权利滥用。

3. 公共利益与公序良俗的限制

权利行使不得损害社会公共利益和公序良俗，否则构成权利滥用。个人行为常与社会公共利益密切相关，若不谨慎行使，则有害及公共利益之危。比如酒后驾车不仅是对自己生命权的漠视，而且是对他人生命权和财产权的漠视，严重危及公共利益。此类行为尽管也可以分别依据交通安全方面的法律和环境保护方面的法律予以惩处，但从私法角度，已经构成权利滥用。再比如，明知借款人借款是为了赌博而仍将金钱借给借款人，尽管出借人有出借款项的权利，却有违公序良俗，构成权利滥用。

由于公共利益和公序良俗属于弹性极大的原则性条款，对公共利益和公序良俗的理解和把握，应当采取审慎和严格的标准。例如甲在自己房屋的卧室内观看内容不健康的影像节目。此行为并不害及公共利益，也不损害公序良俗，更不构成权利滥用。

4. 时效制度的限制

时效制度是指一定的事实状态持续达到一定期间就发生一定的法律效果的制度。

时效的种类包括诉讼时效和取得时效。诉讼时效是指权利的不行使状态持续地达到法定期间就使义务人发生抗辩权的制度。例如，诉讼时效期间经过后，债务人就可以行使不履行抗辩权。取得时效是指占有他人的物持续地达到一定期间，占有人就取得该物所有权的制度。

时效制度的实质在于对权利不行使的限制，目的在于促使当事人积极行使其依法享有的权利。

5. 除斥期间的限制

除斥期间是指形成权在该期间内不行使即告消灭的制度。该期间的特征是它是绝对的，不因任何原因而发生中断、中止和延长。《民法典》第152条第2款规定，当事人自民事法律行为发生之日起五年内没有行使撤销权的，撤销权消灭。

除斥期间的具体期间都有专门的法律进行专门的规定。

第五节　民事权利的保护

民事主体享有的民事权利可能受到他人的侵害，需要通过法律手段予以保护。民法、行政法、刑法各以不同的方法对民事权利进行保护。这里讲的民事权利的保护是指用民事保护的法律方法，防止权利受到侵害或者使受到侵害的权利得到恢复。

民事权利的保护方法分为自力救济和公力救济两种。

一、民事权利的自力救济

民事权利的自力救济是指民事权利受到侵害时,权利人在法律规定的限度内自己采取必要的措施,保护其权利。

广义的自力救济包括自力请求、正当防卫、紧急避险和自助行为,狭义的自力救济则仅指自助行为。自力救济在民法理论上属权利保护制度的范畴。从消极的角度运用,自力救济是侵权损害赔偿责任的抗辩事由之一;从积极的角度运用,自力救济是直观性的、对抗性的自我保护方法。自力救济,尤其是自助行为,系对抗性极强的手段。若任其滥用,则有引致社会秩序紊乱之虞,故须有相应的条件约束。

自力救济一般包括四种类型:自力请求、正当防卫、紧急避险、自助行为。

1. 自力请求

自力请求是指当民事权利受到侵害时,由受侵害的权利人直接以书面或者口头形式,向相对人提出权利请求,要求相对人作出停止侵害、排除妨害、消除影响、返还原物、赔偿损失等行为。

自力请求是自力救济的最初手段,是民事权利保护的最简易也最普遍适用的方法。自力请求可由权利人以口头或书面形式向侵害人提出。自力请求程序发动以后,一般产生两种法律后果。一是行为人同意并满足权利人的请求,实现自力请求的法律效果,民事权利得到保护。如采取行动停止侵害,或排除妨害,或消除影响,或返还原物,或赔偿损失,或履行义务。二是行为人拒绝权利人的自力请求。在此情形下,权利人可以寻求公力救济。若符合自助行为的条件,权利人还可以采取自助行为。

2. 正当防卫

正当防卫是指为了使国家利益、社会公共利益、本人或者他人的人身权利、财产权利以及其他合法权益免受正在进行的不法侵害,而针对实施侵害行为的人采取的制止不法侵害的行为。

正当防卫的构成要件如下。

第一,防卫的目的是保护国家、社会、本人或者他人的合法权益。正当防卫具有保护合法权益的目的性,即为了保护本人或他人的合法权益,而不是为了侵害他人的合法权益。

第二，以不法侵害行为的存在为前提。只有在不法侵害真实发生的情况下，才能实施正当防卫。不法侵害既可能是针对人身，也可能是针对财产。

第三，必须针对不法侵害且是正在进行的不法侵害，不得先发制人或者事后报复。

第四，防卫行为必须针对侵害者本人实施。正当防卫的目的在于排除和制止不法侵害，故只能针对不法行为人本人进行，而不能针对第三人实施。

第五，防卫行为具有必要性且不超过必要限度。防卫是为了有效地制止不法侵害行为，因此只要是为了制止侵害所必需的，就应该认定为在必要限度内；如果超过了必要限度，则可能构成侵权行为，应承担相应的法律责任。

3. 紧急避险

紧急避险是指为了使国家利益、社会公共利益、本人或者他人的人身权利、财产权利以及其他合法权益免受正在发生的急迫危险，不得已而采取紧急措施的行为。

紧急避险的构成要件如下。

第一，紧急避险的目的是使国家、社会公共利益或者自己、他人的合法权益免受紧迫的危险。但是，对于正当合法行为不允许避险，紧急避险原则上也不适用于职务上、业务上有特定责任的人。

第二，紧急避险以有危险需要避免为前提。该危险来自自然力量的危险（如地震、风暴、海啸等）、动物侵袭的危险、人的危害社会行为的危险、人的生理或病理原因的危险（如为了救闷在车内的孩子而故意砸破车窗）等。

第三，紧急避险是在情势紧急的情况下不得已实施的损害另一法益的行为。所谓情势紧急，是指危险具有紧迫性和现实性，是正在发生的危险，是紧迫危险。紧急避险行为所要保护的往往是生命、健康、身体等物质性人身权益和财产权益，而不包括名誉、隐私等非物质性人身权益。

第四，紧急避险损害的是无辜第三者的利益。第三者的利益，既包括个人的利益，也包括公共利益、社会利益、国家利益。

第五，紧急避险人应当采用适当的方法在必要限度内实施避险行为，没有造成不应有的损害。原则上，所造成的损害不超过所避免的损害，并且，所造成的损害也只是足以排除危险所必需的限度。

4. 自助行为

自助行为是指权利人为保护自己的权利，在情事紧迫的情况下，对于他人的财产施加扣押或对他人的人身自由实施限制等措施，而为社会公德和法律所认可的行为。例如，行为人自行将停放于自己家门口的他人车辆予以挪移，自行将擅自建筑于自己土地上的他人非法建筑予以拆除等。

自助行为是民事权利自力救济中最激烈和对抗性最强的方法，必须符合以下条件。

第一，须为保护自己的合法民事权利不受损害。民事权利已受到现实的妨害，权利人为保护自己的权利不受此种妨害而实施自救。自力救济的目的在于保护自己的正当民事权利。

第二，须以合理的方式实施自救。民事权利受到侵犯时，实施自力救济的方式因权利的类型不同而应有所不同。如旅客拒绝支付房租，旅店可以对旅客的行李加以扣留。

第三，须不得超过必要的限度。必要的限度应当以能排除对权利的侵害和恢复权利的正常状态为标准。例如，对侵入自己土地的他人树枝予以修剪，应当剪除影响物权人采光、通风、瞭望之部分树枝即可，不得反越界侵入他人土地而剪除其余树枝。

第四，须以实施侵害人之财产为救济行为之对象。民事权利受到侵害时，权利人原则上不得为救济自己的权利而限制行为人的人身自由。只能对行为人的侵害行为予以制止，或者对其财产采取措施。对于行为人的财产采取措施时，不得对侵害人以外的其他人的财产实施自力救济，也不得对与侵害事实无关的侵害人的其他财产实施自力救济。

只有在极特殊的情况下，自助行为方可针对行为人的人身自由。例如，顾客在餐馆用餐后未付款便欲离去，餐馆如不及时采取救助措施，以后将无法找到该顾客。这种情况下，餐馆可以暂时对该顾客实施扣押，但应同时采取其他措施，如通知该顾客的亲属或者相关部门，尽早地解除扣押。

因自助行为而给行为人的财产造成损失的，权利人可以援引自助行为是合法的行为，属于免责的正当理由进行抗辩。

二、民事权利的公力救济

（一）民事权利公力救济的含义

民事权利受有侵害时，若通过自力救济不能得到相应的保护效果，权利人可以寻求公力救济的方式。

所谓民事权利的公力救济，即民事权利的国家保护，是指民事权利受到侵害时，由权利人向人民法院提起诉讼，由人民法院通过诉讼程序，以国家强制力对民事权利实施保护。概言之，公力救济是指私权受侵害者对于国家有保护请求权。如物权请求权的公力救济，即由遭受侵害的物权人向人民法院提出诉讼请求，寻求保护的制度。

（二）民事权利公力救济的途径

对民事权利进行公力救济的途径包括提起民事诉讼、申请强制执行和提起行政诉讼三种方式。

1. 民事诉讼的保护方法

民事诉讼是人民法院在诉讼当事人及其他参与人的参加下，解决民事纠纷案件的活动和由此而产生的关系。民事诉讼依当事人请求的目的和内容的不同，可以分为确认之诉、给付之诉和变更之诉三种。

确认之诉是指原告请求人民法院确认其与被告之间存在或不存在某种法律关系，或者确认其享有某种民事权利的诉讼。

给付之诉是指原告请求人民法院判决被告履行一定给付义务的诉讼。给付义务一般为积极的作为义务，如支付货款、返还出租物、交付工作成果等。给付之诉在司法实践中是运用最多的诉讼种类。

变更之诉也称形成之诉，是指原告要求变更或者消灭他与被告之间的一定法律关系的诉讼。其特点是当事人双方对现存的法律关系没有争议，但是对是否要变更以及如何变更这种法律关系存在争议。如离婚诉讼、解除合同的诉讼等。

民事诉讼是最普遍也是最重要的民事权利公力救济的方式。

2. 申请强制执行的保护方法

强制执行是指人民法院的执行组织依据法定的程序对发生法律效力的法律文书确定的给付内容，以国家的强制力作为后盾，依法采取强制措施，迫使义务人履行义务的行为。

启动执行程序需要具备三项条件：① 须有据以执行的已生效的法律文书；② 法律文书具有给付内容；③ 负有给付义务的人拒绝履行义务。

强制执行的保护方法具有以下特征。

第一，执行程序是相对独立的程序。执行程序有其特有的功能和任务，尤其是执行程序并非审判程序的必然延续。经过审判程序审理的案件并不必然地要经过执行程序而发动执行程序。狭义的或者严格意义上的民事诉讼程序，仅指审理程序，而不包括执行程序。

第二，据以执行的法律文书包括由人民法院作出的生效判决、裁定、调解书和支付令，还包括其他能够作为执行依据的法律文书，如公证机关赋予强制执行效力的债权文书、仲裁机构制作的仲裁裁决书。

第三，执行程序是独立于诉讼程序以外，而且能够使民事权利得以最终实现的公力救济措施。权利人在采取民事诉讼的公力救济方式后，如果义务人拒不执行生效的判决、裁定、调解书和支付令，则此时权利人的民事权利仍未得到最终的实现。权利人欲使权利得到最终的实现，还需要通过强制执行程序。

3. 行政诉讼的保护方法

行政诉讼是指人民法院在行政争议当事人和其他诉讼主体的参与下，通过司法程序解决行政争议所进行的诉讼行为和诉讼关系的总称。

行政争议是行政诉讼产生的前提。所谓行政争议是指民事主体同国家行政机关之间就具体行政行为的合法性发生的纠纷。《行政诉讼法》第12条规定了人民法院受理行政案件的种类。其中对行政机关侵犯公民、法人或者其他组织人身权和财产权的具体行政行为，公民、法人或者其他组织都可以提起行政诉讼。例如，行政机关作出的对公民、法人或者其他组织的财产予以查封、扣押的强制措施有可能造成权利人财产权的妨害，行政机关作出的行政拘留强制措施有可能侵犯民事主体的人身权。当民事主体的民事权利遭受此类侵害时，权利人可以依法提起行政诉讼，一方面是行使《行政诉讼法》规定的诉讼权利的体现，另一方面是以公力救济的方式保护民事权利的体现。

引例分析

（1）侵犯了甲的姓名权和肖像权。《民法典》总则编第110条规定，自然人享有姓名权、肖像权。姓名权是自然人依法享有的决定、使用、变更自己的姓名并要求他人尊重自己姓名的一种人格权利。肖像权是自然人享有的以自己肖像上所体现的人格权利为内容的一种人格权。自然人有权禁止他人在未经本人同意的情况下非法使用自己的肖像权。

案例中，甲为知名篮球运动员，有良好的社会形象和社会知名度。乙公司使用甲的姓名和肖像进行宣传，未取得甲的同意，并擅自将甲的姓名和肖像及包含甲姓名的"甲一代"作为商业标识进行使用，侵犯了甲的姓名权、肖像权。

（2）甲有权要求乙公司：① 停止侵害。乙公司不得将甲的姓名与肖像用于宣传，也不得将其作为商业标识使用。② 赔偿财产损失。因非法使用甲的姓名和肖像造成甲经济损失的，乙公司应当承担损害赔偿责任。③ 如果非法使用造成对甲的不良影响时，甲还有权要求乙公司承担消除影响和恢复名誉的民事责任。

每章一练

一、单项选择题

1. 甲和乙签订了一份合同。双方在合同中就合同履行的先后顺序进行了约定。约定的内容之一是甲要先履行，而后乙才履行。甲在自己还没有履行的情况下就请求乙履行。乙予以拒绝。这时乙所行使的权利是（　　）。

   A. 请求权

   B. 绝对权

   C. 形成权

   D. 抗辩权

2. 支配权、请求权、形成权和抗辩权的民事权利区分标准是（　　）。

   A. 民事权利的作用

   B. 民事权利的内容

   C. 民事权利的相互关系

   D. 民事权利的保护方法

3. 关于民事权利，下列选项正确的是（　　）。

   A. 抵销权属抗辩权

   B. 权利的行使不都是事实行为

   C. 支配权的客体只能是物

   D. 请求权基于基础权利受侵害而发生

4. 甲被乙家的狗咬伤，要求乙赔偿医药费，乙认为甲被狗咬与自己无关，拒绝赔偿。下列选项正确的是（　　）。

   A. 甲乙之间的赔偿关系属于民法所调整的人身关系

   B. 甲请求乙赔偿的权利属于绝对权

   C. 甲请求乙赔偿的权利适用诉讼时效

   D. 乙拒绝赔偿是行使抗辩权

5. 构成对生命权的侵犯的情形是（   ）

   A. 甲女视其长发如生命，被情敌乙尽数剪去

   B. 丙应丁要求，协助丁完成自杀行为

   C. 戊为报复欲置己于死地，结果将己打成重伤

   D. 庚医师因误诊致辛出生即残疾，辛认为庚应对自己的错误出生负责

二、多项选择题

1. 民事主体所享有的形成权包括（   ）。

   A. 追认权

   B. 免除权

   C. 撤销权

   D. 解除权

2. 下列各项中，民事主体合法取得民事权利的是（   ）。

   A. 甲在山坡上采了一束野花

   B. 乙把捡到的饮料瓶卖给废品回收站

   C. 市政府因修建地铁征收丙单位的二层办公楼

   D. 法院判决丁和戊离婚后，其共有房屋一套归丁所有

3. 属于自力救济的是（   ）。

   A. 请求赔偿

   B. 正当防卫

   C. 自助行为

   D. 紧急避险

4. 行为人的下列行为中，属于行使形成权的是（   ）。

   A. 被代理人对越权代理进行追认

   B. 监护人对限制民事行为能力人纯获利益的合同进行追认

   C. 受遗赠人于知道受赠的期限内未作受赠的意思表示

   D. 承租人擅自转租，出租人作出解除合同的意思表示

5. 王某与李某签订合同，由王某把自己家的一台冰箱出售给李某，并约定先付款后交货。现李某已经按照合同的要求支付货款，王某交付冰箱的履行期已到，则李某对王某享有的权利是（   ）。

   A. 绝对权

   B. 相对权

   C. 既得权

   D. 期待权

三、判断题

1. 债权请求权具有排他性。　　　　　　　　　　　　　　　　　　　（　　）
2. 某地洪水泛滥,甲为了抢救邻居家行动不便的孕妇而擅自使用了乙的小船,甲的行为构成紧急避险。　　　　　　　　　　　　　　　　　（　　）
3. 在民事权利的保护方式中,正当防卫属于公力救济。　　　　　　　（　　）
4. 个人信息权是我国《民法典》新确立的一种民事权利。　　　　　　（　　）

四、名词解释

1. 民事权利
2. 支配权
3. 请求权
4. 形成权
5. 抗辩权
6. 自助行为

五、简答题

1. 民事权利的特征有哪些?
2. 简述以民事权利的内容为标准进行的分类。
3. 民事权利的取得方式有哪些?
4. 民事权利的自力救济途径有哪些?

六、论述题

1. 论民事权利的行使。
2. 论民事权利中的请求权。

七、案例分析题

1. 某公司法定代表人甲在某市乙餐厅就餐后,因着急赶去参加一场市政府举办的招商引资洽谈会,在未结清饭钱的情况下就要离开餐厅。乙餐厅的服务员丙见状,遂拦住甲,不让甲离去,并及时打了报警电话。甲却对丙说:"你们这是限制我的人身自由,我要告你们餐厅。若耽误了我参加洽谈会,你们餐厅要赔偿我们公司的损失。"
对乙餐厅服务员丙阻止甲离开餐厅的行为应当如何定性?

2. 王某毕业要去外地工作，将自己所有行李包括贴身生活用品、私密照片及一台电脑等装箱交给甲快递公司运送。王某在箱外贴了"私人物品，严禁打开"的字条。几天后，王某到外地收到快递后察觉有异，经查实发现，甲公司快递员曾翻看箱内物品，并打碎了电脑屏幕。

试分析：

(1) 甲公司侵犯了王某的何种权利？

(2) 甲公司应该承担何种赔偿责任？

第六章

民事法律行为

◆ 知识体系图

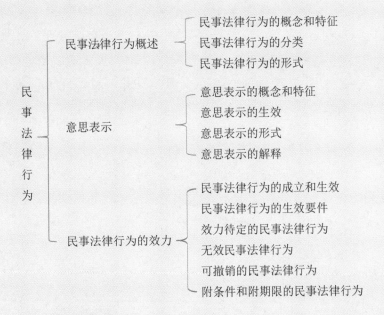

◆ **学习目标**

掌握民事法律行为的概念和特征；学会区分民事法律行为的类别；熟知民事法律行为的形式；理解意思表示的含义及意思表示的生效；重点掌握民事法律行为的成立、生效以及四种效力形态，学会区分无效的、可撤销的以及效力待定的民事法律行为；理解附条件和附期限的民事法律行为的区别。能够运用所学知识判断民事法律行为是否成立、是否生效、效力形态如何，以及法律后果等；能处理简单的民事案件。

◆ **本章引例**

甲公司是一家专门经营粮油销售的企业，张某是甲公司采购部门经理。某日，甲公司指派张某到乙公司采购1000吨某品牌的泰国香米，授权书中明确记载了所购大米的品牌、产地及品质要求。张某到乙公司后发现，乙公司的泰国香米质量不佳，但另一品牌的五常大米质量上乘，遂自作主张以甲公司的名义与乙公司签订了1000吨五常大米的买卖合同。张某在合同中注明："需回去请示公司领导，若过了30天还不与乙公司接洽，就算了。"至最后一天，甲公司派人带钱去乙公司取货。但乙公司在第25天时已将所有的五常大米出售。

问：

（1）张某以甲公司的名义与乙公司订立的合同属于什么性质的合同？

（2）在甲公司追认之前，乙公司可否申请撤销该合同？

（3）合同中约定的"30天"属于附期限吗？该合同何时生效？

第一节 民事法律行为概述

一、民事法律行为的概念和特征

（一）民事法律行为的概念

《民法典》第133条规定："民事法律行为是民事主体通过意思表示设立、变更、终止民事法律关系的行为。"该条对民事法律行为作出了规定。

民事法律行为，是指民事主体通过意思表示设立、变更、终止民事法律关系的行为。换言之，是以意思表示为核心、能够产生当事人预期的法律效果的行为。作为民法的重要调整手段，民事法律行为制度通过赋予当事人自由意志以法律效力，使当事人能够自主安排自己的事务，从而实现了民法主要作为任意法的功能。因此，民事法律行为是民法中最为核心的制度之一。

（二）民事法律行为的特征

1. 民事法律行为是民事主体实施的，以设立、变更、终止民事法律关系为目的的行为

民事法律行为作为一种法律事实，是由当事人实施的、能够产生一定法律效果的行为。也就是说，一方面，民事法律行为必须是由民事主体实施的行为，非民事主体实施的行为，如法院的判决和仲裁机构的裁决虽然也能够发生法律后果，但不是民事法律行为。另一方面，民事法律行为应当产生一定的法律效果，即民事权利义务关系的设立、变更和终止。无论当事人从事民事法律行为旨在达到何种目的，只要当事人达成的民事法律行为依法成立并生效，就会对当事人产生法律效力，当事人也必须依照民事法律行为的规定享有权利和履行义务。

值得注意的是，产生法律效果的民事法律行为既可能是合法的，也可能是非法的。能够产生法律效果的民事法律行为并不限于合法行为，非法的行为也可能发生法律效果。

例：自然人甲在某医院脑科接受了右侧椎动脉支架植入术，术前双方协商一致，植入A公司生产的某型号支架，该支架的价格比其他

公司生产的同类型支架价格高出 1000 元以上。某医院医生乙为了牟利，以 B 公司生产的同类型支架冒充 A 公司产品，植入甲体内。甲获得了良好的治疗效果，但在出院时了解到上述情况。

该案中，医生以 B 公司产品假冒 A 公司产品的行为构成欺诈，属于非法行为。因欺诈或胁迫订立的合同产生可撤销的法律效果，但也可在不损害国家利益和他人合法利益的前提下，因当事人自愿接受而使其有效。

2. 民事法律行为是通过意思表示而实施的行为

意思表示是民事法律行为制度的精华所在。所谓意思表示，是指民事主体向外部表明意欲发生一定私法上效果的意思的行为。民事法律行为都是通过意思表示作出的，即表意人将其内心意思表示于外，为他人所知晓。如果民事法律行为能够产生主体预期的后果，按照当事人的意愿安排他们之间的利益关系，当事人必须能够自主作出意思表示，而且这种意思表示能够依法在当事人之间产生拘束力，这也是民事法律行为与事实行为的根本区别。在一些事实行为中，虽然当事人也可能对其行为后果有一定的意思，而且也表达于外，但由于其不符合民事法律行为的本质要求而不能发生相应的法律拘束力，其法律后果是由法律直接规定的，这与民事法律行为中依据当事人的意思而产生相应的法律效果存在本质区别。事实行为并不以意思表示为要件。

3. 民事法律行为是能够产生当事人预期的法律效果的行为

民事法律行为能够产生当事人预期的法律效果，主要包含以下三个方面的含义。第一，民事法律行为作为引起法律关系变动的原因，不仅导致民事法律关系的产生，而且可以成为民事法律关系变更和终止的原因。民事法律行为在性质上属于民事法律事实，其可能导致民事法律关系的产生、变更或者消灭。无论当事人从事民事法律行为旨在达到何种目的，只要当事人实施的民事法律行为依法成立并生效，就会对当事人产生法律效力，当事人也必须依照法律行为的规定享有权利和履行义务。第二，民事法律行为并不是可以产生任何法律上的效果，而仅仅是可以产生私法上的效果。所谓私法上的效果，即导致民事法律关系的产生、变更和消灭。第三，民事法律行为不仅能产生私法上的效果，而且能够产生当事人所预期的法律效果。简而言之，民事法律行为即旨在引起法律效果的行为。民事法律行为能够产生当事人预期的法律效果，这也是民事法律行为与事实行为的重要区别。也正是因为这一原因，民事法律行为成为民事主体私法自治的重要工具。在某些特殊情形下，民事法律行为还可能产生当事人意思之外的一些法律效果。例如，当事人订立了合法有效的合同，除了发生当事人所追求的效果外，还可能产生相关的附随义务。当然，如果民事法律行为违法或违反公序良俗，则可能难以产生当事人所预期的法律效果。

由此可见，民事法律行为是民事主体实施的，以意思表示为要素，且能够产生当事人预期效果的行为。民事法律行为制度体现了私法自治的基本精神，即在一般情况下，只要当事人的意思表示符合法定的条件，就可以实现当事人的目的，依法发生当事人所期望的法律后果。这也是民事法律行为与事实行为的重要区别。

二、民事法律行为的分类

（一）单方法律行为、双方法律行为与共同法律行为

《民法典》第134条第1款规定："民事法律行为可以基于双方或者多方的意思表示一致成立，也可以基于单方的意思表示成立。"据此，民事法律行为可以分为单方法律行为、双方法律行为、共同法律行为。

所谓单方法律行为，是指根据一方的意思表示就能够成立的行为。换言之，是指某个人依据其意志而从事的能够发生法律效果的行为。单方法律行为大体上可以分为两种：一是因行使个人权利而实施的单方行为，而该行为仅仅发生个人的权利变动，如无主物先占、抛弃所有权和其他物权等。二是该行为涉及他人权利的发生、变更或消灭等，如授予代理权、授予处分权、立遗嘱和抛弃继承、委托代理的撤销，以及行使解除合同权、选择权等。

所谓双方法律行为是指双方当事人意思表示一致才能成立的法律行为。双方法律行为的典型形式是合同。合同是平等主体的自然人、法人和非法人组织之间设立、变更、终止民事权利义务关系的协议。也就是说，合同是一种发生民法上效果的合意。合同的成立必须要有两个或两个以上的当事人，各方当事人须互相作出意思表示。当事人各自从追求自身的利益出发而作出意思表示，双方的意思表示是交互的，才能成立合同。

所谓共同法律行为，又称为多方法律行为，是基于两个或两个以上共同的意思表示一致而成立的法律行为，例如设立公司的章程行为、合伙合同。多方法律行为和双方法律行的区别在于：一方面，在实施多方法律行为时，当事人所追求的利益是共同的，其通常要依据法律规定和合同约定共享收益、共担后果。而在双方法律行为中，当人的利益是相对的。另一方面，在实施共同法律行为时，共同的意思表示的达成有可能需要遵循一定的程序，而双方法律行为

一般不适用此种程序。例如，订立章程要遵守一些订立章程的规则、程序，这不宜完全适用《民法典》合同编的规定。再如，业主订立管理规约，也要遵守一定的表决程序。

（二）一般民事法律行为与决议行为

《民法典》第134条第2款规定："法人、非法人组织依照法律或者章程规定的议事方式和表决程序作出决议的，该决议行为成立。"该条对决议行为作出了规定。应当说，决议行为与一般的民事法律行为一样，都是意思表示的产物，但《民法典》专门对决议行为作出规定，表明其与一般民事法律行为存在一定的区别，此种区别主要体现为：

首先，主体不同。决议行为是法人和非法人组织及其内部所作出的决议，原则上只适用于法人或者非法人组织的内部决议事项，其并不适用于单个自然人。而一般民事法律行为既可以是自然人，也可以是法人或非法人组织所实施的行为。

其次，生效条件不同。决议行为是法人、非法人组织依照法律或者章程规定的议事方式和表决程序作出决议。也就是说，决议行为可能直接依据章程作出决定，例如，公司根据章程决定法定代表人的权限等，但章程制定本身应当是共同行为。通常民事法律行为只对实施法律行为的人具有拘束力，但根据合伙合同或法人、非法人组织的章程，一旦决议以规定的方式作出，它对未参与决议的人也具有约束力。

最后，是否需要按照一定的程序表决不同。民事法律行为一般不需要按照一定程序实施，但决议行为需要按照法定或者约定的程序作出。对决议行为而言，其主要实行多数决规则，只要是按照程序作出了决定，则成员不论是否参与或者同意该决议，该决议对其都是有效的。

决议行为与民事法律行为之间也存在一定的联系，即二者都需要主体作出一定的意思表示。不论是民事法律行为，还是决议行为，都需要主体以意思表示的方式作出，因此，有关意思表示的规则，一般也都可以适用于决议行为。例如，有关欺诈、胁迫等意思表示瑕疵规则，也应当可以参照适用于决议行为。决议行为也与共同行为不同，共同行为需要当事人意思表示一致，而决议行为可能实行多数决，并不当然需要当事人意思表示一致。

（三）有偿法律行为与无偿法律行为

根据当事人是否需要进行互为对价的给付，法律行为可以分为有偿法律行为与无偿法律行为。

所谓有偿法律行为，是指一方通过履行法律行为规定的义务而给付对方某种利益，对方要得到该利益必须为一定给付的法律行为。有偿法律行为是财产交易中最典型的法律形式。

所谓无偿法律行为，是指一方给付对方某种利益，对方取得该利益时并不需要为对待给付的法律行为。例如，赠与属于典型的无偿法律行为。无偿法律行为并不是反映交易关系的典型形式，而是等价有偿原则在适用中的例外现象。在无偿法律行为中，一方当事人也要承担义务，如借用人无偿借用他人物品，还负有正当使用和按期返还的义务。

有偿法律行为与无偿法律行为的区分意义，首先在于确定某些法律行为的性质。许多法律行为如果要由有偿变为无偿，或者相反，法律关系在性质上就要发生根本变化。其次，在无偿法律行为中，单纯给予利益的一方原则上只应承担较低的注意义务，如无偿保管合同中，保管人只在故意或重大过失的情况下，才对保管物的毁损、灭失承担责任；而在有偿法律行为中，当事人所承担的注意义务显然要更重。再次，主体要求不同。实施有偿法律行为的当事人原则上应具备完全民事行为能力，而限制民事行为能力人非经其法定代理人的同意，不能实施较为重大的有偿法律行为；但对于一些纯获法律上利益的无偿法律行为，限制民事行为能力人和无民事行为能力人即使未取得法定代理人的同意也可以实施。最后，法律的适用不同。仅就合同关系来说，如果当事人订立的合同是非典型合同，而该合同在性质上又是有偿法律行为，则依据《民法典》第646条的规定，"法律对其他有偿合同有规定的，依照其规定；没有规定的，参照适用买卖合同的有关规定"。但如果当事人订立的合同是无偿合同，则不适用这一规定。

（四）诺成法律行为与实践法律行为

所谓诺成法律行为，是指当事人一方的意思表示一旦经对方同意即能产生法律效果的法律行为，即"一诺即成"的行为。此种法律行为的特点在于当事人双方意思表示一致，法律行为即告成立。

所谓实践法律行为，又称要物法律行为，是指除当事人双方意思表示一致以外，还需交付标的物才能成立的法律行为。在这种行为中，仅凭双方当事人的意思表示一致，不能产生一定的权利义务关系，还必须有一方实际交付标的物的行为，才能产生法律效果。例如，《民法典》第890条规定："保管合同自保管物交付时生效。"再如，《民法典》第679条规定："自然人之间的借款合同，自贷款人提供借款时生效，但是当事人另有约定的除外。"在合同法领域，由于绝大多数合同都从双方形成合意时成立，因而诺成合同是合同的一般形式；而实践合同则必须要有法律的特别规定，实践合同是特殊合同。

诺成法律行为与实践法律行为的区别，并不在于一方是否应交付标的物。就大量的诺成法律行为来说，一方当事人根据合同约定也负有交付标的物的义务，例如，买卖合同中的出卖人，有向买受人交付标的物的义务。诺成法律行为与实践法律行为的主要区别在于，二者的成立与生效时间是不同的。诺成法律行为自双方当事人意思表示一致（即达成合意）时起即告成立；而对实践法律行为而言，在当事人达成合意之后，还必须由当事人交付标的物，该法律行为才能成立。诺成法律行为与实践法律行为的确定，通常应根据法律的规定及交易习惯而定。例如根据传统民法，买卖、租赁、雇佣、承揽、委托等属于诺成法律行为，而借用、保管、运送等属于实践法律行为。然而，此种分类并非绝对不变。在《民法典》合同编中，诺成合同是一般的合同，在法律没有特别规定的情况下，合同一般都为诺成法律行为。

（五）要式法律行为与不要式法律行为

根据法律行为是否应以一定的形式为要件，法律行为可分为要式法律行为与不要式法律行为。

所谓要式法律行为，是指应当根据法律规定或当事人约定的方式而实施的法律行为。对于一些重要的交易，法律常常要求当事人必须采取特定的方式实施法律行为。例如，中外合资经营企业合同，只有获得批准时，合同才能成立或生效。

所谓不要式法律行为，是指当事人实施的法律行为依法并不需要采取特定的形式，当事人可以采取口头方式、书面形式或其他形式。除法律有特别规定以外，合同均为不要式法律行为。

要式法律行为与不要式法律行为的区别在于是否应以一定的形式作为法律行为成立或生效的条件。对某些特殊法律行为而言，法律为避免纠纷的发生、维护交易的安全与秩序，特别规定书面形式是其成立或生效的要件。例如，保证合同必须采取书面形式。有关书面形式的效力问题，必须要根据法律对某类法律行为书面形式的要求，以及在该要求中所体现的效力规定来具体确定。

（六）主法律行为与从法律行为

根据法律行为相互间的主从关系，法律行为可以分为主法律行为与从法律行为。

所谓主法律行为，是指不需要其他法律行为的存在即可独立存在的法律行为。例如，对于保证合同来说，设立主债务的合同就是主法律行为。

所谓从法律行为，是以其他法律行为的存在为前提的法律行为。例如，保证合同相对于主债务合同而言即为从法律行为。从法律行为又被称为附属法律行为，主要特点在于其附属性，即它必须以主法律行为的存在为前提。具体表现为：

第一，发生上的依附性。从法律行为是以主法律行为的存在为前提的，只有在主法律行为有效成立以后，才能成立从法律行为。

第二，效力上的从属性。主法律行为不能成立，从法律行为就不能有效成立；主法律行为被宣告无效或被撤销，从法律行为也将失去效力。

第三，转让上的从属性。这就是说，主法律行为转让，从法律行为也不能单独存在，从法律行为的权利必须依附于主法律行为而转让。

第四，消灭上的从属性。从法律行为除了具有自己的消灭原因外，它一般都是为了加强主法律行为的效力而存在的，因此，主法律行为消灭，从法律行为亦应当随之消灭。

（七）独立法律行为与辅助法律行为

所谓独立法律行为，是指具有独立的、实质内容的法律行为，凡是具有完全民事行为能力的人所实施的民事法律行为，都是独立的法律行为。

所谓辅助法律行为，是指行为人的意思表示本身并没有独立的、实质的内容，只是作为其他法律行为效力完成的条件而存在的法律行为。例如，法定代理人对于限制民事行为能力人的意思表示所作出的同意表示，就属于辅助法律行为。

（八）有因行为与无因行为

根据民事法律行为是否以原因的存在为有效要件，民事法律行为可以区分为有因行为与无因行为。

所谓有因行为，是以原因的存在为有效要件的行为。绝大多数民事法律行为都是有因行为。所谓原因，是指法律行为的目的，例如买卖的原因，在买方以取得一物的所有权为目的，在卖方则以取得价金为目的。所谓无因行为，又称为不要因行为，是指不以原因行为的存在为有效要件的行为。例如，票据行为中汇票的出票，不受买卖等基础的法律关系效力的影响。

区分有因行为与无因行为的意义主要在于，在民事法律行为中将无因行为抽象出来，由于无因行为不考虑其交易目的，因而对于保护交易安全具有重要的作用。但有因行为与无因行为的问题，只限于财产法上的行为，身份行为不存在此种区分。

三、民事法律行为的形式

（一）民事法律行为的形式概述

所谓民事法律行为的形式，又称为民事法律行为的成立方式，即当事人意思表示的外在表现形式。《民法典》第135条规定："民事法律行为可以采用书面形式、口头形式或者其他形式；法律、行政法规规定或者当事人约定采用特定形式的，应当采用特定形式。"该条对民事法律行为的形式作出了规定。依据该条规定，民事法律行为的形式包括两方面。一是法律规定的形式，如对一些特殊的合同而言，法律规定应该办理登记或审批手续，从而符合法律规定的形式要件的要求。二是当事人约定的形式，如当事人约定采用书面形式达成协议。民事法律行为的形式是当事人意思表示的载体，即当事人意思表示的表现形式。

（二）民事法律行为的具体形式

1. 书面形式

所谓书面形式，是指以文字等可以再现民事法律行为内容的形式。书面形式主要是指合同书、信件、电报、电传、传真等，还包括微信、QQ等网络通信手段。依据《民法典》第469条第3款的规定，"以电子数据交换、电子邮件等方式能够有形地表现所载内容，并可以随时调取查用的数据电文，视为书面形式"。

将数据电文纳入书面形式范畴，符合世界各国商业发展与立法的趋势，可与国际电子商务的立法与实务相衔接，也有利于促进电子商务的发展。可见，书面形式的种类十分广泛，只要能够再现当事人意思表示内容的形式，都有可能成为书面形式。

民事法律行为的书面形式可以分为约定的书面形式和法定的书面形式。约定的书面形式，是指当事人约定实施民事法律行为必须采用书面形式。在当事人约定采用书面形式实施民事法律行为时，书面形式的达成对于判断民事法律行为的成立具有重要意义。法定的书面形式，是指法律、行政法规规定当事人必须以书面形式实施民事法律行为。例如，《民法典》第348条第1款规定："通过招标、拍卖、协议等出让方式设立建设用地使用权的，当事人应当采用书面形式订立建设用地使用权出让合同。"如果当事人没有按照法律、行政法规的规定采用书面形式，则可能影响民事法律行为的有效成立。可见，民事法律行为的书面形式既可以由法律规定，也可以由当事人约定。书面形式有利于准确界定当事人之间的权利义务关系,从而有效减少纠纷。此外,书面形式还有防止欺诈、督促当事人谨慎行为的功能。

2. 口头形式

口头形式是指当事人通过口头对话的方式实施民事法律行为。在社会生活中,口头形式是最普遍采用的合同订立方式,尤其是即时结清的买卖合同和消费合同,大都会采取口头形式订立。口头形式的主要优点在于简便易行、快捷迅速。《民法典》允许当事人采取口头形式实施民事法律行为,既尊重了当事人的合同自由,也有利于鼓励交易。一般来说,凡是当事人没有约定或法律没有规定采用何种形式的民事法律行为,都可以采取口头形式。口头形式固有的缺点是缺乏文字凭据,一旦发生纠纷,可能使当事人面临不能就法律关系的存在以及法律关系的内容作出举证的危险。

3. 其他形式

《民法典》第135条规定了民事法律行为可以采取"其他形式"。其他形式,主要包括推定形式和沉默形式。

推定形式是以有目的、有意识的积极行为表示其意思的形式。根据最高人民法院司法解释的规定,当事人未采用书面形式或者口头形式,但是实施的行为本身表明已经作出相应意思表示,并符合民事法律行为成立条件的,人民法院可以认定为《民法典》第135条规定的采用其他形式实施的民事法律行为。如租赁期限届满后,承租人继续缴纳租金而且出租人接受的行为,可以推定当事人延长了租赁期限。

沉默通常是不作为意思表示的方式,根据《民法典》第140条第2款规定,"沉默只有在有法律规定、当事人约定或者符合当事人之间的交易习惯时,才可以视为意思表示"。由此可见,在特定情况下沉默可以成为民事法律行为的形式。

第二节 意思表示

一、意思表示的概念和特征

民事法律行为是通过意思表示作出的行为,没有意思表示就没有法律行为,意思表示与法律行为密切相关。所谓意思表示,是指民事主体向外部表明意欲发生一定私法上效果的意思的行为。意思表示是法律行为的核心。国家赋予真实、合法的意思表示以法律上的拘束力，因此，民事法律行为才能够产生当事人所追求的私法效果。《民法典》在"民事法律行为"一章中单设"意思表示"一节，对意思表示的规则作出了详细规定，由此可见意思表示在民事法律行为中的地位之重要。

意思表示中的"意思"是指设立、变更、终止民事法律关系的内心意图。所谓"表示"，是指将此种内心意图表示于外部的行为。意思表示具有以下特征：

第一，意思表示的表意人具有旨在使法律关系发生变动的意图，该意图不违反法律的强制性规定和公序良俗，因而发生当事人所预期的效力。从这个意义上说，意思表示是实现意思自治的工具，行为人可以依据自己的主观意志与外界发生法律关系，从而塑造与自身有关的私法秩序，形成民法特殊的调整方法。

第二，意思表示是一个意思由内到外的表示过程。单纯停留在内心的主观意思是没有法律意义的，主观意思必须表示在外，能够为人所知晓。换句话说，意思表示必须要有外在的表示行为。意思表示就其本质而言是一种表示行为。至于表达出来的意思应该如何确定，是应该符合表意人的内心真实意思，还是应该根据相对人理解的内容来确定，这个属于意思表示的解释问题。

第三，依据意思表示是否符合相应的生效要件，法律赋予其不同的效力。符合法定生效要件的意思表示可以发生当事人预期的法律效果，不符合法定生效要件的意思表示发生的法律效果可能与当事人的预期不尽一致。

民事法律行为制度旨在规范当事人意思如何形成、按照社会一般标准如何判断及具备何种效果等问题。民事法律行为是以意思表示为核心的行为，只要当事人的意思不违反法律的强制性规定和公序良俗，就可以发生当事人期望实现的目的。由此可见，法律赋予了当事人广泛的行为自由，充分体现了民法的意思自治。

例：教授甲在某校举办学术讲座时，在学校礼堂外的广告张贴栏中公告了自己一部新著的书名及价格，告知有意购买者可以在门口的签字簿上签名。学生乙因时间紧张，未留意该公告内容，以为签字簿是为签到而设，遂在上面签名。对乙的行为应如何认定？

本案中，学生乙的行为并非意思表示，甲乙之间也并未成立买卖合同。

二、意思表示的生效

（一）有相对人的意思表示的生效

所谓有相对人的意思表示，又称为需要受领的意思表示，它是指向特定相对人作出的意思表示。例如，甲向乙发出要约，就甲所发出的意思表示而言，乙就是该意思表示特定的相对人。所谓意思表示的发出，是指当事人向对特定相对人作出了意思表示，完成了一切为使意思表示生效所必需的行为。在实践中，有特定相对人的意思表示是最为普遍的形式。例如，订立合同、行使形成权等，大多属于有特定相对人的意思表示。

根据意思表示作出的方式，又可以将有特定相对人的意思表示区分为以对话方式作出的意思表示和以非对话方式作出的意思表示，《民法典》第137条对以对话方式作出的意思表示和以非对话方式作出的意思表示的生效规则分别作出了规定。

1. 以对话方式作出的意思表示的生效

所谓以对话方式作出的意思表示，是指当事人直接以对话的形式发出意思表示。例如，当事人面对面地订立口头买卖合同，或者通过电话交谈的方式订立合同。关于以对话方式作出的意思表示的生效，《民法典》第137条第1款规定，"以对话方式作出的意思表示，相对人知道其内容时生效"。在以对话方式作出的意思表示中，意思表示的发出和相对人受领意思表示是同步进行的。依据该条规定，以对话方式作出的意思表示，只有在表意人的意思表示的内容被相对人知悉时，意思表示才能够生效。如果相对人并不知道意思表示的内容，也无法受领该意思表示，此时应当认定意思表示未生效。因此，从该条规定来看，《民法典》对以对话方式作出的意思表示生效采取了了解主义。

2. 以非对话方式作出的意思表示的生效

所谓以非对话方式作出的意思表示，是指当事人以对话以外的形式发出意思表示，例如，采用邮件、传真等方式订立合同。关于非对话方式作出的意思表示的生效，《民法典》第137条第2款规定，"以非对话方式作出的意思表示，到达相对人时生效"。依据这一规定，以非对话方式作出的意思表示，到达相对人时生效，可见，关于以非对话方式作出意思表示的生效，《民法典》采用了到达主义。所谓到达，是指根据一般的交易观念，已经进入相对人可以了解的范围。到达并不意味着相对人必须亲自收到,只要表意人的意思表示已进入受领人的控制领域,并在通常情况下可以期待受领人能够知悉意思表示的内容,就视为已经到达。

3. 以非对话方式作出的采用数据电文形式的意思表示的生效

在互联网时代,采用数据电文形式作出意思表示也是从事民事法律行为的重要方式。依据《民法典》第137条第2款的规定,如果当事人对采用数据电文形式的意思表示的生效时间另有约定的,则按照合同自由原则,首先应当依据当事人的约定确定其生效时间。在当事人没有约定的情形下,其生效分为如下两种情形:一是相对人指定了特定的系统接收数据电文的,意思表示自该数据电文进入该特定系统时生效;二是相对人未指定特定的系统接收数据电文的,则自相对人知道或者应当知道该数据电文进入其系统时生效。

(二)无相对人的意思表示的生效

所谓无相对人的意思表示,是指意思表示没有相对人。例如,设立遗嘱,就属于无相对人的意思表示。《民法典》第138条规定:"无相对人的意思表示,表示完成时生效。法律另有规定的,依照其规定。"依据该条规定,对无相对人的意思表示而言,除法律另有规定外,意思表示完成之时即是其生效之时,因为对于无相对人的意思表示,不需要到达相对人,其在发出时即已生效。对无相对人的意思表示的生效,《民法典》采取了完成主义。

(三)以公告形式作出的意思表示的生效

所谓以公告的形式作出的意思表示,是指对不特定人发布公告所作出的意思表示。《民法典》第139条规定:"以公告方式作出的意思表示,公告发布时生效。"

公告的方式多种多样,其可以以招贴画张贴,也可以在路牌、橱窗、路灯等处张贴,还可以通过报纸、网络、电台等方式发布。以公告方式作出意思表示最为典型的是悬赏广告。所谓悬赏广告,是指悬赏人以广告的形式声明对完成悬赏广告中规定的特定行为的人,给付广告中约定报酬的行为。例如,刊登的各种寻人、寻物启事中提出如帮助寻找到某人或完成了某事,将支付若干报酬。《民法典》第499条规定:"悬赏人以公开方式声明对完成特定行为的人支付报酬的,完成该行为的人可以请求其支付。"这就从法律层面上第一次承认了悬赏广告。悬赏广告是以公开的方式所作出的意思表示。它是以对完成特定行为的人给予报酬为内容的意思表示。在性质上,悬赏广告是一种单方法律行为。

虽然以公告方式作出的意思表示也有相对人，但与有特定相对人的意思表示不同，以公告方式作出的意思表示没有特定的相对人，难以判断何时到达相对人，因此，《民法典》第139条规定，对于以公告的方式作出的意思表示而言，其生效采取发出主义，即意思表示自公告发布时生效。

（四）意思表示的撤回和撤销

所谓意思表示的撤回，就是指意思表示发出以后，在尚未到达相对人之前，表意人将其意思表示撤回。《民法典》第141条规定："行为人可以撤回意思表示。撤回意思表示的通知应当在意思表示到达相对人前或者与意思表示同时到达相对人。"只要撤回的通知先于意思表示到达或者与意思表示同时到达，该撤回就是有效的。意思表示的撤回，只有在有相对人的时候才有意义。依据《民法典》第137条的规定，非对话方式的意思表示必须到达相对人时才能生效，因此，其生效之前表意人发出撤回表示，且撤回表示在原意思表示生效之前到达或同时到达的，原意思表示当然不能生效。行为人要撤回意思表示，必须其撤回意思表示的通知先于意思表示到达相对人，或者与意思表示同时到达相对人。如果行为人撤回意思表示的通知晚于意思表示到达相对人，则不产生撤回意思表示的效力。由此可见，意思表示的撤回主要适用于非以数据电文方式作出的意思表示，因为对于以数据电文形式作出的意思表示而言，其瞬间到达相对人，行为人撤回意思表示的通知很难先于意思表示到达相对人或者与意思表示同时到达相对人。

所谓意思表示的撤销，是指意思表示在发出并生效以后，表意人又撤销其意思表示。大陆法系国家的民法一般不允许对已经生效的意思表示进行撤销，以免损害相对人的信赖利益。在此需要区分意思表示的撤回与撤销，意思表示的撤回是使意思表示不发生效力，而意思表示的撤销则是使已经生效的意思表示失去效力。《民法典》仅规定了意思表示的撤回，而没有规定意思表示的撤销。《民法典》第476条对要约的撤销作出了规定，不过这种撤销受到严格的限制。

三、意思表示的形式

（一）意思表示可以以明示或者默示方式作出

《民法典》第140条第1款规定："行为人可以明示或者默示作出意思表示。"该条对意思表示的形式作出了规定，依据该条规定，意思表示可以以明示的方式作出，也可以以默示的方式作出，具体而言，包括如下两种。

第一，以明示的方式作出意思表示。所谓以明示的方式作出意思表示，是指行为人将内在意思明确地表达于外部。明示形式是以作为的方式使相对人能够了解意思表示的内容，表意人可以通过口头或者书面表达的方式进行意思表示，尽管表达的方式存在差异，但表意人都明确向对方当事人作出了意思表示。对以明示方式作出的意思表示而言，当事人之间的法律关系易于证明，有利于减少纠纷、降低法律风险。在实践中，多数意思表示都是以明示方式作出的。

第二，以默示的方式作出意思表示。默示的意思表示是指行为人没有作出明确的表示，但是可以根据法律规定进行推知。如点头、举手、起立、拍板等，都可以依据交易习惯视为默示的意思表示。而且，如果一方当事人向对方当事人提出订约的要求，对方虽未用语言或者文字明确表示意见，但其行为表明已接受的，可以认定为这里的默示。一般而言，法律上对当事人以默示形式作出意思表示有较为严格的限制。

（二）单纯的沉默原则上不得作为意思表示的方式

所谓沉默，是指未作出任何意思表示或不行为。从两大法系的规定来看，基本上都认为，单纯的沉默或不行动本身不构成意思表示。沉默与默示形式的意思表示不同，在默示的意思表示情形下，表意人仍然作出了一定的表意行为，只不过未以口头或者书面形式明确表达意思表示的内容。而在沉默的情形下，当事人并未作出意思表示。

> 例：甲向乙、丙同时兜售一台电脑，价格为人民币5000元，甲问乙、丙是否愿意购买，乙沉默不语，未作任何表示，而丙则点点头表示同意。乙的行为属于沉默或不作为，而丙的行为则属于默示地作出承诺。

《民法典》第140条第2款规定："沉默只有在有法律规定、当事人约定或者符合当事人之间的交易习惯时，才可以视为意思表示。"据此，沉默原则上不得作为意思表示的形式。但这并不意味着沉默在任何情况下都不能作为意思表示的形式，依据《民法典》第140条第2款的规定，在以下三种情形下，沉默可以视为意思表示。

第一，法律的特别规定。在法律有特别规定的情形下，沉默也可以产生意思表示的效果。

> 例：甲早年丧妻，独自将唯一的儿子乙养大成人。乙后来在外地结婚成家，很少回家照看父亲。甲晚年身体健康每况愈下，多亏有侄子丙照顾。甲曾立下遗嘱：自己享有的一栋房屋及家具由丙继承。甲

死后,儿子乙和丙都很悲恸,清理甲的财产时,发现除了一栋房屋及家具外,甲还留有20万元现金。面对甲的遗嘱及其财产,乙和丙都没作出任何意思表示。

本案中,乙和丙面对遗产都保持沉默,可产生的法律效果却大不相同。《民法典》第1124条规定:"继承开始后,继承人放弃继承的,应当在遗产处理前,以书面形式作出放弃继承的表示;没有表示的,视为接受继承。受遗赠人应当在知道受遗赠后六十日内,作出接受或者放弃受遗赠的表示;到期没有表示的,视为放弃受遗赠。"

第二,当事人的特别约定。例如,当事人双方事先约定,如果一方更改了相关合同条款,对方沉默的,视为同意更改。在此情形下,如果一方当事人更改了合同的条款,对方沉默的,即视为其同意了该更改。

第三,当事人之间存在交易习惯。交易习惯是一个宽泛的概念,但在解释"沉默"的含义时,不能运用一般的交易习惯,而只能采用当事人之间的系列交易习惯。如果按照当事人之间特定的交易习惯,沉默可以产生意思表示的效力,则沉默也可以视为意思表示。例如,当事人之间长期进行系列交易,通常一方在另一方发出要约后一定期限内不作表示,就应作为承诺对待。

四、意思表示的解释

(一)意思表示解释的概念和类型

所谓意思表示的解释,就是指在意思表示不清楚、不明确而发生争议的情况下,法院或仲裁机构对意思表示进行的解释。这里所说的意思表示的解释是从广义上理解的意思表示的解释,它包括了对民事法律行为的解释和民事法律行为之外的意思表示的解释。

从意思表示解释理论的发展来看,其经历了从主观解释不断向客观解释转变的过程,实践中各国普遍采用主观解释与客观解释相结合的方式。《民法典》区分了有相对人的意思表示解释与无相对人的意思表示解释,前者主要采客观主义的解释方法,而后者则主要采纳了主观主义的解释方法。严格地说,针对有相对人的意思表示,《民法典》兼采了主观解释与客观解释两种方式,《民法典》第142条第1款规定:"有相对人的意思表示的解释,应当按照所使用的词句,结合相关条款、行为的性质和目的、习惯以及诚信原则,确定意思表示的含义。"其中,所谓"按照所使用的词句,结合相关条款、行为的性质和目的"解释,要求意思表示的解释应当探究表意人的主观目的和意图,实际上是主观主义解释方法的体现；而按照"习惯以及诚信原则"解释，则体现了客观主义的解释方法。从这一意义上说，有相对人的意思表示的解释实际上是两种解释方法的结合。

意思表示解释的特点在于：第一，意思表示解释的主体是法院和仲裁机构，并不是任何机构都可以对意思表示进行解释，而且必须是在当事人对意思表示发生争议时，才有必要进行解释。第二，意思表示解释的对象是当事人已经表示出来的意思。也就是当事人已经作出来的确定的意思，而非深藏于内心的意思。未表示出来的内在意思是无法解释的，因为内在的意思无法作为法律认识的对象。意思表示解释的对象是意思表示的内容，既包括目的意思，也包括效果意思。第三，意思表示是法院和仲裁机构依据一定的规则进行的解释，而非完全主观的任意解释。也就是说，在意思表示解释的过程中，法院或仲裁机构要遵循法定的规则，运用一定的方法予以解释，否则就会违背当事人的意愿。

（二）有相对人的意思表示的解释和无相对人的意思表示的解释

意思表示的解释通常分为有相对人的意思表示的解释和无相对人的意思表示的解释。所谓有相对人的意思表示的解释，是指对表意人向特定的相对人发出的意思表示进行的解释。例如，对要约的解释，要约是一种意思表示，但要约必须要到达受要约人，因为它属于向特定人发出的意思表示。所谓无相对人的意思表示的解释，是指对不需要相对人的意思表示进行的解释。例如，对向不特定人发出的悬赏广告、订立章程和决议进行解释。《民法典》第142条第1款规定："有相对人的意思表示的解释，应当按照所使用的词句，结合相关条款、行为的性质和目的、习惯以及诚信原则，确定意思表示的含义。"第2款规定："无相对人的意思表示的解释，不能完全拘泥于所使用的词句，而应当结合相关条款、行为的性质和目的、习惯以及诚信原则，确定行为人的真实意思。"依据这些规定，区别这两种意思表示的解释的意义在于：

第一，是否需要有意思表示的受领人不同。有相对人的意思表示的解释需要有意思表示的受领人，此种意思表示的有效性以意思表示的受领人能够感知为必要，而无相对人的意思表示的解释不需要意思表示的受领人。这种区别又导致意思表示是否应当到达相对人或者为相对人知晓。无相对人的意思表示的解释，就不需要考虑此问题。

第二，是否需要考虑受领人的理解水平不同。对有相对人的意思表示进行解释，法官应当考虑一般的受领人的理解水平，但是对于无相对人的意思表示进行解释，则不需要考虑受领人的理解水平。

第三，意思表示所使用的词句在意思表示解释中的作用不同。对有相对人的意思表示而言，意思表示需要受领，因此存在相对人信赖利益保护的问题，而在对无相对人的意思表示进行解释时，则无须考虑相对人信赖利益的保护问题。这种区别可能对两类意思表示的解释规则产生一定的影响：对有相对人的意思表示而言，即使行为人表示出来的意思与内心真意不符，在对意思表示进行解释时，也应当考虑相对人的信赖利益保护，而不能完全依据表意人的内心真意来解释，也就是说，应当考虑客观主义（或外观法理）的运用。如果表意人表达有误，使相对人对意思表示作出了不同于表意人所欲表达的理解，那么，表意人必须承认相对人实际所理解的意义是有效的。对无相对人的意思表示而言，由于不涉及相对人的利益，所以对其解释就不必考虑相对人的信赖以及交易安全问题，而应当探求表意人的真实意思。例如，对遗嘱的解释应当探求表意人的内心真意。

（三）意思表示解释的规则

1. 对用语应当按照通常的理解进行解释

按照通常的理解进行解释，是指在当事人就意思表示的用语发生争议以后，对于有关的用语本身，应按照一个合理人的标准来进行解释。《民法典》第142条第1款规定："有相对人的意思表示的解释，应当按照所使用的词句，结合相关条款、行为的性质和目的、习惯以及诚信原则，确定意思表示的含义。"该条实际上也就是要求对用语按照通常的理解进行解释。对用语应当按照通常的理解进行解释应当是意思表示解释的首要方法。这就是说，法官应当考虑一个合理的人在此情况下对有争议的意思表示用语所能理解的含义，以此作为解释意思表示的标准。一个合理的人既可能是社会一般的人，也可能是在一定的地域、行业中从事某种特殊交易的人。如果意思表示当事人本身是后一种类型的人，则法官应当按照在该地域、行业中从事某种特殊交易的合理人的标准来理解该用语的含义。例如，买卖双方对交货的计量标准"件"的含义发生争执，就应当考虑当事人双方是从事何种性质的买卖，并按照从事该种买卖的一般人对"件"的理解来进行解释。

2. 整体解释

整体解释，又称为体系解释，是指将表达当事人意思的各项合同条款、信件、文件等作为一个完整的整体，根据各方面的相互关联性、争议的条款与当事人真实意思表示的关系、在意思表示中所处的位置等各方面因素，来确定所争议的意思表示的含义。换句话说，在运用意思表示的整体解释方法时，需要将各种意思表示的资料综合考虑，从整体出发来准确地理解意思表示的真实含义。《民法典》第142条规定要求结合相关条款进行解释，可以认为确立了整体解释规则。

整体解释规则具体表现在以下几个方面。首先，整体解释要求意思表示解释不能局限于意思表示的字面含义，也不应当仅仅考虑某个意思表示的资料，更不能将意思表示的只言片语作为当事人的真实意图，断章取义，而应当综合考虑各种意思表示的资料。其次，从整个意思表示的全部内容上理解、分析和说明当事人争议的有关意思表示的内容和含义。例如，合同中如果数个条款相互冲突，应当将这些条款综合在一起，根据合同的性质、订约目的等来考虑当事人的意图，尤其是当事人在合同中所使用的语言文字必须联系起来考察，不能孤立地探究每一句话或者每一个词的意思。如果合同是由信笺、电报甚至备忘录等构成的，在确定某一条款的意思构成时，应当将这些材料作为一个整体进行解释。最后，当事人使用了多种语言表达同一意思表示的，即使当事人没有特别约定各意思表示文本之间的关系，也可以推定各个文本所使用的词句具有相同的含义。依据《民法典》第466条第2款规定，"合同文本采用两种以上文字订立并约定具有同等效力的，对各文本使用的词句推定具有相同含义。各文本使用的词句不一致的，应当根据合同的相关条款、性质、目的以及诚信原则等予以解释"。

3. 目的解释

目的解释，是指在对意思表示进行解释时，应当根据当事人从事该民事行为所追求的目的，对有争议的意思表示进行解释。《民法典》第142条要求从行为的性质和目的进行解释，这实际上也确立了目的解释规则。按照私法自治原则，民事主体可以在法律规定的范围内，为追求其目的而表达其意思，并通过双方的协议产生、变更、终止民事法律关系。当事人从事民事行为都要追求一定的目的，意思表示本身也不过是当事人实现其目的的手段。因此，在解释意思表示时，应充分考虑当事人从事该民事行为的目的。

按照目的解释规则，如果有关的文本中所使用的文字的含义与当事人所明确表达的目的相违背，而当事人双方对该条文又发生了争议，在此情况下，不必完全拘泥于文字，可以按照当事人的目的进行解释。例如，订立合同时，订约的双方都具有订约目的，一方订约的目的和另一方订约的目的可能不同，但是从意思表示的内容和订约过程能够确定一方在作出意思表示时，应当意识到另一方所具有的订约目的的，应当按照该目的来解释意思表示。

如果某一意思表示既可以被解释为有效，也可以被解释为无效，则从原则上应当尽可能按照有效来解释，因为当事人作出意思表示，目的都是使交易成立、使意思表示有效。

4. 习惯解释

习惯解释，是指在对意思表示的含义发生争议以后，应当根据当事人所知悉或实践的生活和交易习惯来对意思表示进行解释。《民法典》第142条规定了意思表示的解释应当考虑习惯，这就确立了习惯解释的规则。习惯包括生活习惯和交易习惯两大类，一般来说，在合同中主要采用交易习惯对有争议的合同条款进行解释。但是，运用交易习惯填补合同漏洞，对各种交易习惯的存在以及内容应当由当事人双方举证证明，在当事人未举证证明交易习惯的情况下，法官也可以根据自己对交易习惯的理解选择某种习惯来填补意思表示的漏洞。除了合同编中典型合同分编所调整的合同之外，对于一些身份法上的合同以及一些单方法律行为，也可以根据习惯进行解释，但这种习惯主要是生活习惯。例如，在遗赠扶养协议中，对"生老病死"一词发生争议，应当按照当地的生活习惯进行解释。

5. 依据诚信原则解释

依据诚信原则解释，是指在意思表示发生争议以后，应当根据诚信原则来填补有关意思表示的漏洞，对有争议的意思表示进行解释。将诚信原则作为意思表示解释规则是意思表示解释社会化的一种表现，它实际上是要求法官将自己作为一个诚实守信的当事人来判断、理解意思表示的内容和条款的含义。这就将商业道德和公共道德运用到了意思表示的解释之中，并对意思自治施加了必要的限制。诚信原则在解释意思表示方面的作用，常常使该原则被称为"解释法"。《民法典》第142条规定了意思表示的解释应当按照诚信原则进行，因此，依据诚信原则解释也是意思表示解释的重要方法。

在解释意思表示方面，诚信原则的功能体现在两个方面。一是解释有争议的意思表示。法官在依据诚信原则解释意思表示时，需要平衡当事人双方的利益，公平合理地确定意思表示的内容。例如，对于无偿合同应该按对债务人义务较轻的含义解释，对有偿合同则应该按对双方都较为公平的含义解释。二是填补意思表示的漏洞。在此情形下，法官要考虑一个合理的、诚实守信的人面对此情形时应如何作出履行，或者说应当如何作出意思表示，以此来填补意思表示的漏洞。诚信原则的解释方法更多地适用于合同漏洞的填补。例如，原告、被告双方在意思表示中对交付货物的计量单位"车"一词没有作出约定，在此情况下法官应当考虑的是，作为一个诚实守信的人在这种情况下对"车"的含义的理解，并依据该标准加以解释。

诚信原则虽然重要，但该原则一般是在上述其他规则难以适用的情况下才采用的。其主要原因在于：一方面，诚信原则比较抽象，从而在一定程度上给予了法官某种自由裁量权。另一方面，从适用的范围来看，诚信原则主要适用于合同存在漏洞的情况。诚信原则所确定的义务并不一定完全符合当事人的真实意思，而是使意思表示的解释出现了一种社会化的倾向。在某些情况下，法官依诚信原则所确定的意图可能与当事人的真实意图不完全符合，而当事人的意图也不违反法律和社会公共道德，在此情况下，仍然应当尊重当事人的意愿。

第三节　民事法律行为的效力

一、民事法律行为的成立和生效

（一）民事法律行为的成立和生效的概念

民事法律行为的成立，是指民事法律行为在客观上存在。民事法律行为在符合成立要件时成立，一般来说，民事法律行为的成立要件包括以下几个方面：一是行为人的意思表示中必须含有设立、变更或者终止民事法律关系的意图；二是行为人的意思表示必须完整地表达设立、变更或者终止民事法律关系的必需内容；三是行为人必须以一定的方式将自己的内心意思表现于外部，能够由他人客观地加以识别。此外，在双方行为、要物行为和要式行为中，除具备一般的成立要件外，还必须具备特别要件。比如，合同的成立必须由双方当事人的意思表示达成一致；要物行为必须交付实物；要式行为必须符合法定的形式。

所谓民事法律行为的生效，是指已经成立的民事法律行为因符合法定的生效要件，从而能产生法律上的拘束力。《民法典》第136条第1款规定："民事法律行为自成立时生效，但是法律另有规定或者当事人另有约定的除外。"该条对民事法律行为的生效规则作出了规定。此处所说的法律拘束力，首先是指私法上的效力，而不应当包括民事法律行为生效以后可能引起的公法上的效果。其次是指民事法律行为发生了行为人所意欲发生的法律效果，这种效果因民事法律行为形态的不同而有不同。就单方法律行为而言，在大多数情况下，主要是对表意人产生法律拘束力。当然，在某些情况下，单方行为也可能对第三人产生法律拘束力，例如，遗嘱行为可能会对继承人产生效力。就双方法律行为而言，一旦合意达成，就对双方当事人产生了拘束力，即双方必须依据合同的规定享有权利、履行义务乃至承担违约责任。

民事法律行为能够产生法律拘束力，从表面上看是当事人的意思自治的结果，或者说是当事人自愿选择的结果；但从实质上看，民事法律行为的法律拘束力或民事法律行为的效力，不仅源于当事人的意志，而且源于法律的赋予。也就是说，由于当事人的意志符合国家的意志和社会利益，因而国家赋予当事人的意志以拘束力，并且使当事人实施的民事法律行为能够产生其预期的效果。正因为如此，《民法典》第136条第2款规定："行为人非依法律规定或者未经对方同意，不得擅自变更或者解除民事法律行为。"

（二）民事法律行为的成立和生效的关系

在绝大多数情况下，民事法律行为一旦依法成立，便会产生效力，《民法典》第136条规定，"民事法律行为自成立时生效"。但在某些情况下，法律行为成立并不一定产生一定的法律效力，要产生法律效力，还必须符合法定的生效要件。因此，有必要区分民事法律行为的成立与生效，两者的区别主要表现在：

第一，从性质上看，民事法律行为的成立只涉及当事人个人意思的问题，其基于自主自愿实施了一定的行为；而民事法律行为的生效则意味着法律采取一定标准对当事人的意思表示作出评价或干预。

第二，两者可能处于不同的阶段。一般情况下，民事法律行为的成立是当事人作出了单方意思表示或者意思表示达成合意，而民事法律行为的生效则是指民事法律行为对当事人产生实质法律拘束力。从法律评价标准来看，民事法律行为的生效实际上是在成立的基础上所作的价值判断，因此，民事法律行为生效的时间可能要晚于民事法律行为成立的时间。例如，对需要政府审批的合同而言，其成立后需要经过政府审批才能生效。当然，一般情况下，只要民事法律行为的内容和形式合法，民事法律行为成立后即生效。

第三，两者的构成要件不同。民事法律行为的成立要件包括当事人、当事人作出意思表示、当事人就意思表示达成合意。而依据《民法典》第143条的规定，民事法律行为的生效需要具备下列条件：一是行为人具有相应的民事行为能力；二是意思表示真实；三是不违反法律、行政法规的强制性规定，不违背公序良俗。

第四，两者体现的国家干预的程度不同。民事法律行为的成立是当事人作出意思表示或意思表示达成合意。因此，它主要体现了当事人的意思，至于民事法律行为的内容中是否存在欺诈、胁迫和其他违法的因素，则不是民事法律行为成立制度调整的范围，而是民事法律行为生效制度调整的范围。民事法律行为的生效是指国家对已经成立的法律行为予以认可。如果当事人的合意符合国家的意志，将被赋予法律拘束力；如果当事人的合意违背了国家意志，不仅不能产生法律约束力，而且将要承担民事法律行为被撤销或者被宣告无效的责任。由此可见，民事法律行为生效制度体现了国家对法律关系的肯定或否定的评价，反映了国家对民事关系的干预。

第五，从逻辑体系来看，区分成立和生效，可以进一步区分民事法律行为的不成立、被撤销和无效，有助于把事实判断和价值判断分开。民事法律行为一旦不成立，即在性质上转化为意思表示的不成立，严格地说，其已经不能再称为民事法律行为。区分民事法律行为的成立与民事法律行为的生效，有助于在司法实践中正确处理各类纠纷，充分保障当事人的合法权益。

第六，从法律后果上看，民事法律行为的不成立和无效产生的法律后果是不同的。如果民事法律行为被宣告不成立，那么有过失的一方当事人则应根据缔约过失责任制度，赔偿另一方所遭受的利益的损失，如果当事人已经作出履行，则应当各自向对方返还其已接受的履行。因民事法律行为成立主要涉及当事人的合意问题，所以民事法律行为不成立只产生民事责任而不产生其他法律责任。但对于无效法律行为来说，因为它在性质上违反了国家意志，所以不仅要产生民事责任（如缔约过失责任、返还不当得利责任），而且将可能引起行政责任甚至刑事责任。

二、民事法律行为的生效要件

民事法律行为一旦生效，即发生行为人所意欲发生的法律效果，因此，法律要设立一定的标准对民事法律行为的合法性进行考察，这些标准即民事法律行为的有效要件。《民法典》第143条规定："具备下列条件的民事法律行为有效：（一）行为人具有相应的民事行为能力；（二）意思表示真实；（三）不违反法律、行政法规的强制性规定，不违背公序良俗。"这是法律关于民事法律行为一般有效要件的规定。

（一）行为人具有相应的民事行为能力

任何民事法律行为都以当事人的意思表示为基础，并且以产生一定的法律效果为目的，所以，行为人必须具备正确理解自己的行为性质和后果、独立地表达自己意思的能力，也就是说，必须具备与从事某项民事法律行为相应的民事行为能力。

《民法典》将自然人分为三类，即完全民事行为能力人、限制民事行为能力人和无民事行为能力人。除法律有特别规定外（如《民法典》对结婚年龄的规定），完全民事行为能力人可以独立实施所有民事法律行为。由于限制民事行为能力人具有一定的判断和理解能力，因而，其可以独立实施一定的民事法律行为，但与完全民事行为能力人相比，其民事行为能力又是受到限制的，即只能从事与其年龄、智力、精神健康状况相适应的民事法律行为。《民法典》第145条第1款规定："限制民事行为能力人实施的纯获利益的民事法律行为或者与其年龄、智力、精神健康状况相适应的民事法律行为有效；实施的其他民事法律行为经法定代理人同意或者追认后有效。"据此，限制民事行为能力人只能独立从事两种类型的民事法律行为：一是纯获利益的民事法律行为，即仅仅获得法律上的利益，而不会负担法律义务或减损其既有民事权利；二是与其年龄、智力、精神健康状况相适应的民事法律行为。无民事行为能力人不具有独立作出意思表示的能力，因此，其不能独立实施民事法律行为，《民法典》第144条规定："无民事行为能力人实施的民事法律行为无效。"无民事行为能力人只能通过其法定代理人代理其实施民事法律行为。但是，无民事行为能力人应当可以接受奖励、赠与、报酬，他人不得以行为人无民事行为能力为由，主张以上行为无效。

《民法典》第143条所规定的行为人具有相应的民事行为能力，也包括法人实施民事行为应当具有相应的民事行为能力。要求法人实施一定的民事行为应当具有行为能力，并不意味着营利法人超越其经营范围而行为，该行为便应当被当然宣告无效。法人超越经营范围从事的行为，人民法院不应因此认定该行为一概无效，而应当衡量相对人的善意与否决定民事法律行为的效力状态。基于保护第三人利益以及鼓励交易的目的，不宜一概否定其效力。但对于违反国家限制经营、特许经营以及法律、行政法规禁止经营的规定而超越经营范围的，则不仅涉及保护第三人利益和维护交易安全的问题，还涉及国家对经济的法律规制和社会公共秩序，因此应当将这种超越经营范围的民事法律行为认定为无效。当然，在以违反国家限制经营、特许经营以及法律、行政法规禁止经营规定为由主张民事法律行为无效时，还可以违反《民法典》第153条"违反法律、行政法规的强制性规定"为由宣告民事法律行为无效。

（二）意思表示真实

意思表示是指行为人将其设立、变更、终止民事权利义务的内在意思表示于外部的行为。所谓意思表示真实，是指表意人的表示行为应当真实地反映其内心的效果意思。意思表示真实可以从两个方面来考察：一是表意自由；二是表示行为与内心意思相一致。

在大多数情况下，行为人表示于外部的意思同其内心真实意思是一致的。但有时行为人作出的意思表示与其真实意思不相符合，此种情况称为"非真实的意思表示""意思缺乏"或"意思表示不真实"。行为人的意思表示不真实包括两个方面：第一，行为人的意思表示不自由。行为人因受到欺诈、胁迫等外在原因导致其处于意志不自由的状态，因此其表达的意思不符合其真实意思。这种情况属于典型的意思表示不真实的情况。针对此种情况，《民法典》明确规定，欺诈、胁迫、重大误解、显失公平等行为将导致民事行为无效或者被撤销。第二，行为人的意思表示不真实，即行为人外部表达的意思不符合其内心的真实意思。例如，甲与乙订了一个名为借用、实为租赁的合同，该行为实际上是以一种行为掩盖了另一种行为。

例：甲为了逃避债务，与乙通谋以赠与之名将其房屋一栋转到乙的名下。双方办理过户登记不久后，乙将此房屋以正常市价卖给不知情的丙，并办理了房屋过户登记。

本案中，甲、乙之间的赠与行为构成通谋的虚伪表示，即甲和乙外部表达的意思不符合其内心的真实意思，应当无效。但是，如果乙将此房产转让给善意第三人丙，则甲、乙不得以其赠与行为无效对抗丙，丙可以依据善意取得制度取得该房产的所有权。

《民法典》强调意思表示必须真实，才能发生相应的法律效力，主要是为了保障当事人的自主、自愿，充分实现私法自治。同时，否定意思表示不真实情况下民事法律行为的效力，有利于保护处于弱势地位的一方当事人的利益，有利于维护交易安全。

（三）不违反法律、行政法规的强制性规定和公序良俗

1. 不违反法律、行政法规的强制性规定

民事法律行为之所以能产生法律效力，就在于当事人的意思表示符合法律的规定。对合法的民事法律行为，法律赋予其法律上的拘束力，而不合法的民事法律行为显然不能受到法律保护，也不能产生当事人预期的法律效果。民事法律行为不得违反法律、行政法规的强制性规定，否则可能导致民事法律行为被确认为无效。依据《民法典》第143条的规定，民事法律行为不得违反法律、行政法规的强制性规定。对此可以从两方面进行理解。

一方面，不得违反法律、行政法规的规定。违法概念的范围十分宽泛，可以把各种违反规范性法律文件的行为都纳入违法的范畴，但如此理解过于宽泛，如果一旦当事人的民事法律行为违反规范性法律文件，就被认定无效，则会不当干预当事人的私法自治，过度妨碍当事人的行为自由。因此，《民法典》将其限定为法律和行政法规，具体而言，前者是指全国人大及其常委会制定的法律，后者是指国务院制定的行政法规。只有违反了法律、行政法规的规定，才有可能导致合同的无效。违反其他规范性文件，并不当然导致民事法律行为无效。

另一方面，不违反法律、行政法规的强制性规定。法律规范可以分为任意性规范和强行性规范。所谓强行性规范，是指这些规定必须由当事人遵守，不得通过其协议加以改变。所谓任意性规范，是指当事人可以通过协议加以改变的规定。任意性规范通常以"可以"做什么来表示，它不要求当事人必须执行，而只是提供了行为的一种标准；而强行性规范通常以"必须""不得"等词语表示，它要求当事人必须严格遵守而不得通过其协商加以改变。依据《民法典》第143条的规定，只有违反法律、行政法规的强制性规定时，民事法律行为才无效，民事法律行为违反法律、行政法规的任意性规定，并不当然导致该民事法律行为无效。

2. 不违反公序良俗

民事法律行为不仅应符合法律规定，而且在内容上不得违背公序良俗。公序良俗包括公共秩序与善良风俗，体现了全体社会成员的最高利益，是一个国家经济社会发展所必需的一般道德。公序良俗主要是为了以法律促进道德的调整。

《民法典》第153条第2款规定："违背公序良俗的民事法律行为无效。"据此，公序良俗也是评价民事法律行为效力的重要标准。

《民法典》将不违背公序良俗作为民事法律行为的生效要件，极大地弥补了法律规定的不足。因为毕竟法律的规定是有限的，不能通过法律、行政法规的强制性规定涵盖所有的社会公共利益和公共道德，因此，有必要在法律、行政法规的强制性规定之外，通过公序良俗对民事法律行为的效力进行必要的控制。尤其是对于那些表面上虽未违反现行立法的禁止性规定，但实质上损害了全体人民的共同利益、破坏社会经济生活秩序和善良风俗的行为，都应认为是无效的，从而有利于维护社会公共秩序和社会公共道德。

三、效力待定的民事法律行为

（一）效力待定的民事法律行为的概念和特征

所谓效力待定的民事法律行为，是指法律行为成立之后，是否能发生效力尚不能确定，有待于其他行为或事实使之确定的民事法律行为。效力待定的民事法律行为具有如下特点。

第一，效力待定的民事法律行为已经成立，但行为人因缺乏处分权或缺乏行为能力而效力并不齐备。效力待定的民事法律行为本身表明了民事法律行为的成立和生效是有区别的。对一般法律行为来说，只要当事人的合意符合法定的实质要件和形式要件，就当然有效成立。但是对效力待定的民事法律行为而言，民事法律行为成立以后，并不当然发生拘束力。一方面，此类民事法律行为因当事人意思表示一致已经宣告成立，如果在此类民事法律行为中存在意思表示不真实的情况，如欺诈、胁迫等，那么就可能转化为一个可撤销的民事法律行为。另一方面，此类民事法律行为虽然已经成立，但因为主体缺乏缔约能力和处分能力，所以不完全符合民事法律行为的有效条件，其效力是不齐备的。不过，尽管其效力不齐备，也不是当然无效的。

第二，效力待定的民事法律行为的效力既非完全无效，也非完全有效，而处于一种效力不确定的中间状态。其原因在于：一方面，效力待定的民事法律行为即使在被追认之前，对当事人也并非当然无效，只是处于一种不确定的状态，否则难以与无效的法律行为相区别。另一方面，在被追认之前它并非完全有效，也不同于可撤销的民事法律行为，因为可撤销的民事法律行为在未被撤销之前是完全有效的。

第三，效力待定的民事法律行为是否已经发生效力尚不能确定，有待于其他行为或事件使之确定。效力待定的民事法律行为本身是一种效力不齐备的民事法律行为，但它并没有违反强行法的规定和公序良俗，因而法律对这种法律行为并不实行国家干预，强行使其无效，而是把选择民事法律行为是否有效的权利赋予当事人和真正权利人，在这一点上，也充分体现了民事法律行为自由和私法自治的精神，并贯彻了鼓励交易的原则。例如，未成年人在其房屋漏雨时请人修缮房屋，是符合本人和其法定代理人利益的，对此类民事法律行为的效力应由法定代理人行使追认权予以确认，如果法律规定此类民事法律行为一概无效，则根本违反了未成年人及其法定代理人的利益。

效力待定的民事法律行为不同于无效的民事法律行为。从法律上来看，效力待定和无效是存在严格区别的,主要表现在:一方面,无效民事法律行为是当然无效、自始无效。但效力待定的民事法律行为只是效力处于不确定的状态。另一方面,对无效民事法律行为来说,法律将确认无效的权力赋予法院和仲裁机构,使其可以主动地审查民事法律行为的效力。但对效力待定的民事法律行为来说,法院没有权力主动审查其效力,确定其有效与否。法律规定这类法律行为的目的就是把法律行为效力的确认权赋予当事人,从而排除法院的干预。由权利人的追认使效力待定的民事法律行为有效,消除民事法律行为存在的瑕疵,这既尊重了真正权利人的意志和利益,也有利于维护相对人的利益。还要看到,将效力待定从无效中分离出来,也是为了鼓励交易,促成更多的交易,这不仅有利于节省交易费用,也有利于社会财富的增长。

(二)效力待定的民事法律行为的类型

1. 限制民事行为能力人实施的依法不能独立实施的民事法律行为

《民法典》第145条第1款规定,限制民事行为能力人"实施的其他民事法律行为经法定代理人同意或者追认后有效"。据此可见,《民法典》将此类行为规定为效力待定的民事法律行为,必须要经限制民事行为能力人的法定代理人同意或者追认后才能生效。

2. 无代理权人因无权代理而实施的民事法律行为

《民法典》第171条第1款规定:"行为人没有代理权、超越代理权或者代理权终止后,仍然实施代理行为,未经被代理人追认的,对被代理人不发生效力。"因此,无权代理行为也是效力待定的民事法律行为。只有经过被代理人的追认,该民事行为才能生效。当然,无权代理行为如构成表见代理,则为有效的民事法律行为。

(三)效力待定的民事法律行为的效力的确定

效力待定的民事法律行为的效力的确定,可以经由以下途径。

1. 特定当事人行使追认权

《民法典》第145条第1款和第171条第1款规定,效力待定的民事法律行为必须经过追认才能生效。所谓追认,是指权利人对无缔约能力人、无代理权人与他人从事的有关民事法律行为的事后承认,如法定代理人对限制民事行为能力人订立的合同的追认、本人对无权代理人订立的合同的追认。追认是一种单方意思表示，无须相对人的同意即可发生法律效力。追认权归属于真正的权利人，权利人的追认与否决定着效力待定的民事法律行为的效力。在权利人尚未追认以前，效力待定的民事法律行为虽然已经实施，但并没有实际生效。所以，当事人双方都不应作出实际履行。

《民法典》第145条第2款规定，"相对人可以催告法定代理人自收到通知之日起三十日内予以追认。法定代理人未作表示的，视为拒绝追认"。第171条第2款规定，"相对人可以催告被代理人自收到通知之日起三十日内予以追认。被代理人未作表示的，视为拒绝追认"。依据上述规定，一是赋予相对人催告权，也就是说，相对人有权催告法定代理人或者被代理人追认。此种催告的权利为善意相对人所享有。二是明确了追认期限，依据上述规定，在相对人催告法定代理人或者被代理人追认时，法定代理人或者被代理人可以在收到催告通知之日起三十日内决定是否追认。三是明确了期限届满的效力。依据上述规定，法定代理人或者被代理人未作表示时，视为拒绝追认。法律作出此种规定是合理的，如果法定代理人或者被代理人未作表示时视为同意，则无异于强制法定代理人或者被代理人必须作出不予追认的意思，这显然是不合理的。

《民法典》第503条规定："无权代理人以被代理人的名义订立合同，被代理人已经开始履行合同义务或者接受相对人履行的，视为对合同的追认。"依据该条规定，在狭义无权代理的情形下，被代理人享有追认权。被代理人的追认可以采取两种方式作出，即明示的追认和默示的追认。所谓明示的追认，是指明确向相对人表示其愿意以被代理人的身份同相对人订立合同。所谓默示的追认，即被代理人以一定行为的方式进行追认。本条就是对被代理人默示追认的规定。这种默示的追认体现为两种方式。一是被代理人履行合同义务。虽然被代理人没有明确作出追认，但如果被代理人已经开始履行合同，这一行为足以表明其愿意接受合同的约束。二是接受相对人的履行。如果被代理人已经接受了相对人的履行行为，同样可以构成默示的追认。这主要是因为，被代理人接受履行的行为已经向相对人传达了其愿意接受合同对自己发生效力的意思。

2. 善意相对人行使撤销权

对效力待定的民事法律行为而言，如果善意相对人行使撤销权，则可以使该民事法律行为归于无效。在效力待定的民事法律行为中，与限制民事行为能力人、无权代理人从事民事法律行为的另一方当事人，如果在从事民事法律行为时出于善意，即对对方无相应民事行为能力、无代理权的事实处于不知或不应知的状态，那么其在民事法律行为成立以后，依法享有撤销该民事法律行为的权利，一旦其行使撤销权，该民事法律行为归于无效。

《民法典》第 145 条第 2 款规定，"民事法律行为被追认前，善意相对人有撤销的权利。撤销应当以通知的方式作出"。第 171 条第 2 款规定，"行为人实施的行为被追认前，善意相对人有撤销的权利。撤销应当以通知的方式作出"。上述规定完善了善意相对人的撤销权制度。具体而言：一是赋予善意相对人撤销民事法律行为的权利。如果与限制民事行为能力人、无权代理人进行交易的相对人对对方无相应民事行为能力或者代理权的情况不知情，为保护交易安全，应当允许其撤销民事法律行为。二是明确了相对人行使撤销权的时间。依据上述规定，相对人行使撤销权的时间应在民事法律行为被追认前。如果民事法律行为已经被追认，则属于有效的民事法律行为，相对人不得再主张撤销。从上述规定来看，其并没有对相对人撤销权的行使时间设置其他限制条件，因此，即便善意的相对人已经对法定代理人或者被代理人作出了催告，其仍然有权主张撤销合同。三是规定了相对人行使撤销权的方式。依据上述规定，相对人撤销权的行使以通知的方式作出，而不需要以诉讼的方式作出。通知可以是书面形式，也可以是口头形式。

例： 某甲，15 岁，国家女子跳水运动员，在一次国际比赛中，甲荣获跳水冠军，获得奖金合计人民币 24 万元。回国后甲即拿出其中的 10 万元捐赠给自己的母校。其父母表示，奖金是甲努力拼搏得来的，甲愿意捐赠给母校，做父母的也很赞同。

本案中，甲作为限制民事行为能力人，获得奖金的行为是纯获利益的行为，具有法律效力。其捐赠 10 万元给母校的行为，需经法定代理人同意或者追认后才有效，本案中因为其法定代理人追认，所以该赠与行为有效。

四、无效民事法律行为

（一）无效民事法律行为的概念和特征

无效民事法律行为，是指虽然已经成立，但因其在内容上违反了法律、行政法规的强制性规定和公序良俗而应当被宣告无效的民事行为。例如，无效合同、无效遗嘱等都属于无效的民事行为。无效民事行为具有如下特征。

1. 无效民事法律行为具有违法性

所谓违法性，包括两方面的内容：一是违反了法律和行政法规的强制性规定。判断无效的标准，也应当以法律（即全国人大及其常委会制定的法律）和行政法规的规定为依据。违反其他规范性法律文件中的强制性规定，不能直接认定为无效。二是指违反了公序良俗。例如，当事人订立进口"洋垃圾"的合同。即使其内容并未违反现行法律和行政法规的强制性规定，但因其内容违背了公序良俗，所以也是无效的。无效民事行为的违法性表明此类行为根本不符合国家意志，因此不能使此类行为发生效力。

2. 对无效民事法律行为实行国家干预

由于无效民事法律行为具有违法性，因而对此类民事法律行为应实行国家干预。这种干预主要体现在：法院和仲裁机构不待当事人请求确认民事法律行为无效，便可以依据职权主动审查民事法律行为是否具有无效的因素，如发现民事法律行为属于无效民事法律行为，便应主动地确认民事法律行为无效。正是从这个意义上说，无效民事法律行为是当然无效的。例如，一方当事人主张违约，或要求变更、解除民事法律行为。而法官经过审查，认为民事法律行为具有违法性应当被宣告无效，则法院可以不经当事人请求而主动宣告该民事法律行为无效，并要求恢复原状、赔偿损失，而不必要求当事人另行变更诉讼请求。

3. 无效民事法律行为具有不得履行性

所谓无效民事法律行为的不得履行性，是指当事人在实施无效民事法律行为以后，不得依据民事法律行为请求实际履行，也不承担不履行的法律责任。即使当事人在实施民事法律行为时不知该民事法律行为的内容违法，当事人也不得履行该无效的民事法律行为。对于无效民事法律行为而言，尽管当事人不能实际履行无效的民事法律行为，但可以依据法律的规定，对民事法律行为予以修正，剔除违法的部分，使行为的内容完全合法。

4. 无效民事法律行为自始无效

由于无效民事法律行为从本质上违反了法律规定，因而国家不承认此类民事法律行为的法律效力。民事法律行为一旦被确认无效，就将产生溯及力，使民事法律行为自成立之时起就不具有法律效力，以后也不能转化为有效的民事法律行为。对已经履行的，应当通过返还财产、赔偿损失等形式使当事人的财产恢复到无效民事法律行为成立之前的状态。

（二）无效民事法律行为的类型

1. 无民事行为能力人实施的民事法律行为

《民法典》第144条规定："无民事行为能力人实施的民事法律行为无效。"依据该条规定，凡是无民事行为能力人实施的民事法律行为均无效。无民事行为能力人包括8周岁以下的未成年人，以及不能辨认自己行为的人。法律作出这种规定的原因，主要是为了保护无民事行为能力人的利益，防止其受到欺诈等，因为无民事行为能力人不能够判断自己行为的性质、理解自己行为的后果，很容易遭受他人的欺骗。当然，规定无民事行为能力人实施的民事法律行为无效，并不妨碍无民事行为能力人的行为可由其法定代理人代为实施。

2. 虚假的民事法律行为

《民法典》第146条第1款规定："行为人与相对人以虚假的意思表示实施的民事法律行为无效。"该条规定了虚假的民事法律行为的无效。所谓虚假的民事法律行为，是指行为人与相对人共同实施了虚假的民事法律行为，也称为通谋虚伪表示。例如，为逃避债务而与相对人设立虚假赠与合同，造成自己没有财产清偿债务的假象。之所以在法律上要宣告此类行为无效，一方面，是因为此类行为并非当事人的真实意思表示，违反了诚信原则。另一方面，是因为此类行为可能规避了法律的规定，从而违反了某种法律秩序。例如，房屋限购是政府为维护社会经济秩序而采取的一种调控措施，如果随意被虚假的离婚行为规避，就会损害社会经济秩序，且此类规避行为如不及时宣告无效，将可能诱发连锁效应，极不利于交易安全和交易秩序的保护。

（1）虚假的民事法律行为不同于真意保留。

所谓真意保留，是指在双方作出意思表示时，一方对自己的意思表示有所保留，但对方当事人对此并不知晓，即相对人并不知晓行为人表示的是虚假意思。一般认为，在真意保留的情形下，该意思表示仍然有效，但如果相对人明知该表意人为虚伪意思表示，则该意思表示无效。例如，甲到其朋友乙家中做客，见乙有一幅珍贵字画，垂涎不已，乙随口说了句"如喜爱可以相赠"。在场者都知道，乙的意思表示并非真意，只是客套而已，因此，甲不得以乙作出了赠与的意思表示而取走该字画。

（2）虚假的民事法律行为不同于恶意串通损害第三人的行为。

虽然虚假的民事法律行为与恶意串通损害第三人的行为都是意思表示不真实，而且都可能存在通谋，但两者毕竟存在区别。两者的区别在于：第一，恶意串通是以损害第三人的利益为目的，而通谋虚伪表示往往不是以损害第三人利益为目的。例如，为了规避房屋限购政策而虚假离婚，虽然损害的是一种法律秩序，但不一定损害到某个具体的第三人的利益。而恶意串通则损害了具体第三人的利益。正因如此，对于恶意串通，通常要由第三人主张无效，而不是任何人都可以主张无效。第二，虚假的民事法律行为的重点在于意思表示的虚假，而不在于串通。而恶意串通的重点在于，双方共同串通从事损害第三人的行为。所以在虚假的民事法律行为中，法律并不要求证明当事人之间有通谋存在，而在恶意串通的情形中，第三人必须证明当事人之间有故意串通存在。

（3）虚假的民事法律行为的效力。

《民法典》第146条第2款规定："以虚假的意思表示隐藏的民事法律行为的效力，依照有关法律规定处理。"这是对隐藏的民事法律行为作出的规定。所谓隐藏的民事法律行为，是指被虚假的意思表示所掩盖的民事法律行为。例如，为了逃税，当事人订立了"阴阳合同"，其中的"阳合同"就是虚假的意思表示，而"阴合同"就是隐藏的民事法律行为。隐藏的民事法律行为可能是合法的，也可能是非法的，不能一概地认定为无效，必须依据相关法律规定来认定。例如，在"阴阳合同"中，"阴合同"是被隐藏的，但是"阴合同"也可能是合法的，要依据具体情形判断。如果被隐藏的民事法律行为是合法的，则该隐藏行为有效；如果被隐藏的民事法律行为是非法的，则该民事法律行为无效。

3. 违反法律、行政法规的强制性规定的民事法律行为

《民法典》第153条第1款规定："违反法律、行政法规的强制性规定的民事法律行为无效。但是，该强制性规定不导致该民事法律行为无效的除外。"依据这一规定，违反法律、行政法规强制性规定的民事法律行为无效。该条规定不仅确立了一种无效民事法律行为的类型，而且确立了判断民事法律行为有效与否的标准。由于《民法典》第143条规定了民事法律行为的有效要件，其中第3项规定，民事法律行为不得违反法律、行政法规的强制性规定，不得违背公序良俗。这就从正面对民事法律行为的合法性作出了规定，但是也需要从反面明确违法的民事法律行为的效力，从而形成逻辑周延的法律秩序。依据该规定，因违法而无效的民事法律行为，必须具备以下条件。

第一，必须违反了法律或行政法规。如前所述，违法性的概念比较宽泛，不仅包括违反法律、行政法规，还包括违反其他规范性法律文件。但是，从民事法律行为的角度来看，违法性的判断应当受到限制，这有利于维护交易安全。对此，《民法典》将其限定为法律和行政法规，具体而言，前者是指全国人大及

其常委会制定的法律，后者是指国务院制定的行政法规。只有违反了法律、行政法规的规定，才有可能导致合同的无效。

第二，必须是违反了法律或行政法规的强制性规定。法律规范大体可分为两种，即任意性规范和强行性规范。所谓任意性规范，是指当事人可以通过约定排除其适用的规范，也就是说，任意性规范赋予了当事人一定的意思自治，允许当事人在法律规定的范围内自由作出约定，对于任意性规范，当事人通过约定加以排除是合法的。不少法律都规定，"当事人另有约定的除外"，这就允许当事人作出不同的约定以排除强制性规定的适用。所谓强行性规范，是指当事人不得约定进行排除的规范。因此，依据《民法典》总则编的上述规定，如果民事法律行为违反了法律或行政法规的强制性规定，则民事法律行为无效。这里所说的"强制性规定"，可以理解为强行性规范。

一般认为，如果明确规定违反禁止性规定将导致合同无效或不成立，则该规定属于效力强制性规定；如果虽然没有明确规定违反某个强行性规范将导致合同无效，但违反该规定后，如果使合同继续有效，将损害国家利益和社会公共利益，则应当认定该规范也属于效力强制性规定。

4. 违反公序良俗的民事法律行为

《民法典》第153条第2款规定："违背公序良俗的民事法律行为无效。"依据上述规定，违反公序良俗的民事法律行为包括两类行为。

第一，违背公共秩序的民事法律行为。对公共秩序的维护，在法律上大都有明确的规定，危害公共秩序的行为通常也就是违反法律、行政法规的强制性规定的行为。但法律规定并不可能涵盖无余，因此，《民法典》第153条第2款可以发挥兜底性的作用。只要民事法律行为危害了公共秩序，即使没有现行的法律规定，也应当被宣告无效。例如，购买"洋垃圾"、规避课税的合同等，即使现行法律没有明确作出规定，也应当认为是无效的。可见，有关禁止危害公共秩序的规定，实际上有助于弥补法律的强制性规定的不足。

第二，违背善良风俗的民事法律行为。善良风俗，也称为社会公共道德。它是指由社会全体成员所普遍认许、遵循的道德准则。从实践来看，违背善良风俗的民事法律行为主要包括双方离婚后约定禁止一方当事人生育、约定断绝亲子关系、夫妻在离婚时约定禁止任何一方在离婚后再婚等。

5. 恶意串通的民事法律行为

恶意串通的民事法律行为是指双方当事人非法串通作出某种民事法律行为，造成国家、集体或第三人利益损害。例如，公司的代理人与相对人恶意串通，借订立买卖合同机会故意损害公司的利益。《民法典》第 154 条规定："行为人与相对人恶意串通，损害他人合法权益的民事法律行为无效。"法律上作出此种规定的原因在于，在恶意串通的民事法律行为中，行为人的行为具有明显的不法性。概括而言，此类民事法律行为具有如下特点。

第一，当事人出于恶意。恶意是指当事人明知其所实施的民事法律行为将造成对国家、集体或者第三人的损害而故意为之。所谓"恶意"，在民法上有两种含义。一是明知。也就是说，行为人对其行为的相关客观情况是明知的，至于其主观上是否有加害他人的故意，则不予考虑。二是明知且具有损害他人的意图。此种恶意是指行为人不仅明知相关的客观事实，而且在实施行为时主观上有侵害他人的故意。恶意串通中的恶意应当属于第二种意义上的恶意，即行为人具有加害他人的不良动机，且民事法律行为的当事人主观上都具有损害第三人合法权益的故意。双方当事人或一方当事人不知且不应知道其行为的损害后果，不构成恶意。

第二，当事人之间互相串通。所谓互相串通，首先是指当事人之间存在意思联络或沟通，都希望通过实施某种行为而损害他人的合法权益。共同的目的可以表现为当事人事先达成一致的协议，也可以是一方作出意思表示，而另一方或其他当事人明知实施该行为所达到的目的非法，而以默示的方式表示接受。其次，当事人在客观上互相配合或者共同实施了该非法的民事法律行为。例如，为了逃避侵权责任的承担，侵权责任人与其近亲属签订合同，以极低的价格出售其不动产。

第三，损害他人合法权益。此处所说的他人合法权益，包括国家、集体或第三人的合法权益。例如，数个投标人恶意串通、压低投标价格，这种行为构成不正当竞争，严重的甚至构成刑事犯罪。但是，如果当事人恶意串通以后，并没有订立一份损害他人的合同，这种行为不属于应当宣告民事法律行为无效的恶意串通行为。

需要指出的是，损害第三人利益的情形应当区分为损害特定的第三人的利益还是不特定的第三人的利益。如果损害的是不特定的第三人的利益，实质上损害的是公共秩序，应当依据《民法典》第 153 条第 2 款认定该民事法律行为绝对无效。而如果损害的是特定的第三人的利益，则应当适用《民法典》第 154 条，认定其属于相对无效的民事法律行为，只能由该受害的第三人主张无效。

（三）无效民事法律行为的部分无效

无效的民事法律行为可以分为全部无效的民事法律行为和部分无效的民事法律行为。所谓全部无效，是指整个民事法律行为的内容应当被宣告无效。所谓部分无效，仅指民事法律行为的部分内容应当被宣告无效。《民法典》第156条规定："民事法律行为部分无效，不影响其他部分效力的，其他部分仍然有效。"依据这一规定，要考虑无效的原因是否及于民事法律行为的全部，如果无效的原因及于全部，则全部无效；如果无效的原因只是及于民事法律行为的部分内容，且不影响其他部分效力的，则该部分民事法律行为无效后，其他部分仍然有效。当然，如果部分无效的民事法律行为会影响其他部分效力的，则其他部分也归于无效。

一般而言，认定民事法律行为部分无效，必须以该民事法律行为在内容上具有可分性为前提。所谓可分性，是指将无效部分分离出来，并不影响其他部分的民事法律行为的效力。例如，合同中的格式条款因为剥夺了消费者的主要权利而无效，如果该格式条款可以与一般条款分开，则该格式条款无效，但一般条款有效。如果无效部分与有效部分有牵连关系，确认部分内容无效将影响有效部分的效力，或者根据行为的目的、交易的习惯以及诚信和公平原则，决定剩余的部分有效对于当事人已经没有意义，也非不公平合理，则该行为应被全部确认为无效。

> 例：某甲酒后驾车，在十字路口将正常行走的男子乙撞伤，导致乙花费医药费近10万元。经协商，甲乙之间达成如下协议：甲一次性赔偿给乙医药费、护理费、误工费、营养费等15万元；支付赔偿费后，乙不得告发甲的酒驾行为。
>
> 本案中，甲乙之间的协议部分无效。即甲乙之间关于赔偿费用的协商有效，但关于支付赔偿费后乙不得告发甲酒驾的约定，因为违反法律法规的强制性规定而无效。

五、可撤销的民事法律行为

（一）可撤销的民事法律行为的概念

所谓可撤销的民事法律行为，是指当事人在实施民事法律行为时，因意思表示不真实，法律允许撤销权人通过行使撤销权而使该已经生效的民事法律行为归于无效。《民法典》从第147条至第152条确认了可撤销的民事法律行为。可撤销的民事法律行为具有以下特点。

第一，可撤销的民事法律行为主要是意思表示不真实的民事法律行为。可撤销的民事法律行为主要是因意思表示不真实而产生的，因为民事法律行为作为实现意思自治的工具，其主要目的是实现当事人的自由意志，从而发生当事人预期的法律效果。如果意思表示不真实，就与意志自由相悖，无法实现当事人预期的效果，因此应当允许被撤销。需要指出的是，意思表示是否真实往往只有表意人或意思表示受领人才能知道，这就需要由当事人撤销不真实的意思表示。而且，即使意思表示不真实，表意人不愿意撤销，按照私法自治的原则，法律也不应当对此进行干预。

第二，可撤销的民事法律行为须由撤销权人主动行使撤销权。由于可撤销的民事法律行为主要涉及当事人意思表示不真实的问题，而当事人的意思表示是否真实，局外人通常难以判断，即使局外人已得知一方当事人因意思表示不真实而受到损害，如果当事人不主动提出撤销而自愿承担损害的后果，法律也应允许这种行为有效。所以，法律要将是否主张撤销的权利留给撤销权人，由其决定是否撤销民事法律行为。撤销权人通常是意思表示不真实的表意人本人，如因欺诈、胁迫等而作出意思表示的人。对此类民事法律行为的撤销问题，法院应采取不告不理的态度，如果当事人不主张提出撤销，法院不能主动地撤销该民事法律行为。

撤销权在性质上是一种形成权，权利人通过单方的意思表示行使撤销权，可导致此种民事法律行为的效力溯及既往地消灭。撤销权也是一种专属的权利，撤销权人通常是意思表示不真实、不自由、意思与表示不一致的一方当事人，或者是可撤销民事法律行为的受害人。此外，撤销权还是一种受期限限制的权利，撤销权必须在规定的期限内行使，超过一定的期限，则撤销权归于消灭。由于撤销权在本质是一种实体权利，可以由当事人予以放弃，因而一旦撤销权人放弃撤销权，撤销权也随即消灭。

第三，可撤销的民事法律行为在未被撤销以前仍然是有效的。可撤销的民事法律行为在未被撤销前，既非效力待定，亦非当然无效，可被认为自成立之时起已经生效。这是此类民事法律行为与无效和效力待定的民事法律行为的区别所在。可撤销的民事法律行为在未被撤销前，当事人仍应依民事法律行为规定履行义务，任何一方不得以民事法律行为具有可撤销的因素为由而拒不履行其义务。

（二）可撤销的民事法律行为的类型

1. 基于重大误解实施的民事法律行为

《民法典》第147条规定："基于重大误解实施的民事法律行为，行为人有权请求人民法院或者仲裁机构予以撤销。"

所谓重大误解的民事法律行为，是指一方因自己的过错而对民事法律行为的内容等发生误解而从事的某种民事法律行为。《最高人民法院关于适用〈中华人民共和国民法典〉总则编若干问题的解释》第19条规定："行为人对行为的性质、对方当事人、标的物的品种、质量、规格、价格、数量等产生错误认识，按照通常理解如果不发生该错误认识行为人就不会作出相应意思表示的，人民法院可以认定为民法典第一百四十七条规定的重大误解。行为人能够证明自己实施民事法律行为时存在重大误解，并请求撤销该民事法律行为的，人民法院依法予以支持；但是，根据交易习惯等认定行为人无权请求撤销的除外。"

因重大误解实施的民事法律行为的成立需要具备如下条件。

(1) 表意人对民事法律行为的内容等发生了重大误解。

当事人在实施民事法律行为时，可能因多种原因对民事法律行为的内容等发生误解，但从维护交易安全出发，并非所有误解都会导致该民事法律行为被撤销。一方面，必须是表意人对民事法律行为的内容发生了误解，如行为人对行为的性质，对方当事人，标的物的品种、质量、规格、价格、数量等产生错误认识，按照通常理解如果不发生该错误认识，行为人就不会作出相应意思表示的。另一方面，误解必须是重大的，也就是说，该误解在客观上实质性地影响了当事人的权利义务关系。在判断表意人是否构成重大误解时，应当结合个案进行具体判断。

(2) 表意人因为误解作出了意思表示。

构成因重大误解而实施的民事法律行为，不仅要求表意人内心出现了重大误解，而且要求表意人因为该误解作出了意思表示。一方面，表意人要将其意思表示表达出来，否则无从评价其是否存在误解。另一方面，表意人作出的意思表示必须是因为误解所造成的，也就是说，表意人的错误认识与其作出意思表示之间具有因果关系。

(3) 误解通常是由误解方自己的过错造成的。

误解是由误解方自己的过错造成的，而不是因为受他人的欺骗或不正当影响造成的。在通常情况下，误解都是由表意人自己的过错造成的，但如果行为人有证据证明其意思表示存在第三人转达错误的，人民法院应当认定为重大误解。《最高人民法院关于适用〈中华人民共和国民法典〉总则编若干问题的解释》第20条规定："行为人以其意思表示存在第三人转达错误为由请求撤销民事法律行为的，适用本解释第十九条的规定。"

例：某电动车商店新到一批车型，每台售价9000元。而商店工作人员错把售价标成6000元。消费者甲到该商店购车，发现该款电动车性能优越，价格又便宜，马上买了两台回家。后商店负责人发现标价错误，于是找到甲，要求他退货或补足价款，甲拒绝。双方诉至法院。

本案中，电动车的买卖行为是可撤销的法律行为，商店工人人员在价格上存在重大误解，某商店可以要求撤销该买卖行为。当然，该买卖行为在被撤销前是有效的民事法律行为。

2. 因欺诈实施的民事法律行为

（1）欺诈的概念和构成要件。

《民法典》第148条规定："一方以欺诈手段，使对方在违背真实意思的情况下实施的民事法律行为，受欺诈方有权请求人民法院或者仲裁机构予以撤销。"

《最高人民法院关于适用〈中华人民共和国民法典〉总则编若干问题的解释》第21条规定："故意告知虚假情况，或者负有告知义务的人故意隐瞒真实情况，致使当事人基于错误认识作出意思表示的，人民法院可以认定为民法典第一百四十八条、第一百四十九条规定的欺诈。"根据最高人民法院的司法解释，欺诈是指故意告知虚假情况，或者负有告知义务的人故意隐瞒真实情况，致使当事人基于错误认识作出意思表示的行为。因欺诈而实施的民事法律行为是在意思表示不真实的情况下实施的民事法律行为，受欺诈方可撤销。它必须具备以下条件。

第一，欺诈方具有欺诈的故意。所谓欺诈的故意，是指欺诈的一方明知自己告知虚假情况或隐瞒真实情况会使被欺诈人陷入错误认识，而希望或放任这种结果的发生。可见，欺诈方实际上是有恶意的。欺诈方告知虚假情况或隐瞒真实情况，不论是否使自己或第三人牟利，均不妨碍恶意的构成。如果欺诈方意识到自己的欺诈行为会使自己或第三人牟利、使对方当事人遭受损害而恶意为之，则可认为欺诈者具有较大的恶意。

第二，欺诈方实施了欺诈行为。所谓欺诈行为，是指欺诈方将其欺诈故意表示于外部的行为，在实践中大都表现为故意陈述虚假事实或故意隐瞒真实情况，使他人陷入错误。所谓故意告知虚假情况，也就是指虚假陈述；所谓故意隐瞒真实情况，是指行为人有义务向对方如实告知某种真实的情况而故意不告知。根据诚信原则，当事人应当如实地向对方告知产品的使用方法、性能、隐蔽瑕疵等重要情况，这是当事人应承担的附随义务。违反此种义务，有可能构成欺诈行为。

第三，被欺诈的一方因欺诈而陷入错误。一方面，欺诈人告知虚假情况或隐瞒真实情况与民事法律行为的内容有密切关系；如果与该内容并无联系，不能认为欺诈行为与认识错误之间有因果联系。另一方面，受害人基于虚假的信息而对合同内容发生了错误认识，如因误信对方的假药宣传而将假药当成了真药。此种错误并不是因为被欺诈人自己的过失造成的，而是因受欺诈的结果。如果欺诈人实施欺诈行为以后，受欺诈人未陷入错误或者发生的错误认识并不是欺诈造成的，则不构成欺诈。

第四，被欺诈人因错误而作出了意思表示。被欺诈人在因欺诈发生了错误认识以后，基于错误的认识作出了意思表示并实施了民事法律行为。这就表明欺诈行为与受害人不真实的意思表示之间具有因果联系。如果被欺诈人虽因欺诈行为陷入错误，但并未作出意思表示，则不能认为构成欺诈。

(2) 因第三人欺诈而实施的民事法律行为。

所谓因第三人欺诈而实施的民事法律行为，是指因第三人实施欺诈行为而使当事人一方在违背真实意思的情况下实施的民事法律行为。例如，生产者从事虚假广告宣传，导致消费者上当受骗。合同关系是在消费者和销售者之间订立的，而生产者是第三人，此类情形就构成第三人欺诈。《民法典》第149条规定："第三人实施欺诈行为，使一方在违背真实意思的情况下实施的民事法律行为，对方知道或者应当知道该欺诈行为的，受欺诈方有权请求人民法院或者仲裁机构予以撤销。"法律作出此种规定，有利于保护受欺诈方，也有利于保护善意相对人，维护交易安全。

因第三人欺诈构成可撤销的民事法律行为应当符合如下条件。

第一，必须是第三人实施了欺诈行为。第三人欺诈中的"第三人"应当是当事人以外的第三人，如果是当事人之间实施欺诈行为，则不构成第三人欺诈。如果当事人的代理人、代表人或者当事人选任的人实施了欺诈行为，应当构成当事人一方实施欺诈行为，而不成立第三人欺诈。

第二，受欺诈方因为第三人的欺诈行为而实施民事法律行为。在第三人实施欺诈行为后，受欺诈方因该欺诈而作出了意思表示。例如，在前例中，消费者因为生产者的虚假广告宣传而上当受骗，并据此与销售者订立合同。如果受欺诈方实施民事法律行为与第三人的欺诈之间没有因果关系，则当事人不得依据该条规定主张撤销民事法律行为。

第三，相对人知道或者应当知道该欺诈行为。在第三人实施欺诈行为的情形下，为了保护交易安全，不应当一概允许受欺诈方主张撤销民事法律行为。因此，《民法典》第149条将相对人知道或者应当知道该欺诈行为作为受欺诈方撤销民事法律行为的条件。例如，在前例中，如果销售者对生产者的虚假广告宣传并不知情，也不应当知情，则消费者不得主张撤销合同；如果销售者知道或者应当知道生产者进行了虚假广告宣传，则消费者应当有权撤销合同。

例：甲水果批发商以国产樱桃为样品，伪称某国进口车厘子，与乙超市签订了买卖合同，后乙超市得知这一事实。不料因为某国天气极为干旱,导致车厘子味道略带苦涩,进口车厘子滞销,而国产樱桃价格上涨。乙超市要求甲批发商按样品发货。

本案中,甲批发商因为欺诈与乙超市订立的买卖合同是可撤销的合同。如果乙超市主张撤销,则自始无效;如果乙超市主张不撤销,按样品发货,则合同自始有效。

3. 因受胁迫而作出的民事法律行为

《民法典》第150条规定:"一方或者第三人以胁迫手段,使对方在违背真实意思的情况下实施的民事法律行为,受胁迫方有权请求人民法院或者仲裁机构予以撤销。"

《最高人民法院关于适用〈中华人民共和国民法典〉总则编若干问题的解释》第22条规定:"以给自然人及其近亲属等的人身权利、财产权利以及其他合法权益造成损害或者以给法人、非法人组织的名誉、荣誉、财产权益等造成损害为要挟,迫使其基于恐惧心理作出意思表示的,人民法院可以认定为民法典第一百五十条规定的胁迫。"根据最高人民法院的司法解释,胁迫是以给自然人及其近亲属等的人身权利、财产权利以及其他合法权益造成损害或者以给法人、非法人组织的名誉、荣誉、财产权益等造成损害为要挟,迫使其基于恐惧心理作出意思表示的行为。胁迫包括一方当事人实施胁迫和第三人实施胁迫。所谓第三人胁迫,是指当事人以外的人实施了胁迫行为。例如,出租人要求承租人退租,但一直没有协商成功,后来出租人找到第三人,第三人通过暴力胁迫的方式强迫承租人退租,此种情形就属于因受第三人胁迫而实施的民事法律行为。受胁迫方因此所实施的民事法律行为属于可撤销的民事法律行为,其构成应当符合以下条件。

第一,一方或者第三人实施了胁迫行为。胁迫行为既包括已经发生的损害,也包括将要发生的损害。对自然人而言,胁迫可能是给自然人及其近亲属等的人身权利、财产权利以及其他合法权益造成损害,如涉及生命、身体、财产、名誉、自由、健康、信用等方面的损害。对法人和非法人组织,胁迫可能是对法人、非法人组织的名誉、荣誉、财产权益等造成损害。

第二,胁迫人具有胁迫的故意。胁迫都是基于故意而实施的,所谓胁迫的故意,首先,胁迫者意识到自己的行为将造成受胁迫者心理上的恐惧而故意进行威胁。其次,胁迫者希望通过胁迫行为使受胁迫者作出某种意思表示。一般来说,胁迫的故意并不包括胁迫者希望通过胁迫行为使自己获得某种利益,牟利只是其动机问题。正是因为胁迫人都是基于故意实施的胁迫行为,而且对表意人的意思自由影响较大,所以,不论是对方当事人实施胁迫行为,还是第三人实施胁迫行为，受胁迫方都有权撤销民事法律行为。

第三，受胁迫方因胁迫而实施了民事法律行为。受胁迫方实施民事法律行为必须与胁迫行为之间具有因果关系。也就是说，表意人因为受到胁迫而产生恐惧心理，并在此种心理状态的支配下实施了民事法律行为。如果行为人的胁迫行为并没有使表意人产生恐惧心理，或者虽然产生了恐惧心理，但并没有因此作出相应的意思表示，则表意人无法依据该规则主张撤销该民事法律行为。

第四，胁迫行为是非法的。胁迫行为给对方施加了一种强制和威胁，此种威胁必须是非法的、没有法律依据的。如果一方有合法的根据对另一方施加某种压力，则不构成胁迫。另外，合同订立以后，一方拒不履行合同，另一方以将要提起诉讼等合法手段向对方施加压力，要求其履行合同，也不构成胁迫。

需要指出的是，因为胁迫行为是针对特定的当事人实施的，所以确定胁迫行为是否构成，应当以特定的受害人而不是一般人在当时的情况下是否感到恐惧为标准来加以判断。即使一般人不感到恐惧，但受害人感到恐惧，也可以构成胁迫。

另外，在第三人胁迫的情形下，无论当事人是否知道胁迫的存在，受胁迫人都可以主张撤销。

4. 显失公平的民事法律行为

所谓显失公平的民事法律行为，是指一方在从事某种民事法律行为时因情况紧迫或缺乏经验而作出了明显对自己有重大不利的行为。《民法典》第151条规定，"一方利用对方处于危困状态、缺乏判断能力等情形，致使民事法律行为成立时显失公平的，受损害方有权请求人民法院或者仲裁机构予以撤销"。显失公平主要适用于双务、有偿的民事法律行为，对无偿民事法律行为，因不存在对价问题，所以不存在双方利益的不平衡和显失公平。显失公平规则是民法公平原则的具体体现，法律规定显失公平的民事法律行为可撤销，有利于保障交易的公平合理，维护正常的交易秩序。

依据《民法典》第151条的规定，显失公平的构成要件，应包括客观和主观两个方面。

(1) 客观要件。

客观要件是指当事人的给付与对待给付之间失衡或造成利益不平衡。依据《民法典》第151条的规定，只有民事法律行为成立时显示公平，表意人才能依据本条主张撤销该民事法律行为。具体来说，包括两个方面。

第一，双方当事人的利益明显失衡。也就是说，交易的结果对双方的利益是明显不平衡的，即一方得到的给付明显多于另一方得到的给付。在市场经济条件下,要求各种交易中给付和对待给付都达到完全的对等是不可能的,如果当事人因某个交易不成功,就以显失公平为由要求撤销合同,显然违背了显失公平制度所设立的目的。显失公平制度并不是为了消除当事人应承担的交易风险,而是禁止或限制一方当事人获得超过法律允许的利益。当然,有关利益平衡或不平衡问题,应根据各种交易关系的具体情况加以认定,特别是要通过考虑供求关系、价格的涨落、交易习惯等各种因素而决定。客观上经济利益的不平衡,是以利益能够依一定的价格、收费标准等加以确定来判断的,对于那些特定物、特殊的服务等,因很难计算其实际价值,一般也不适用显失公平制度。

第二,必须是民事法律行为成立时显失公平。也就是说,这种利益的失衡发生在民事法律行为成立时。如果在民事法律行为成立时不构成显失公平,而在履行阶段显失公平,则表意人不得依据《民法典》第151条主张撤销民事法律行为。例如,合同订立以后,因市场行情变化使价格发生涨落等,除非出现了情势变更的情况,否则当事人不能以显失公平为由要求撤销合同。

(2)主观要件。

主观要件是指在订立合同时一方具有利用优势地位或对方轻率、无经验等而与其订立显失公平合同的故意。此种主观状态已表明行为人背离了诚信原则的要求。在法律上之所以要求考虑主观要件,其目的在于保障交易的公平和公正,维护商业道德,保护处于弱势地位的消费者的利益。具体来说,主观要件分为以下几种情况。

第一,利用危困状态。一般是指利用某人因陷入某种暂时性的急迫困境,从而急需金钱或有其他急需的状态。例如,某人家人突患重病,急需交付医药费、住院费等,如果有人利用这种急需要求其低价出售房屋,则有可能构成显失公平。

第二,利用对方缺乏判断能力。所谓缺乏判断能力,主要是指欠缺一般的生活经验或交易经验。例如,金融机构的从业人员向判断能力较弱的老年人高价兜售收益率较低的金融理财产品,即可以认定为利用了老年人缺乏判断能力。一般认为,欠缺经验仅限于欠缺一般的生活经验或交易经验,而不包括欠缺特殊的经验。也就是说,当事人在进行特殊交易时,应当了解相关的特殊交易经验,而不得以自己缺乏交易经验为由主张撤销相关的民事法律行为。例如,当事人在进行期货交易时,应当了解期货交易的相关规则,事后不得以自己缺乏期货交易经验为由主张撤销合同。

除上述情形外,该条使用了"等"字这一表述,表明除了利用对方处于危困状态、缺乏判断能力情形外,如果存在其他类似影响当事人意思自由的情形,表意人也应当有权主张撤销民事法律行为。

（三）撤销权的行使

依照《民法典》的规定，撤销权的行使具有如下几个特点。

第一，撤销权的主体。撤销权一般应当由因意思表示不真实而受损害的一方当事人享有，如受欺诈方、受胁迫方、显失公平中的受损害方。但在基于重大误解实施的法律行为中，行为人双方都有撤销权。

第二，撤销权是一种专属的权利，不得与民事法律行为相分离而单独转让。也就是说，权利人不能在转让合同时保留撤销权，或者在转让撤销权时保留合同债权。

第三，撤销权的行使必须采取诉讼或仲裁的方式。《民法典》中的多个条款都明确规定，受害人有权请求人民法院或者仲裁机构予以撤销。这表明，撤销权的行使应当采取诉讼或仲裁的方式。

第四，撤销权并不包括变更权。《民法典》没有规定变更权，只规定了撤销权。立法者认为，在欺诈等情形下，法院或仲裁机构进行变更，并不一定符合当事人的内心意思，反而容易形成公权力对私人权利领域的不当干扰，甚至导致自由裁量权的滥用。因此，在意思表示不真实的情况下，如果要提起撤销之诉，就不能主张变更。

第五，撤销权必须在法定期限内行使。因为撤销权是形成权，其应当适用除斥期间。尤其是撤销权的行使会导致民事法律行为被消灭，当事人之间发生恢复原状的后果。如果没有期限限制，可能导致民事法律行为的效力悬而未决，这就极不利于维护当事人的利益，也不利于保障交易安全。

（四）撤销权的行使期限

《民法典》第152条规定："有下列情形之一的，撤销权消灭：（一）当事人自知道或者应当知道撤销事由之日起一年内、重大误解的当事人自知道或者应当知道撤销事由之日起九十日内没有行使撤销权；（二）当事人受胁迫，自胁迫行为终止之日起一年内没有行使撤销权；（三）当事人知道撤销事由后明确表示或者以自己的行为表明放弃撤销权。当事人自民事法律行为发生之日起五年内没有行使撤销权的，撤销权消灭。"

依据此条规定，撤销权的行使期限包括如下几种情形。

第一，当事人自知道或者应当知道撤销事由之日起一年内，重大误解的当事人自知道或者应当知道撤销事由之日起九十日内行使撤销权。该期限在性质上属于除斥期间，属于法定的不变期间，不存在中止、中断、延长的情形。该期限从其知道或应当知道撤销事由（如知道或应当知道其受到欺诈）之日起开始计算。如果超过一年不行使权利，撤销权最终归于消灭，则可撤销合同成为有效合同。对于重大误解的当事人而言，自知道或者应当知道撤销事由之日起九十日内没有行使撤销权的，撤销权消灭。

第二，当事人受胁迫，自胁迫行为终止之日起一年内没有行使撤销权的，撤销权消灭。与欺诈、重大误解等行为不同，胁迫行为具有特殊性，胁迫不终止，被胁迫人不可能自由提起撤销诉讼，因此，受胁迫人只能在胁迫终止后的一定期限内行使撤销权。

第三，当事人知道撤销事由后明确表示或者以自己的行为表明放弃撤销权的，撤销权消灭。撤销权属于私权的范畴，按照私法自治原则，权利人可以放弃其权利。如果撤销权人知道撤销事由存在，但放弃了其权利，法律自然不必干涉。这里所说的明确表示，可以采取书面形式、口头形式或其他形式。另外，放弃撤销权，也可以是以默示的方式，即以自己的行为表明放弃撤销权。

第四，当事人自民事法律行为发生之日起五年内没有行使撤销权的，撤销权消灭。上述期限规定，都采用主观计算方法，即从撤销权人知道或应当知道撤销事由之日起算，此种计算方法的缺点在于，如果撤销权人长期不知道或不应当知道撤销事由，可能导致法律关系长期不确定。因此，还需要借助于客观计算方法，限制主观计算方法的适用。据此，《民法典》第152条第2款规定："当事人自民事法律行为发生之日起五年内没有行使撤销权的，撤销权消灭。"此种计算方法的优点在于时间确定、便于计算，有利于法律关系的尽快稳定。但是，其缺点在于，即便撤销权人不知道撤销事由，也可以导致撤销权消灭。所以，《民法典》采取主观计算和客观计算结合的方式。依据这一规定，自民事法律行为成立之日起超过5年的，撤销权消灭，即使当事人不知道且不应当知道撤销事由，也发生同样的效果。

撤销权一旦行使，经法院确认，将使民事法律行为的效力溯及既往地消灭。民事法律行为一经撤销，发生等同于无效的效果，当事人应当依法互相返还财产、恢复原状。

（五）民事法律行为被宣告无效或者被撤销的法律后果

《民法典》第155条规定："无效的或者被撤销的民事法律行为自始没有法律约束力。"据此可见，被确认无效和被撤销的民事法律行为自始无效，而不是从确认无效或者被撤销之时起无效。尤其是对无效民事法律行为来说，因其在内容上具有不法性，当事人即使在事后追认，也不能使这些民事法律行为生效。一旦民事法律行为被确认无效或被撤销，原民事法律行为对当事人不再具有任何拘束力，当事人也不得基于原民事法律行为而主张任何权利或享有任何利益。例如，合同被撤销后，当事人不得请求实际履行或要求另一方承担违约责任。

民事法律行为被确认无效或被撤销以后，虽不能产生当事人所预期的法律效果，但并不是不产生任何法律后果。无效民事法律行为的违法性，决定了法律不仅要使这些行为无效并使当事人负返还财产、赔偿损失的民事责任，而且当事人订立无效民事法律行为侵犯了为法律所保护的社会秩序和社会公共利益，当事人还可能承担其他法律责任。对于可撤销的民事法律行为来说，当事人虽然可能不会承担无效民事法律行为的某些后果（如承担行政责任），但民事法律行为被撤销后，当事人之间也会产生返还财产和赔偿损失的民事责任。《民法典》第157条规定："民事法律行为无效、被撤销或者确定不发生效力后，行为人因该行为取得的财产，应当予以返还；不能返还或者没有必要返还的，应当折价补偿。有过错的一方应当赔偿对方由此所受到的损失；各方都有过错的，应当各自承担相应的责任。法律另有规定的，依照其规定。"依据这一规定，民事法律行为无效、被撤销或者确定不发生效力后，将产生如下法律后果。

1. 返还财产

所谓返还财产，是指一方当事人在民事法律行为被确认无效或被撤销以后，对其已交付给对方的财产享有返还请求权，而已经接受对方交付的财产的一方当事人则负有返还对方财产的义务。财产返还涉及如下问题。

第一，从返还财产的目的来看，返还财产旨在使财产关系恢复到民事法律行为成立以前的状态。也就是说，在民事法律行为被撤销后，当事人应当将其依据民事法律行为所取得的财产返还给对方，从而使当事人之间的利益状态恢复到民事法律行为成立以前的状态。因此，民事法律行为成立前的状态与当事人现有的财产状况之间的差距，就是当事人所应返还的范围。

第二，返还财产的对象仅限于原物及其孳息。如果当事人接受的财产是实物或货币，原则上应返还原物或货币，不能以货币代替实物或以实物代替货币。如果当事人接受的财产是利益，则应以当时国家规定的价格或市场价格折合成钱款予以返还。如果原物已遭到毁损、灭失，返还财产在客观上已不可能，则可依据《民法典》第157条的规定，当事人可通过折价补偿的方式代替返还财产。

第三，一方行使返还财产的请求权原则上不应当考虑对方是否具有过错。这就是说，如果另一方接受了一方交付的财产，只要该财产仍然存在或能够返还，便应负有返还责任，而不考虑其在主观上是否具有过错。当然，如果当事人对民事法行为被撤销有过错，依据《民法典》第157条，有过错的一方应当赔偿对方由此所受到的损失。

2. 赔偿损失

民事法律行为被确认无效或被撤销以后，也将产生损害赔偿的责任。根据《民法典》第157条的规定，民事法律行为无效、被撤销或者确定不发生效力后，除非法律另有规定，有过错的一方应当赔偿对方由此所受到的损失，各方都有过错的，应当各自承担相应的责任。民事法律行为无效或被撤销后的损害赔偿责任的构成，须具备以下要件。

第一，损害事实的存在。所谓损害事实的存在，是指当事人确因民事法律行为被撤销而遭受了损害。损害必须是实际发生的且可以确定的，当事人一方主张损害赔偿，必须要证明损害的实际存在。因民事法律行为被撤销所造成的损失主要是当事人在实施民事法律行为过程中所遭受的损失。

第二，赔偿义务人具有过错。依据《民法典》第157条的规定，过错是民事法律行为被撤销后赔偿损失责任的构成要件。过错的表现形式有多种，如违反了法律规定、采取了欺诈和胁迫手段等。在民事法律行为被确认无效或被撤销以后，非过错方提出赔偿请求权的根据在于其因对方的过错而遭受了信赖利益的损失。

第三，过错与损失之间有因果关系。所谓因果关系，是指一方或双方的过错与另一方或双方遭受的损失之间的前因后果联系。如果不存在因果关系，则即使一方具有过错，也不必赔偿另一方的损失。例如，一方违反现行法律规定出售货物给另一方，另一方接受货物后因保管不善使货物遭受毁损，尽管该合同被确认无效，但另一方遭受的损失是因其自身保管不善造成的，而非合同无效所致，因此受害人的损失与对方的过错之间没有因果关系。

另外，根据最高人民法院司法解释，民事法律行为不成立，当事人请求返还财产、折价补偿或者赔偿损失的，参照适用《民法典》第157条的规定。

例：甲向某首饰店购买钻石戒指一枚用于结婚，该戒指标签标明该钻石为天然钻石。婚后某一天，甲戴钻戒参加聚会，被人告知实为人造钻石。甲遂多次与首饰店交涉退货事宜，历时一年零六个月，未果。现甲以欺诈为由诉请法院撤销该买卖关系，其主张能否得到人民法院支持？

本案中，甲的主张不能得到法院支持，因为超过了行使撤销权的一年除斥期间。但甲可以起诉首饰店违约，要求其承担违约责任。

六、附条件和附期限的民事法律行为

(一) 附条件的民事法律行为

1. 附条件民事法律行为的概念

所谓附条件的民事法律行为，是指当事人在民事法律行为中特别规定一定的条件，以条件的成就与否来决定民事法律行为效力的发生或消灭的民事法律行为。《民法典》第158条规定："民事法律行为可以附条件，但是根据其性质不得附条件的除外。附生效条件的民事法律行为，自条件成就时生效。附解除条件的民事法律行为，自条件成就时失效。"附条件的民事法律行为能够将当事人的动机表现在民事法律行为中，从而能充分尊重当事人的意志，满足当事人的各种不同需要。

附条件的民事法律行为适用的范围是极为广泛的，可适用于各种类型的民事法律行为，原则上除了法律法规禁止和限制的行为之外，都可以设定附条件的民事法律行为。民事法律行为依其性质不得附条件的，主要包括两种情形：一是婚姻、收养、监护等身份行为，在性质上是不得附条件的，如果允许对此类行为附条件，可能有违公序良俗。二是某些民事法律行为在性质上要求即时、确定地发生效力，不得使其效力处于不确定状态，此类行为也不得附条件，例如抵销、解除、追认、撤销等行为。附条件的民事法律行为一旦成立，就产生一种形式上的拘束力，任何一方当事人都不得反悔。

2. 所附条件的特征

条件是指决定民事法律行为效力产生或消灭的未来不确定的事实。在附条件的民事法律行为中，条件具有限制民事法律行为效力的作用。民事法律行为中所附的条件的特征如下。

(1) 所附条件属于将来发生的事实。能够作为附条件的民事法律行为中的条件的，必须是当事人从事民事法律行为时尚未发生的事实，过去的、已经发生的事实不能作为条件。

(2) 所附条件属于发生与否不能确定的事实。条件在将来是否发生，当事人是不能确定的。如果在民事法律行为成立时，当事人已经确定作为条件的事实必然发生，则应当解释为当事人在民事法律行为中附期限，而不是在民事法律行为中附条件。

（3）所附条件成就必须可能。民事法律行为所附条件不可能发生，当事人约定为生效条件的，人民法院应当认定民事法律行为不发生效力；当事人约定为解除条件的，应当认定未附条件，民事法律行为是否失效，依照《民法典》和相关法律、行政法规的规定认定。

（4）所附条件必须是由当事人意定的而不是法定的事实。作为条件的事实必须是当事人自己选定的，是当事人意思表示一致的结果，而不是法律规定的条件（如法律规定，继承的发生以被继承人的死亡为条件）。如果民事法律行为中附有法定条件，则视为未附条件。

（5）所附条件必须合法。附条件的民事法律行为中的条件，必须符合法律的规定和公序良俗。以违法或违背公序良俗的事实作为民事法律行为的条件，称为不法条件。原则上说，条件必须合法，附违法条件的民事法律行为一般应当宣告无效。但在特殊情况下，如果单独宣告条件无效，而民事法律行为不具有违法性，可视为未附条件，该民事法律行为仍为有效。例如，某雇主与雇员约定，以雇员怀孕为解除条件订立劳动合同，则该条件因违法应当被宣告无效，但劳动合同仍然有效。

3. 所附条件的类型

（1）生效条件与解除条件。

根据条件对于民事法律行为本身所起的作用，条件可分为生效条件和解除条件。

生效条件又称为停止条件或延缓条件，它是指限制民事法律行为效力发生的条件。《民法典》第158条规定，附生效条件的民事法律行为，自条件成就时生效。在附生效条件的民事法律行为中，民事法律行为虽然已经成立，但暂时停止发生效力。此时，权利人不能行使权利，义务人也不必履行其义务。只有在生效条件成就以后，权利人才可以请求义务人履行义务，义务人也必须履行义务。

解除条件又称为消灭条件，是限制民事法律行为效力消灭的条件。在附解除条件的民事法律行为中，民事法律行为所确定的权利、义务已经发生了效力，在条件成就以后，民事法律行为所确定的权利义务消灭，回复到以前的法律状态，但在解除条件成就时，民事法律行为也不发生溯及既往的效力；而在条件未成就以前，民事法律行为继续有效，如果条件确定不成就，则该民事法律行为一直有效。

（2）积极条件与消极条件。

根据条件的成就是否会发生某种事实，条件可分为积极条件和消极条件。

积极条件是指以某种事实的发生为内容的条件。在附积极条件的民事法律行为中，作为条件的事实未发生，视为条件未成就；作为条件的事实已经发生，则视为条件已成就，民事法律行为生效。

消极条件是指以某种事实的不发生为内容的条件。如甲对乙说："如果明天不下雨，则卖给你雨伞。""明天不下雨"即为消极条件。在附消极条件的民事法律行为中，作为条件的事实不发生，视为条件成就，民事法律行为生效；作为条件的事实已发生，则视为条件未成就，民事法律行为不生效。

（3）偶成条件、随意条件与混合条件。

根据条件成就的原因，条件可分为三类：一是偶成条件，它是指条件的成就与当事人的意思无关，纯粹由偶然性的客观事实决定；二是随意条件，它是指条件的成就由一方当事人的意思决定；三是混合条件，它是指条件的成就与否依赖于当事人与第三人的意思。

4. 附条件的民事法律行为的效力

《民法典》第158条规定，附生效条件的民事法律行为，自条件成就时生效；附解除条件的民事法律行为，自条件成就时失效。这里所说的"自条件成就时生效"以及"自条件成就时失效"，是指条件的成就与不成就，决定着民事法律行为的效力发生或消灭。附条件的民事法律行为成立以后，就已经在当事人之间产生了法律拘束力。此种附条件的民事法律行为的拘束力表现在以下方面。

（1）民事法律行为已经产生形式上的拘束力。任何一方当事人都不得单方予以撤回或单方随意变更，此种效力也称为民事法律行为先效力。例如，对于附条体的合同而言，如果任何一方单方面地终止合同，则构成违约。此外，在附条件的民事法律行为成立以后，即便当事人已经丧失行为能力、丧失对标的物的处分权等，该附条件的民事法律行为的效力也不受影响，仍因条件的成就使民事法律行为的效力发生或消灭。

（2）在附条件的民事法律行为成立以后，在条件未成就以前，当事人均不得为了自己的利益，以不正当的行为促成或阻止条件的成就，而只能听任作为条件的事实自然发生。《民法典》第159条规定："附条件的民事法律行为，当事人为自己的利益不正当地阻止条件成就的，视为条件已经成就；不正当地促成条件成就的，视为条件不成就。"依据这一规定，此处所说的不正当行为是指行为人违反法律、道德和诚信的原则，以作为或不作为的方式促成或阻止条件的成就。

（3）期待权的保护。在条件成就或者不成就之前，附条件的民事法律行为处于效力不确定的状态。对此期间，学说上称为未决期间。在未决期间内，虽然法律行为具有形式上的拘束力，但当事人并不实际地享有权利、承担义务。行为人因条件成就取得某种权利的先行地位，应予以权利化，学说上称为期待权。

在附条件的民事法律行为中，当事人一方为自己的利益不正当地促成或阻止条件成就的，侵害另一方的期待权，另一方不能就其期待权遭受侵害单独提起诉讼，而只能视为条件未成就或条件已成就。

例：甲因购房向朋友乙借款人民币20万元，约定两年内偿还，年利率为5%。借款行为发生一年后，乙的母亲因病住院急需用钱，乙向甲发信息，称："如果你能在一个月内偿还20万元欠款，所有的利息我都不要了。"甲收到信息后表示同意提前还款，经过四处筹措，终于在一个月内将20万元本金偿还给了乙。

本案中，乙在信息中关于"如果你能在一个月内偿还20万元欠款，所有的利息我都不要了"的意思表示，构成附条件的债务免除，即如果甲能在一个月内偿还全部本金20万元，则利息全部免除。甲能否在一个月内偿还本金为不确定的事实。当甲四处筹措，终于在一个月内将20万元本金偿还给了乙，所附条件成就，免除利息的民事法律行为生效。

（二）附期限的民事法律行为

1. 附期限的民事法律行为的概念

所谓附期限的民事法律行为，是指当事人在民事法律行为中设定一定的期限，并将期限的到来作为民事法律行为效力发生或消灭根据的民事法律行为。期限，是指将来客观确定到来的事实。例如，当事人双方在合同中约定自2022年12月1日起，甲方将租赁乙方的房屋，为期2年。此类民事法律行为便属于附期限的民事法律行为。《民法典》第160条规定："民事法律行为可以附期限，但是按照其性质不得附期限的除外。附生效期限的民事法律行为，自期限届至时生效。附终止期限的民事法律行为，自期限届满时失效。"

民事法律行为中所附的期限与民事法律行为中所附的条件一样，都是对民事法律行为效力的特别限制，都能够直接限制民事法律行为效力的发生或消失。但两者是有区别的，主要表现在：作为条件的事实是否发生是不确定的，而期限的到来却有必然性。条件的成就与不成就是当事人不可预知的，条件可能成就，也可能不成就，因此，条件是不确定的事实。而期限的到来是必然发生的，能够为当事人所预知，所以期限是确定的事实。当事人在从事民事法律行为时，对于确定的事实只需在民事法律行为中附期限，而不必附条件。期限以一定时间的到来或期间的经过对民事法律行为的效力起限制作用，因此只有尚未到来且必然到来的时间和期间才能作为附期限的民事法律行为中的期限。

期限具有如下特点。

第一，期限是民事法律行为的一种附款。它与民事法律行为的其他内容一起共同构成了附期限的民事法律行为。期限原则上应当由民事法律行为的当事人自由约定。

第二，期限是限制民事法律行为效力的附款。如果民事法律行为约定了生效期限和终止期限，则民事法律行为的效力在时间上受到限制。有的期限直接决定着民事法律行为效力的发生，有的决定民事法律行为效力的消灭。

第三，期限是以将来确定事实的到来为内容的附款。因为期限是必然到来的，所以期限到来时，民事法律行为必然生效或终止。

2. 民事法律行为所附期限的分类

（1）生效期限与终止期限。

生效期限又称为延缓期限或始期，是指决定民事法律行为的效力发生的期限。附生效期限的民事法律行为，在期限到来以前，民事法律行为已经成立，但其效力处于停止状态，待期限到来时，效力才发生。这就是《民法典》第160条所规定的"自期限届至时生效"。例如，当事人在合同中约定，"本合同自2022年1月1日生效"，该期限即为始期，至该期限到来后，当事人才能实际享有权利和承担义务。

终止期限也称为解除期限或终期，是指决定民事法律行为的效力消灭的期限。附终止期限的民事法律行为，在期限到来以前，民事法律行为继续有效，而在期限到来时，民事法律行为效力消灭。这就是《民法典》第160条所称的"自期限届满时失效"。例如，当事人在合同中约定，"本合同至2022年1月1日终止"，该期限即为终止期限。

（2）确定期限与不确定期限。

所谓不确定期限，是指作为期限内容的事实到来时期不完全确定；所谓确定期限，是指作为期限内容的事实能够准确地确定到来。例如，甲与乙约定，甲方自2022年12月1日起租赁乙方的房屋，这种期限就属于确定期限。再比如，甲与乙约定甲死亡之日即为将房屋出售给乙之时。由于人必有一死，但在订立合同时对甲死亡的时间不可能确定，所以这种期限属于不确定期限。

3. 附期限的民事法律行为的效力。

期限约定的效力，在于使民事法律行为的效力在时间上受到限制。因此，附生效期限的民事法律行为,当期限到来时,民事法律行为发生效力;附终止期限的民事法律行为,当期限到来时,民事法律行为丧失效力。在期限到来之前,当事人虽然未实际取得一定的权利或者行使一定的权利回复,但存在取得权利或回复权利的可能性,因此与附条件的民事法律行为一样,当事人享有期待权,这种权利也应受到法律保护。如果期待权受到侵害,受害人享有请求损害赔偿的权利。

引例分析

(1) 张某的授权书内容是采购 1000 吨某品牌的泰国香米,授权书中明确记载了所购大米的品牌、产地及品质要求,所以张某以甲公司的名义擅自与乙公司签订的 1000 吨五常大米的合同,属于无权代理,合同为效力待定的合同。

(2) 张某在合同中注明:"需回去请示公司领导,若过了 30 天还不与乙公司接洽,就算了。"此时乙公司就应当知道张某对于 1000 吨五常大米的买卖合同并无代理权,因此乙公司不是善意的相对人,不享有《民法典》第 171 条第 2 款规定的撤销权。

(3) 30 天是甲公司的追认期。甲公司在最后一天带款提货的行为是追认行为,合同不是在追认时产生效力,而是溯及至合同订立时,即在张某代理签订合同时生效。

每章一练

一、单项选择题

1. 下列内容中属于民事法律行为的生效要件的是(　　)。
   A. 行为人具有完全民事行为能力
   B. 行为人有意思表示
   C. 行为内容不违法
   D. 行为形式必须采用书面形式

2. 李某为参加求职面试,特地去某商场定做了高级西服一套。后因笔试成绩太差,未进入面试,则其定做西服的活动(　　)。
   A. 有效
   B. 重大误解,可撤销

C. 显失公平，可撤销

D. 因目的落空而无效

3. 下列表述中不符合民事法律行为所附条件要求的是（　　）。

   A. 将来发生的事实

   B. 不确定的事实

   C. 合法的事实

   D. 法律规定的事实

4. 甲、乙约定，如果今年9月甲去美国留学，甲将把他的三居室以优惠价格租给乙。该法律行为是（　　）。

   A. 附解除条件的民事法律行为

   B. 附始期的法律行为

   C. 附终期的法律行为

   D. 附延缓条件的法律行为

5. 当事人一方可以请求人民法院或者仲裁机构撤销的行为有（　　）。

   A. 甲商店误将5000元的商品标价1000元卖给顾客乙

   B. 甲运输公司与乙约定在运输途中对乙的人身伤害概不负责

   C. 甲公司董事长以公司的名义为另一名董事的个人债务提供担保

   D. 无权代理订立的合同

二、多项选择题

1. 下列民事行为中，不属于意思表示不真实的民事行为的有（　　）。

   A. 恶意串通损害他人利益的行为

   B. 限制行为能力人依法不能独立实施的民事法律行为

   C. 误将赝品作为真品出卖的行为

   D. 与他人合伙开设赌场的行为

2. 构成民法上的可撤销的欺诈行为，须具备（　　）。

   A. 欺诈人有欺诈的故意

   B. 欺诈人实施了欺诈行为

   C. 受欺诈人因欺诈陷入错误认识

   D. 受欺诈人陷入错误认识而为意思表示

3. 属于重大误解行为的有（　　）。

   A. 甲不知女友已与他人结婚而购买订婚钻戒

   B. 乙误将真画当作赝品而贱售之

C. 丙承揽粉刷他人围墙，因估算坪数错误，报价偏低

D. 丁误认张某为救命恩人而赠与其5万元

4. 应认定为无效的民事行为的有（　　）。

A. 某甲与某乙商定，由某甲为某乙走私一把手枪

B. 间歇性精神病人在确能证明的发病期间实施的民事行为

C. 某甲把一幅古画真品错当成复制品卖给某乙

D. 12岁的某丙接受了从美国来的叔叔送给他的一台电脑，价值1.5万元

5. 属于可撤销的民事法律行为的有（　　）。

A. 恶意串通的民事法律行为

B. 以合法形式掩盖非法目的的民事法律行为

C. 因重大误解而实施的民事法律行为

D. 显失公平的民事法律行为

三、判断题

材料一　　王某到某电子城购买相机，该电子城工作人员工作疏忽，错将某相机的价格10000元标成1000元。王某看到该相机后，觉得质优价廉，就买走了。事隔一周后，电子城盘点时发现错误，根据电子监控找到王某，要求补足货款或者退货退款，而王某却坚持认为，"你标错了价是你的错，我买东西又不是没有付钱，货已经卖出，哪有再补钱的道理"，拒不补足价款，也不退货。于是该电子城到人民法院起诉。据此，请对下列问题作出判断：

1. 王某与某电子城之间的买卖行为在民法上认定为重大误解。（　　）
2. 对于王某与某电子城之间的买卖关系，如果电子城想撤销民事法律行为，则应在知道或应当知道撤销事由起一年内行使撤销权。（　　）
3. 如果电子城行使撤销权，可以向王某书面提出。（　　）

材料二　　廖某与史某约定，如果廖某不在甲公司上班，廖某就将其在甲公司附近的一套自有公寓卖给史某。史某为尽快购得该房屋，贿赂甲公司经理，让其辞退了廖某。

1. 廖某和史某关于廖某不在甲公司上班的约定应视为条件不成就。（　　）
2. 廖某和史某关于廖某不在甲公司上班的约定应视为期限已届满。（　　）
3. 若史某起诉廖某，要求其履行买卖合同，则人民法院应予以支持。（　　）

四、名词解释

1. 民事法律行为

2. 意思表示

3. 重大误解

4. 显失公平

5. 附条件的民事法律行为

6. 附期限的民事法律行为

五、简答题

1. 简述民事法律行为有效的要件。
2. 什么是效力待定的民事法律行为？效力待定的民事法律行为有哪些？
3. 什么是可撤销的民事法律行为？可撤销的民事法律行为有哪些？
4. 无效的民事法律行为有哪些？
5. 附条件的民事法律行为有哪些特征？
6. 简述民事法律行为所附条件和期限的区别。

六、论述题

1. 试析民事法律行为的概念。
2. 试析民事法律行为与意思表示的关系。

七、案例分析题

张振和张兴是兄弟，某日，弟弟张兴从老家来到哥哥家，看见哥哥家里有一款高级相机，爱好摄影的张兴很是喜欢，就对哥哥说："给我吧。"哥哥张振说："你先拿去玩几天。"弟弟离开时将相机带走了。一个月后，张兴因为急用钱，就把相机卖给了不知情的甲，甲按二手市场行情支付了8000元钱。三个月后，哥哥张振要求弟弟返还相机，弟弟张兴说："相机不是你送给我了吗，怎么还要还？"兄弟俩因此产生纠纷。

试分析：

（1）本案中兄弟二人的意思表示应该如何解释？

（2）本案应该如何处理？

第七章

代理

◆ 知识体系图

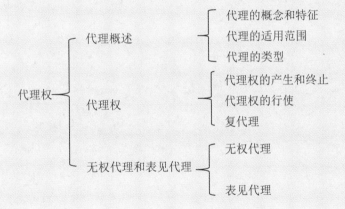

◆ **学习目标**

　　掌握代理的概念和特征；熟知代理的适用范围；能够区分代理的类型；了解代理权产生和终止的原因；理解代理权的行使规则；了解复代理的相关规定；重点掌握无权代理和表见代理的构成要件、法律后果等；能够运用所学知识分析相关案例，解决相关的民事纠纷。

◆ **本章引例**

　　2021年1月，13岁的原告钱某多次前往被告龙某所经营的某美容工作室玩耍。与龙某熟识后，钱某称要文身，龙某遂为钱某进行了大面积文身，并收取文身费用5000元。2021年2月，钱某的母亲送钱某前往某省入学，学校检查身体时发现了钱某身上的文身。为避免对钱某的求学及就业造成影响，钱某父母要求清洗文身。后双方因对赔偿事宜协商未果，钱某诉至法院，请求被告退还文身费5000元，并赔偿精神损失。

　　问：本案应如何处理？

第一节 代理概述

一、代理的概念和特征

(一)代理的概念

代理是指代理人在代理权范围内,以被代理人的名义独立与第三人为民事法律行为,由此产生的法律效果直接归属于被代理人的法律制度。《民法典》第161条第1款规定:"民事主体可以通过代理人实施民事法律行为。"在代理制度中,以他人名义为民事法律行为的人,称为代理人;由代理人代为实施民事法律行为的人,称为被代理人,也称本人;与代理人实施民事法律行为的人,称为第三人,也称相对人。

如图7-1所示,代理关系中有三方当事人,涉及三方面的法律关系:代理人与被代理人之间基于委托授权或者法律直接规定而形成的代理权关系;代理人依据代理权与第三人之间的代理行为关系;被代理人与第三人之间因代理行为而形成的具体民事法律关系。其中,前一种关系为代理的内部关系,后两种关系为代理的外部关系。代理的内、外部关系是有联系的、不可分割的。代理的内部关系是代理的外部关系得以产生和存在的前提,而代理的外部关系则是代理的内部关系的目的和归宿。

图7-1 代理关系示意图

设立代理制度的意义在于：一是弥补民事主体行为能力的不足。无行为能力人和限制行为能力人，可以借助代理制度从事民事法律行为，从而消除了由于行为能力欠缺所带来的各种不便，如法定代理。二是随着社会分工越来越精细化，某些专业领域对时间、精力、技能等有特殊要求，民事主体可以借助代理制度，克服其在时间、空间、专业、认识水平等方面的局限性，扩大从事民事活动的范围，从而更好地行使自己的权利，如律师代理。另外，代理制度还可以提高效率，降低社会运行成本，促进经济社会发展。

（二）代理的特征

1. 代理人得以被代理人的名义实施民事法律行为

《民法典》第162条规定："代理人在代理权限内，以被代理人名义实施的民事法律行为，对被代理人发生效力。"代理有直接代理和间接代理之分。狭义的代理仅指直接代理，即代理人须以被代理人的名义进行代理行为。广义的代理还包括间接代理，即代理人以自己的名义代被代理人为民事行为。《民法典》第162条规定的是直接代理。

2. 代理人要为被代理人独立作出意思表示

代理人进行代理行为，其职责是为被代理人实施民事法律行为，如订立合同、行使债权、履行给付义务等。由于意思表示是民事法律行为的核心要素，因而代理人独立为意思表示或接受意思表示，是代理人的职能。

3. 代理行为的法律效果直接归属于被代理人

代理人在代理权限内以被代理人的名义实施的民事法律行为，相当于被代理人自己的行为，产生与被代理人自己行为相同的法律后果。因此被代理人享有因代理行为产生的民事权利，同时也应承担代理行为产生的民事义务和民事责任。

二、代理的适用范围

（一）代理适用的范围

根据《民法典》第161条第1款的规定，代理适用的范围主要是民事法律行为，即民事主体之间设立、变更、终止民事权利义务的行为，可以适用代理制度。

除了民事法律行为之外，实践中还存在着其他大量可以适用代理的情形，常见的非法律行为可以适用代理的情形主要有：① 申请行为，即请求国家有关部门授予某种资格或者权利的行为，如代理申请注册商标。② 申报行为，即向国家有关部门履行法定告知义务和给付义务的行为，如申报纳税行为。③ 诉讼行为，即代理诉讼中的当事人进行各类诉讼行为。

值得注意的是，非法律行为适用代理时，其后果往往也是由本人承担，但在具体适用上还要遵循各自的规则，比如诉讼代理，必须优先适用《民事诉讼法》的相关规定。

（二）不适用代理的行为

在民事法律行为可以代理作为一般原则的前提下，作为例外情形，《民法典》第161条第2款规定："依照法律规定、当事人约定或者民事法律行为的性质，应当由本人亲自实施的民事法律行为，不得代理。"具体而言，包括两种情形。一是凡是意思表示具有严格的人身性质，必须由表意人亲自作出决定和进行表达的行为，尽管包含有意思表示因素，也不得适用代理。例如，订立遗嘱、婚姻登记、收养子女等行为，不得代理。二是凡是依法或者依双方的约定必须由本人亲自实施的民事行为，不得适用代理。例如，演出、授课等。

三、代理的类型

根据不同的标准，代理可以分成不同的类型。

1. 根据代理权产生的根据不同，分为委托代理和法定代理

《民法典》第163条第1款规定，"代理包括委托代理和法定代理"。委托代理又称为意定代理，是基于被代理人的授权所发生的代理。法定代理是基于法律的直接规定而发生的代理。委托代理人按照被代理人的委托行使代理权，法定代理人依照法律的规定行使代理权。

委托代理一般产生于代理人与被代理人之间存在的基础法律关系之上，这种法律关系可以是委托合同关系，也可以是劳动合同关系（职务关系），还可以是合伙合同关系。

在委托代理中，授予代理权的形式可以用书面形式，也可以用口头形式或者其他形式。法律规定或者当事人约定应当采用特定形式的，应当用特定形式。授权的书面形式称为授权书，根据《民法典》第165条的规定："委托代理授权采用书面形式的，授权委托书应当载明代理人的姓名或者名称、代理事项、权限和期限，并由被代理人签名或者盖章。"

《民法典》将职务代理纳入委托代理的范畴，其第170条规定："执行法人或者非法人组织工作任务的人员，就其职权范围内的事项，以法人或者非法人组织的名义实施的民事法律行为，对法人或者非法人组织发生效力。法人或者非法人组织对执行其工作任务的人员职权范围的限制，不得对抗善意相对人。"职务代理属于委托代理的范畴，是委托代理的特殊形式，具有委托代理的本质特征，即都是被代理人单方授权行为的结果，尽管其授权形式各有特点，代理人都只能在授权范围内以被代理人的名义对外进行民事活动。如超市售货员售卖商品的行为、公司业务员以公司名义与第三人签订买卖合同的行为等，均是职务代理行为。

法定代理是指根据法律直接规定而发生的代理关系。法定代理权的发生不需要依赖于任何授权行为，而直接来源于法律的规定。取得法定代理人的资格不需要当事人作出意思表示，一般也不需要取得被代理人的同意。当然，法定代理人也只能在法律规定的权限范围内行使代理权。法定代理主要适用于以下几种情形。一是为无民事行为能力人和限制民事行为能力人设立代理人。《民法典》第23条规定："无民事行为能力人、限制民事行为能力人的监护人是其法定代理人。"监护人可以由法律直接规定，也可以由有权机关指定，还可以由被监护人的父母通过遗嘱指定。二是夫妻关系中的家事代理权。《民法典》第1060条规定："夫妻一方因家庭日常生活需要而实施的民事法律行为，对夫妻双方发生效力，但是夫妻一方与相对人另有约定的除外。夫妻之间对一方可以实施的民事法律行为范围的限制，不得对抗善意相对人。"三是失踪人的财产代管权。《民法典》第42条规定："失踪人的财产由其配偶、成年子女、父母或者其他愿意担任财产代管人的人代管。代管有争议，没有前款规定的人，或者前款规定的人无代管能力的，由人民法院指定的人代管。"财产代理人可依法代理失踪人实施民事法律行为。

2. 根据代理权是授予一人还是数人，分为单独代理和共同代理

单独代理中代理权仅授予一人。共同代理是指代理权授予二人以上的代理。《民法典》第166条规定："数人为同一代理事项的代理人的，应当共同行使代理权，但是当事人另有约定的除外。"共同代理除涉及代理人与被代理人的关系外，还涉及代理人内部之间的关系。在代理人为二人以上的情况下，各代理人的代理权限应在授权时明确规定每个代理人的代理事项及权限。如果法律或被代理人没有特别规定，则应认为多数代理人为共同代理人，应当共同行使代理权。因此，每个代理人在进行代理事项范围内的活动时，应与其他代理人协商。

如果未与其他代理人协商，其实施的行为侵害被代理人权益的，由实施行为的代理人承担民事责任。

值得注意的是，共同代理不仅适用于委托代理，还可以适用于法定代理，例如，父母作为子女的法定代理人，就是典型的共同代理。

3. 根据代理人代理权来源的不同，分为本代理和复代理

根据代理权是直接授权产生还是转委托产生，可将代理分为本代理和复代理。代理人的代理权来源于被代理人直接授权或来源于法律的直接规定，这种代理称为本代理。复代理又称为再代理，是代理人为了实施代理权限内的全部或部分行为，以自己的名义选定他人担任被代理人的代理人，该他人称为复代理人，其代理行为产生的法律效果直接归属于被代理人。关于复代理的内容，将在下一节讲述，此处不再赘述。

第二节 代理权

一、代理权的产生和终止

（一）法定代理权的产生和终止

《民法典》第163条第2款规定："委托代理人按照被代理人的委托行使代理权。法定代理人依照法律的规定行使代理权。"本条规定了代理权。

法定代理权根据法律的规定而直接产生。如法律规定，无民事行为能力人、限制民事行为能力人的监护人是其法定代理人。法定代理权的产生和存续，不依被代理人和代理人的意志为转移，当发生法定代理关系的原因一旦消灭，法定代理权随即终止。

根据《民法典》第175条的规定，有下列情形之一的，法定代理终止。

（1）被代理人取得或者恢复完全民事行为能力。法定代理产生的原因是被代理人不具有民事行为能力或不完全具有民事行为能力，若被代理人取得或者恢复完全民事行为能力，则法定代理产生的原因将不复存在，代理权终止。例如，被代理的未成年人年满18周岁、精神病人恢复健康等。

（2）代理人丧失民事行为能力。法定代理人丧失民事行为能力的，已无法代理当事人实施民事行为，其法定代理权也应终止。

（3）代理人或者被代理人死亡。代理人或者被代理人死亡，法定代理关系存在的意义将不复存在，代理权自然归于终止。值得注意的是，此处的"死亡"，既包括自然死亡，也包括宣告死亡。

（4）法律规定的其他情形。例如，法定代理人是未成年人的养父或养母，其法定代理权将随收养关系的解除而终止。

（二）委托代理权的产生和终止

委托代理权的产生根据是被代理人的授权行为。授权行为相当重要，重大事务的授权以用书面形式为妥。《民法典》第165条规定："委托代理授权采用书面形式的，授权委托书应当载明代理人的姓名或者名称、代理事项、权限和期间，并由被代理人签名或者盖章。"用书面形式授权即签署授权委托书，授权委托书应当记载代理人的姓名或者名称、代理事项、代理权限及期限。

通说认为，在委托代理中，授权行为是以发生代理权为目的的单方法律行为，只要被代理人作出单方意思表示即可产生效力。授权行为是被代理人实施的有相对人的单方法律行为，主要是为了让相对人知晓该授权，从而使相对人明确其与代理人之间的法律行为的后果将由被代理人承担。正因为如此，授权行为只需要被代理人的单方意思表示即可，无须代理人及相对人同意。

> 例：甲乙在某市合租一套房屋居住，其间，甲到外地旅游，恰逢某市暴发疫情，甲暂时无法回到某市。于是，甲对乙说自己可能将定居旅游的城市，委托乙将自己的一台电脑以适当的价格出售。后乙将该电脑以市场价格出售给丙。
>
> 本案中，正是因为甲的授权，才使得乙取得出售该电脑的权利。故委托代理权的产生根据是被代理人的授权行为。

根据《民法典》第173条的规定，有下列情形之一的，委托代理终止。

（1）代理期限届满或者代理事务完成。代理期限是被代理人授权代理人行使代理权的期间，代理人只能在代理期限内行使代理权。被代理人在授权代理人从事某项民事行为时，如果没有授予明确的代理期间，则在代理事务完成时，委托代理随之终止。

（2）被代理人取消委托或者代理人辞去委托。代理人和被代理人之间的委托授权通常是基于某种信任关系而产生的，一旦双方之间的信任关系发生变故，应当允许双方当事人解除委托关系。被代理人可以取消委托，代理人也可以辞去委托，这二者均是单方行为，通知对方即可。当然，如果被代理人取消委托或者代理人辞去委托构成违约的，则对方当事人有权请求其承担违约责任。

（3）代理人丧失民事行为能力。代理关系存续期间，如果代理人丧失民事行为能力，无法从事代理行为，则代理关系终止。

（4）代理人或者被代理人死亡。代理关系具有人身属性，代理人死亡后，代理权不可能继承，代理关系自然终止。同样，被代理人死亡后，代理行为一般也没有存在的意义，但是，如果出现《民法典》第174条第1款规定的情形，即便被代理人死亡的，委托代理人实施的代理行为有效。具体而言：① 代理人不知道且不应当知道被代理人死亡；② 被代理人的继承人予以承认；③ 授权中明确代理权在代理事务完成时终止；④ 被代理人死亡前已经实施，为了被代理人的继承人的利益继续代理。

（5）作为代理人或者被代理人的法人、非法人组织终止。作为代理人的法人、非法人组织终止的，其民事主体资格不复存在，代理关系当然也不复存在。但是作为被代理人的法人、非法人组织终止的，根据《民法典》第174条第2款规定，代理关系不终止。

（三）代理关系终止的效力

在代理关系终止以后，代理权归于消灭，代理人不得再以被代理人的身份从事代理活动，否则构成无权代理。代理关系一旦终止，代理人应当依据法律规定和诚信原则履行如下义务。

一是及时报告代理事宜和移交财产。代理人应当及时向被代理人及其继承人等报告和移交代理的事务和财产事宜，妥善处理善后事宜。

二是及时交回代理证书。代理证书是代理权的证明，如果代理关系终止后其仍然保留在代理人手中，则会危及交易安全，也有可能损害本人和相对人的利益。因此，在代理关系终止后，被代理人有权要求代理人交还证书。如果代理人在代理权终止以后，仍然保留代理证书，以被代理人的名义继续行为，将构成无权代理。

三是履行忠实、保密等附随义务。代理人应当按照诚信原则履行后契约义务，即忠实、保密等义务。代理人不得向他人泄露有关被代理人的秘密，不得利用被代理人的有关文件从事不正当行为等。

二、代理权的行使

（一）代理权行使的概念

代理权的行使是指代理人在代理权限范围内，以被代理人的名义独立实施民事法律行为，以达到被代理人所希望的或者客观上符合被代理人利益的法律效果。

（二）代理权行使的原则

1. 代理人必须认真履行职责维护被代理人的利益

由于代理行为的法律后果最终是由被代理人承担，因此作为代理人应当勤勉工作，谨慎、认真地进行代理活动，尽可能维护好被代理人的利益，不得损害被代理人的利益。

2. 代理人必须亲自完成代理事务

代理关系的形成包含着被代理人对代理人的信任或代理人与被代理人的特殊身份关系。代理人是否亲自履行代理职责完成代理事务与被代理人的利益有重大关系。因此，代理人必须亲自实施代理行为，才合乎被代理人的愿望。除非经被代理人同意或有不得已的事由发生，不得将代理事务转委托他人处理。

3. 代理人必须履行报告义务

这主要是指委托代理特别是在商务代理中，代理人应将处理代理事务的一切重要情况向被代理人报告，以便被代理人知道代理事务的进展情况以及自己利益的损益情况。

4. 代理人必须遵守保密义务

代理人在执行代理事务的过程中知晓的被代理人的个人秘密和商业秘密不得向外界泄露，更不得利用其掌握的秘密同被代理人进行不正当竞争。

（三）滥用代理权的禁止

我国民法不仅从正面规定了代理人的行为规则，为了维护被代理人的利益，还对代理人的行为作出了限制性或禁止性规定。具体而言，代理人在代理过程中，不得有下列行为。

1. 自己代理

所谓自己代理，是指代理人以被代理人的名义与自己从事民事法律行为。自己代理的行为违反了代理人应当负有的忠实义务，属于滥用代理权的行为。在交易过程中，当事人双方的利益总是互相冲突的，通过讨价还价，才能使双方的利益达到平衡，而在自己代理中，代理人一个人代表双方利益，难免顾此失彼，其存在的最大风险是代理人欺骗被代理人从中渔利。正因为自己代理违背了市场交易的基本原则，有可能会诱发道德风险，所以各国法律一般予以禁止。我国《民法典》第168条第1款规定："代理人不得以被代理人的名义与自己实施民事法律行为，但是被代理人同意或者追认的除外。"这就明确了代理人一般不得从事自己代理行为。

从《民法典》第168条第1款的规定来看，自己代理属于效力待定的行为。在代理人实施自己代理行为时，只有在两种情况下才能发生效力。一是被代理人的事先同意。自己代理经过被代理人的同意也可以有效。如果自己代理对被代理人并无不利，并不发生利益的冲突，被代理人也会事先同意代理人的行为。二是被代理人的事后追认。在代理人实施了自己代理行为之后，被代理人也可以自愿追认这一行为，从而使这一无权代理转化为有权代理。

2. 双方代理

双方代理，又称同时代理，是指代理人同时代理被代理人和相对人为同一法律行为。双方代理的特点是：代理人同时获得了被代理人和相对人的授权，双方授权的内容是相同的，且代理人同时代理双方实施了同一法律行为。《民法典》第168条第2款规定："代理人不得以被代理人的名义与自己同时代理的其他人实施民事法律行为，但是被代理的双方同意或者追认的除外。"由此可见，《民法典》原则上禁止双方代理。法律之所以禁止双方代理，一是代理人在实施代理行为时，需要独立地作出意思表示，与相对人进行交易，而在双方代理的情形下，很难认定存在双方的意思表示。二是在双方代理的情形下，由于交易双方的利益难免冲突，同一代理人操纵包办，不免顾此失彼，并且名为双方协议，实际上却毫无协商余地，因而很容易损害被代理人的利益。此外，同自己代理一样，在双方代理中，也没有第三人实际参加进来，与代理关系的概念有所不符，并可能损害被代理人的利益。

双方代理和自己代理一样，属于代理人滥用代理权的行为，违反了代理人应当履行的忠实、勤勉义务。根据《民法典》的规定，双方代理属于效力待定的行为，只有在被代理的双方当事人同意或者追认的情况下才有效。

3. 代理人与相对人恶意串通，损害被代理人的利益

《民法典》第164条第2款规定："代理人和相对人恶意串通，损害被代理人合法权益的，代理人和相对人应当承担连带责任。"本条适用于代理人和相对人恶意串通损害被代理人利益的情形。该条的适用应当满足两项条件。

一是代理人和相对人恶意串通。所谓"恶意"，即代理人和相对人故意损害被代理人的利益。恶意串通指双方当事人非法串通在一起，共同实施某种行为致被代理人损害。在互相串通的情形下，当事人在主观上具有共同的意思联络、沟通，都希望通过实施某种行为而损害被代理人的利益。如果仅有一方损害被代理人利益的行为，而另一方并不知悉，则不能认定为恶意串通。例如，代理人和相对人通谋，约定为被代理人高价购买某种机器设备，相对人给付代理人一定的回扣。

二是损害被代理人的合法权益。《民法典》第164条第2款规定的适用，应当以被代理人遭受了实际的损害为前提。在互相串通的情况下，代理人与相对人应当负连带责任，赔偿被代理人由此所受的损失。代理人与相对人恶意串通，损害被代理人利益的行为，是代理人滥用代理权的极端表现，此种连带责任在性质上应当属于因共同侵权而承担的连带责任。

例：某甲为医药公司的采购员，其受该医药公司的委托持空白合同书前往乙生产厂家采购50万件医用防护服。甲发现该厂生产的防护服存在严重的质量问题，乙厂经理也察觉到甲不想购买该厂的防护服，但又不愿意放弃这一大单生意，于是对甲许以高额回扣，每件防护服回扣高达30%。甲为了能得到高额回扣，于是与乙厂签订了合同。医药公司按合同约定支付了全部款项，乙厂也按合同约定将50万件防护服送往医药公司。医药公司验货时发现防护服存在严重质量问题，便拒绝收货。为此，双方发生纠纷。

本案中，甲作为医药公司的代理人，与乙厂订立合同时，存在恶意串通，损害了被代理人医药公司的合法权益，应由代理人甲和乙厂承担连带责任。

三、复代理

（一）复代理的概念

复代理是相对于本代理而言的，一般的法定代理和委托代理都是本代理。复代理是指代理人为被代理人的利益将其所享有的代理权转托他人而产生的代理，故又称再代理、转代理。因代理人的转托而享有代理权的人，称为复代理人。代理人选择他人作为复代理人的权利称为复任权。复代理关系如图7-2所示。

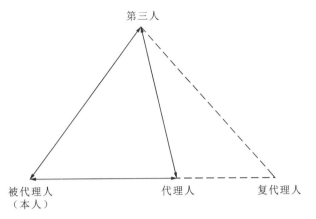

图 7-2　复代理关系示意图

（二）复代理的特征

第一，代理人须有复任权。《民法典》第169条规定："代理人需要转委托第三人代理的，应当取得被代理人的同意或者追认。转委托代理经被代理人同意或者追认的，被代理人可以就代理事务直接指示转委托的第三人，代理人仅就第三人的选任以及对第三人的指示承担责任。转委托代理未经被代理人同意或者追认的，代理人应当对转委托的第三人的行为承担责任；但是，在紧急情况下代理人为了维护被代理人的利益需要转委托第三人代理的除外。"

《民法典》将复代理规定在"委托代理"部分，表明复代理主要适用于委托代理。代理人的复任权来源于：① 被代理人事先同意；② 被代理人事后追认；③ 紧急情况下，为了维护被代理人的利益需要转委托给他人代理的。

但何为此处的"紧急情况"，《民法典》并未作出规定。根据《最高人民法院关于适用〈中华人民共和国民法典〉总则编若干问题的解释》第26条的规定："由于急病、通讯联络中断、疫情防控等特殊原因，委托代理人自己不能办理代理事项，又不能与被代理人及时取得联系，如不及时转委托第三人代理，会给被代理人的利益造成损失或者扩大损失的，人民法院应当认定为民法典第一百六十九条规定的紧急情况。"

第二，复代理人不是原代理人的代理人，而仍然是被代理人的代理人，复代理人行使代理权时仍应以被代理人的名义进行，法律后果直接归属于被代理人，而不归属本代理人；也不是先归属于本代理人，再转移于被代理人。

第三，复代理权不是由被代理人直接授予的，而是由代理人转托的，但转托以代理人的代理权限为限，不能超过代理人的代理权。

(三）复代理的法律效果

第一，代理人的选任责任和指示责任。对于经被代理人同意或追认的复代理，被代理人可以就代理事务直接指示复代理人。代理人仅就复代理人的选任及对复代理人的指示承担责任。代理人的选任责任，是指代理人所选择的复代理人应具备完成代理事项的品行和能力。代理人的指示责任，是指代理人对复代理人的指示应在被代理人的授权范围内，若代理人的指示存在错误而导致被代理人损失的，应当由代理人承担责任。

第二，代理人擅自转委托的责任。根据《民法典》第169条第3款的规定，转委托代理未经被代理人同意或者追认的，代理人应当对转委托的第三人的行为承担责任。除紧急情况下代理人为了维护被代理人的利益需要转委托第三人代理之外，代理人的转委托须经被代理人同意或者追认，否则该转委托行为对被代理人不发生效力，同时代理人应当对转委托的第三人的行为承担责任；被代理人因此遭受损失的，有权请求代理人赔偿。

> **例**：甲在偏远山区种植水蜜桃。某日，甲与货车司机乙约定，委托乙将2000公斤水蜜桃运到县农贸市场卖掉，价格由司机乙见机行事做主，乙的报酬是按销售总额的6%提成。乙在前往农贸市场中途，与另一辆大货车相撞，乙的货车损毁，无法行驶。乙无法联系到在偏远山区的甲，加上当天气温较高，乙担心水蜜桃会烂掉，焦急万分，恰好此时乙的同事丙开着空车经过，为了防止损失进一步扩大，乙赶紧委托丙将水蜜桃运到农贸市场按市场价卖掉。丙到达农贸市场时已经是傍晚，水蜜桃已不新鲜，又怕当天如果不卖最后全部烂掉，于是就以市价的8折甩卖给批发商，后将货款交给乙，乙从中扣除6%后交给了甲。甲认为乙转委托并未经自己同意，水蜜桃没有按市场高价销售导致自己少挣了钱，要求乙赔偿其损失。乙不同意，二人遂起纠纷，诉至法院。
>
> 本案中，乙正是在紧急情况下，为了维护被代理人甲的利益需要转委托给丙代理的，该转委托行为对被代理人应当发生效力。

第三节 无权代理和表见代理

一、无权代理

（一）无权代理的概念和特征

无权代理，是指行为人无代理权，但以他人名义实施代理的行为。这里所称的无权代理仅指狭义的无权代理，广义的无权代理还包括表见代理。

无权代理具有如下特征。

（1）行为人所实施的民事法律行为，符合代理行为的表面特征。即以被代理人的名义独立对相对人为意思表示，并将其行为的法律后果直接归属于他人。若不具备代理行为的表面特征，则不属于代理行为，当然也不为无权代理。

（2）行为人实施代理行为不具有代理权。没有代理权包括未经授权、超越代理权和代理权终止三种情况。

（3）无权代理行为并非绝对不能产生代理的法律效果。由于无权代理的行为未必对被代理人不利，同时为了维护交易安全和保护善意相对人的利益，无权代理行为应属效力未定的民事法律行为，在经被代理人追认的情况下，无权代理变成有权代理，能产生代理的法律效果。

（二）无权代理的类型

《民法典》第171条第1款规定："行为人没有代理权、超越代理权或者代理权终止后，仍然实施代理行为，未经被代理人追认的，对被代理人不发生效力。"

据此可知，无权代理的类型有以下三种。

（1）行为人自始没有代理权。行为人未基于授权行为取得代理权（委托代理权），但行为人却以被代理人的名义与相对人实施民事法律行为。

（2）行为人超越代理权。即行为人享有代理权，但超越代理权与相对人实施民事法律行为。

（3）代理权终止后的代理。在代理权终止以后，行为人仍以代理人的名义与相对人进行民事法律行为。

（三）无权代理的效力

1. 追认

无权代理经被代理人追认，变为有权代理。被代理人追认的意思向相对人表示的，自追认的意思表示到达相对人时发生追认效力，即该民事法律行为自始生效；向无权代理人表示的发生补充授权效力，即无权代理人向相对人通知该补充授权表示，该无权代理变为有权代理，该民事法律行为自始有效。追认可以明示，也可以默示，但沉默不成立追认的意思表示。

法律行为因无权代理而效力待定，相对人有催告权，相对人催告的，会产生如下效果：一是被代理人应在收到催告通知之日起 30 天内予以追认，期满未作表示的，视为拒绝追认；二是相对人一经催告，此前被代理人对无权代理人所作出的追认或拒绝追认的意思表示均归于无效，法律行为重回效力未定状态，此后，被代理人只能向相对人作出追认或者拒绝追认的意思表示。

2. 撤销

法律行为因无权代理而效力未定，善意的相对人享有撤销权。行使撤销权的意思可向被代理人或者无权代理人表示。行使撤销权应当在被代理人追认之前，一旦追认，撤销权消灭。值得注意的是，恶意的相对人没有撤销权。

3. 拒绝追认

因无权代理而效力未定的法律行为，被代理人未追认或者被代理人拒绝追认，该法律行为对被代理人不发生法律效力。

例：北方某市一新商场开业前，派业务员甲到乙公司采购该公司生产的最新款电视机和空调。甲到乙公司后，发现乙公司生产的新款电暖器小巧实用，在暖气没有来临之前以及暖气停止之后的一段时间之内对普通家庭非常适用，遂自行决定购买一批该公司生产的新款电暖器。货运到后，该商场即对外销售甲采购的所有电器。后因该市提前供暖，电暖器销量大减。该商场遂主张甲为无权代理，其所订的电暖器采购合同为效力待定的合同，现拒绝追认并拒付货款。乙公司遂诉至法院。

本案中，甲作为商场的代理人，在与乙公司订立电暖器买卖合同时，确未取得商场授权，但货运到后，商场对外销售该电暖器的行为，是对甲之前无权代理的追认，发生补充授权效力，该无权代理变为有权代理，该民事法律行为自始有效。故商场应承担支付该项货款的义务。

（四）无权代理人的责任

1. 无权代理人对相对人的责任

无权代理人对于相对人的责任根据如何，学说不一。通说认为，责任的根据在于保护善意相对人的利益，维护交易安全。《民法典》第171条第3款规定："行为人实施的行为未被追认的，善意相对人有权请求行为人履行债务或者就其受到的损害请求行为人赔偿。但是，赔偿的范围不得超过被代理人追认时相对人所能获得的利益。"其立法目的既符合鼓励交易和维护交易安全的现代法律精神，又使善意相对人的救济途径多样化。

2. 无权代理人对被代理人的责任

无权代理人对被代理人的责任，不为合同责任。被代理人拒绝追认代理权，则无权代理人与被代理人之间不存在实质上的代理关系，也无合同关系或者合同上的责任。无权代理人对于被代理人的责任为侵权责任。如果因为无权代理人的行为造成了被代理人的损失，由无权代理人对被代理人承担赔偿责任。如甲多次假借乙的名义向丙借款，事后又不予归还，造成乙的名誉损害，对此，甲应对乙的名誉损害承担责任。《民法典》第171条第4款规定，如果相对人知道或者应当知道代理人无代理权仍与其实施民事法律行为，造成被代理人损失的，相对人和代理人按照各自的过错承担责任。

《民法典》规定，无权代理情形下，代理行为未被追认的，相对人是有权就其损失向行为人主张赔偿的。但在赔偿责任大小方面，则应按照相对人是否善意进行区分。若相对人不知道并且不应当知道行为人无权代理的，则属善意相对人。按照《民法典》第171条第3款的规定，其有权请求行为人履行债务或者就其受到的损害请求行为人赔偿（赔偿的范围以被代理人追认时相对人所能获得的利益为限）。若相对人知道或者应当知道行为人无权代理，仍与其实施民事法律行为的，则不应认定其为善意相对人。此时应按照《民法典》第171条第4款的规定，相对人的损失由其和行为人按照各自的过错承担责任。

虽然《民法典》第171条就不同情形的相对人的损失赔偿作了规定，但并未明确针对"相对人知道或者应当知道行为人无权代理"这一事实，应由谁来对此承担举证证明责任，是行为人对此进行举证并承担举证责任，还是由相对人就其"不知道并且不应当知道行为人无权代理"的情况承担举证证明责任？为解决实践中的这一问题，《最高人民法院关于适用〈中华人民共和国民法典〉总则编若干问题的解释》第 27 条对此进行了明确，无权代理行为未被追认，相对人请求行为人履行债务或者赔偿损失的，由行为人就相对人知道或者应当知道行为人无权代理承担举证责任。行为人不能证明的，人民法院依法支持相对人的相应诉讼请求；行为人能够证明的，人民法院应当按照各自的过错认定行为人与相对人的责任。

二、表见代理

（一）表见代理的概念

表见代理，是指被代理人的行为足以使第三人相信无权代理人具有代理权，并基于这种信赖与无权代理人实施法律行为的代理。《民法典》第 172 条规定："行为人没有代理权、超越代理权或者代理权终止后，仍然实施代理行为，相对人有理由相信行为人有代理权的，代理行为有效。"从广义上说，表见代理属于无权代理的一种，但法律并不使其完全产生无权代理的法律后果，从而区别于前面提到的三种无权代理。

我国民法采纳表见代理制度的根本原因在于维护交易安全。在市场经济中，要求第三人在每次交易中都必须考察被代理人的意思，不仅需要花费高额成本，而且也很难实现。只要第三人对行为人的权利外观形成了合理信赖，法律就应该保护这种信赖利益，从而维护交易安全。

（二）表见代理的构成要件

1. 行为人无代理权

成立表见代理的第一要件是行为人无代理权，即行为人没有代理权、超越代理权或者代理权终止后，仍然实施代理行为。如果代理人拥有代理权，则属于有权代理，不发生表见代理的问题。

2. 相对人有理由相信行为人有代理权

即存在有使相对人相信行为人具有代理权的事实或者理由，这是成立表见代理的客观要件。表见代理的法律后果将产生与有权代理相同的法律效力。可见，将原本没有代理权、超越代理权或代理权终止后实施的行为认定为表见代理，将产生有权代理的法律效果，这对各方利益尤其被代理人利益有着很大影响。因此，是否构成表见代理的判断非常重要，而判断是否构成表见代理，最关键之处便是如何认定"相对人有理由相信行为人有代理权"。《最高人民法院关于适用〈中华人民共和国民法典〉总则编若干问题的解释》第28条规定："同时符合下列条件的，人民法院可以认定为民法典第一百七十二条规定的相对人有理由相信行为人有代理权：（一）存在代理权的外观；（二）相对人不知道行为人行为时没有代理权，且无过失。因是否构成表见代理发生争议的，相对人应当就无权代理符合前款第一项规定的条件承担举证责任；被代理人应当就相对人不符合前款第二项规定的条件承担举证责任。"

"相对人有理由相信行为人有代理权"，需同时满足以下要件。

一是行为人存在代理权的外观。由相对人承担举证责任，证明行为人存在代理权的外观。若没有代理权的外观，一般应认定为无权代理。如前所述，这也是表见代理下相对人区别于无权代理下善意相对人的重要方面。代理权的外观，通常情况下，是指行为人持有被代理人发出的证明文件，如被代理人的介绍信、盖有合同专用章或者盖有公章的空白合同书，或者有被代理人向相对人所作的授权通知或者公告，等等。

二是相对人善意且无过失。善意，是指不知情，相对人不知道也不应当知道行为人没有代理权；无过失，是指相对人不知道行为人没有代理权并非因疏忽大意或者懈怠造成的。相对人在尽到必要的形式审查义务后，仍无从发现权利外观的破绽。这一点不仅要求相对人不知道行为人行为时没有代理权，同时要求相对人对不知道并不存在过失。被代理人应当就相对人善意且无过失承担举证责任。若相对人对此存在过失，则不应认定成立表见代理。

三是与被代理人有关。行为人所具备的代理权外观，与被代理人有一定的牵连关系。例如，曾经对行为人授权，代理终止后没有收回授权证书；曾经的雇佣关系终止后没有及时通知相对人职务变化的。反之，如果权利外观是行为人伪造、拾得、盗取的，或者相对人收到通知应当知悉行为人职务关系终止的，则不构成表见代理。

3. 行为人与相对人之间的行为具备民事法律行为的有效要件

即行为人具有相应的民事行为能力；意思表示真实；不违反法律的强制性规定或者公序良俗等。如果不具备民事法律行为的有效要件，则不成立表见代理。

例：某高校合同专用章一直由办公室文员甲保管，一日，甲未经学校领导同意，擅自向某书店购买了价值50余万元的书籍。甲以高校的名义与书店订立了买卖合同，在合同上加盖了学校的合同专用章。书店在订立合同后积极组织货源，高校领导发现此事，后诉至法院，请求确认合同无效。

本案中，甲是办公室文员，虽说在高校内部不具备对外购书的职责，其行为不构成职务代理，但其订立的合同加盖了高校的合同专用章，书店并没有义务也不可能去了解该合同专用章是否私自加盖，高校主张甲私自加盖合同专用章，此主张不能对抗善意且无过失的相对人书店。因此，应认定甲构成表见代理，合同有效，合同的权利义务应由高校承担。

（三）表见代理的类型

1. 表见授权的表见代理

表见授权是指由自己的行为表示授予代理权，实际上并未授予代理权。表见授权可能是口头的，实践中多为书面形式，主要包括以下形式。① 代理证书。代理证书通常包括授权委托书、委托书和介绍信等。如果这些证书中没有明确规定代理的期限和内容，无权代理人持有这些证书与相对人订约，相对人就有理由相信其有代理权。如果证书中对代理权的期限和内容规定得非常明确，相对人没有仔细阅读，则不能认定其有合理的理由。② 单位印章。无权代理人持有单位印章，只要不是盗用或者伪造的，相对人就存在相信其有代理权的理由。无权代理人仅仅持有单位负责人的名章，一般不能认定其具有代理权，因为名章不同于公章，没有严格的管理制度，伪造名章要比伪造公章更容易。③ 单位介绍信。如果单位开的介绍信包含了授权的内容但是不具体，则具备表见授权的特征。如果单位介绍信没有包括授权的内容，则不能认定其享有代理权。④ 空白合同书。空白合同书具有表见授权的特征，只要不是盗用或者伪造的，就构成表见代理。⑤ 其他证明材料。代理人如持有不动产交易时使用的权利证书、金钱借款中的借据，可认定构成表见授权。但被代理人能够反证上述法律文件是伪造、盗用或拾得的，则表见代理不成立，而只能成立一般的无权代理。被代理人据此可拒绝履行合同义务。

2. 容忍的表见代理

无权代理人与相对人实施无权代理行为，被代理人知道而不表示反对，或者为履行合同进行准备的,应认定表见代理成立。容忍的表见代理主要是针对特定的商业场所,如他人在被代理人商店内售货,他人在银行的营业大厅办理存款业务,他人在被代理人售票处售票,可依据具体情况认定表见代理成立。

3. 特定身份关系中的表见代理

因特殊身份关系的存在,使他人相信无权代理人享有代理权的,构成表见代理。特定身份关系中的表见代理通常是指因商业身份而形成的老客户关系,如甲公司业务经理乙长期在丙公司进货,货款由甲公司按季度结清。后乙因故辞职,在辞职当月,乙仍然以甲公司的名义在丙公司拿了两车货(丙公司对乙辞职不知情),则甲公司对两车货的货款依表见代理履行支付义务。

(四)表见代理的效力

表见代理对被代理人产生有权代理的效力,即在相对人与被代理人之间产生民事法律关系,被代理人应受表见代理人与相对人之间实施的民事法律行为的约束,享有该行为设定的权利和履行该行为约定的义务。被代理人不得以无权代理为抗辩,不得以行为人具有故意或者过失为理由而拒绝承受表见代理的后果,也不得以自己没有过失作为抗辩。

但在被代理人和表见代理人之间,并不因为表见代理产生有权代理的后果而使无权代理人免除其应当承担的责任。在被代理人向相对人承担责任后,表见代理人应依其过错向被代理人承担损害赔偿责任。

引例分析

法院经审理认为,一方面,原告钱某当时年仅13岁,属于限制民事行为能力人,以其年龄、智力状况、社会经验等尚不能判断文身行为对自己身体和人格利益带来的损害和影响,且事后其法定代理人未予追认,经营者应当依法返还价款。另一方面,被告某美容工作室在未准确核实钱某年龄身份的情况下,为钱某进行了大面积文身,存在重大过错,应当承担相应的侵权责任。最终判令被告某美容工作室返还原告钱某文身费5000元,并支付原告钱某精神抚慰金3000元。

每章一练

一、单项选择题

1. 构成狭义无权代理的情形是（   ）。
    A. 甲受同学乙之托冒充乙参加求职面试
    B. 甲未经乙授权，擅自以乙的名义，签订购买两只枪支的合同
    C. 甲为某公司董事长，超越权限以本公司名义为他人提供担保的
    D. 关某代收某推销员谎称关某的邻居甲某订购的衣服并代为付款

2. 甲公司与15岁的音乐天才周某签订委托合同，授权周某为甲公司购买价值不超过10万元的钢琴，周某的父母知道后明确表示反对。关于委托合同和代理权授予的效力，下列表述正确的是（   ）。
    A. 均有效，因委托合同仅需简单智力投入，不会损害陈某的利益，其父母是否追认并不重要
    B. 均无效，因周某的父母拒绝追认
    C. 是否有效，需确认周某的真实意思，其父母拒绝追认，甲公司可向法院起诉请求确认委托合同的效力
    D. 委托合同因周某的父母不追认而无效，但代理权授予是单方法律行为，无需追认即有效

3. 甲偷了乙一辆价值1万元的摩托车，丙知情。经甲、丙二人协商，丙以甲的名义，将该摩托车以8000元的价格卖给了不知情的丁。下列说法正确的是（   ）。
    A. 丙的行为构成无权代理
    B. 丁构成不当得利
    C. 丙的代理行为无效
    D. 甲是无权处分

4. 在委托代理中，代理人有代理权的依据是（   ）。
    A. 委托合同和委托授权
    B. 委托合同或者委托授权
    C. 委托合同
    D. 委托授权

5. 李某是某公司的销售经理，随身携带盖有该公司公章的空白合同书，便于对外签约。后李某因收受回扣被公司除名，但空白合同书未被该公司收回。李某以此合同书与他人签订一份购销合同，该购销合同（   ）。

A. 不成立

B. 无效

C. 可撤销

D. 成立并生效

二、多项选择题

1. 关于复代理，下列选项正确的是（　　）。

    A. 复代理人是代理人基于复任权而选任的

    B. 复代理人的代理行为后果直接由本人承担

    C. 委托代理人转托他人代理必须取得被代理人同意

    D. 委托代理人转托不明给第三人造成损失的，转托代理人应负连带责任

2. 甲原为某布匹公司的销售经理，但因个人原因辞职。甲得到一些布匹，于是以该布匹公司的名义将其出卖给乙，乙查看授权后即与甲签订布匹买卖合同。后查明该授权书的印章为假章。关于此案，下列说法正确的是（　　）。

    A. 如布匹公司拒绝追认，则该买卖合同无效

    B. 布匹公司追认前，乙可以通知撤销该买卖合同

    C. 布匹公司拒绝追认，则乙可以要求甲履行合同

    D. 布匹公司无权拒绝追认，因为乙是善意的

3. 甲委托乙前往丙厂采购男装，乙觉得丙生产的女装好看，便自作主张以甲的名义向丙采购。丙未问乙的代理权限，便与之订立了买卖合同。下列说法正确的是（　　）。

    A. 甲有追认权

    B. 丙有催告权

    C. 丙有撤销权

    D. 构成表见代理

4. 甲委托乙采购一批电脑，乙受丙诱骗高价采购了一批劣质手机。丙一直以销售劣质手机为业，甲对此知情。关于手机买卖合同，下列表述正确的是（　　）。

    A. 甲有权追认

    B. 甲有权撤销

    C. 乙有权以甲的名义撤销

    D. 丙有权撤销

5. 下列行为中，不属于代理的是（　　）。

    A. 甲有朋自远方来，甲不在家，乙代甲招待该朋友

    B. 甲董事长为某公司的法定代表人，甲以该公司的名义与乙公司签订合同

C. 甲将希望与乙缔结婚姻的意思表示委托丙代为告知
D. 某房屋中介促成甲乙之间房屋交易的完成

三、判断题

1. 甲谎称自己是乙，与丙订立合同，甲的行为构成无权代理。　　（　　）
2. 甲为乙公司业务员，长期在丙饭店签单招待客户，餐费由乙公司月结。后甲因故辞职，丙饭店并不知情，甲仍然在丙饭店就餐招待朋友。此时，乙公司可以拒付甲招待朋友所导致的餐费。　　（　　）
3. 甲介绍歌星乙参加演唱会，并与主办方签订了三方协议，甲是代理行为。
　　（　　）

四、名词解释

1. 委托代理
2. 法定代理
3. 狭义的无权代理
4. 复代理
5. 表见代理

五、简答题

1. 简述委托代理终止的情形。
2. 简述表见代理的构成要件。

六、案例分析题

1. 甲、乙是好朋友，经常在一起研究购买体育彩票。某日，甲又去买彩票，乙因为加班没时间，于是交给甲10元钱让其顺便代购彩票，同时告知购买号码，并一再嘱咐甲不要改变。甲预测乙所提供的号码不能中奖，便擅自更换号码为乙购买了彩票并替乙保管。次日开奖时，甲为乙购买的彩票中了奖，奖金共计人民币500万元。二人为奖项归属发生纠纷，诉至法院。
甲主张：甲应获得该奖项，因为按照乙提供的号码根本无法中奖；至于乙交付的10元，应类推适用借贷关系，由甲偿还乙10元。
乙主张：乙应获得该奖项，因为乙是委托人，委托甲购买的彩票。
法官丙认为：甲、乙应该平分该奖项，因为乙出了购买彩票的钱，而甲换对了获奖号码。
请问你支持谁的观点？为什么？

2. 2019年8月8日，甲启程去美国攻读博士学位，临行前将自己在某市购买的房屋委托远房亲戚乙看管。三年后，甲通过电子邮件告诉乙说自己打算定居国外，委托乙将其房屋以适当的价格出售，但是房屋内有一个古董花瓶是甲父母留下的遗物，千万不要出售。乙的邻居丙得知此事后，对乙说自己想买该房屋，但希望乙能对甲说该房屋有漏水、开裂等问题，以便丙可以低价购买。乙便按丙的意思告知了甲，甲同意低于市场价出售，丙得以较低的价格购买了该房屋，事后丙给乙好处费2万元。又过了一段时间，乙听说留下的古董花瓶现在市场行情非常好，便以甲的名义以合理价格卖给了丁，丁已经付钱。但就在交货前夕，甲从国外回来，得知了全部事实真相，遂产生了纠纷。

试分析：

(1) 甲能否要求丙返还房屋？

(2) 乙向丁出售古董花瓶的行为性质如何认定？

(3) 若乙以自己的名义将古董花瓶卖给不知情的丁，但是尚未交货，此时乙的行为性质如何认定？丁能否主张对花瓶的所有权？

第八章

民事责任

◆ 知识体系图

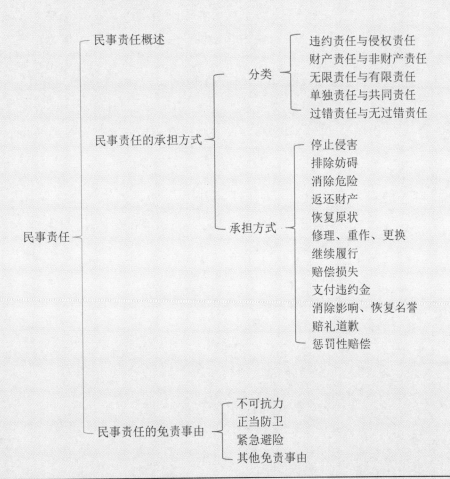

◆ **学习目标**

理解民事责任的概念和特征；学会区分民事责任与刑事责任、行政责任；熟知民事责任的分类，学会区分违约责任和侵权责任、有限责任和无限责任、过错责任和无过错责任；掌握按份责任和连带责任的区别；熟知民事责任的承担方式；掌握不可抗力、正当防卫和紧急避险的构成要件。学会运用所学理论知识分析案例，解决简单的民事纠纷。

◆ **本章引例**

2020年6月，67岁男子谷某进入某日用品超市后，挑选鸡蛋放入购物袋，并将两个鸡蛋放入自己裤子的口袋中，该行为被超市员工李某注意到。谷某在收银台结账完毕准备离开时，李某赶紧从货柜处跑出来将谷某喊住，谷某便返回超市内。随后，多名超市员工和谷某交谈，其间李某拉扯了一下谷某的衣服袖子并放开。这时围观顾客慢慢变多，交涉不成，谷某边说边走，另一名员工拉扯着谷某的衣袖并跟随他行走。走到冰柜旁时，谷某的身体突然摇晃了一下，随后倒在地上。超市工作人员周某拨打了110、120电话。其间，还有两名路过的顾客对谷某进行胸外按压。之后，120工作人员到达现场对谷某进行急救并将其送至医院抢救，未能抢救成功，居民死亡医学证明（推断）书记载谷某的死亡原因为心肌梗死。事发后，谷某家属将超市告上法庭，认为超市对谷某的死负有责任，请求按照50%的比例向超市索赔原告医药费用1503.8元、丧葬费30000元、死亡赔偿金681982.08元、精神损害抚慰金50000元，合计赔偿额为381742元。2020年12月，某区人民法院对该案进行了一审宣判，驳回原告的诉讼请求。2021年3月25日，市中院对此案进行终审宣判，驳回原告的诉讼请求，维持原判。

第一节　民事责任概述

一、民事责任的概念和特征

民事责任是指民事主体因不履行民事义务而应承担的民事法律后果。《民法典》第176条规定:"民事主体依照法律规定或者按照当事人约定，履行民事义务，承担民事责任。"任何民事主体应当依照法律规定或者当事人约定履行民事义务，但凡民事主体不履行或者不完全履行民事义务的，都应当依法承担民事责任。民事权利、民事义务、民事责任三者的关系就在于：有民事权利，必有相应的民事义务，反之亦然；违反民事义务，必然产生相应的民事责任。

民事责任具有以下特征。

（1）民事责任以民事主体违反民事义务、侵害他人的民事权益为前提。

（2）民事责任既是法律规定的责任，也是对当事人的一种补偿责任（赔偿）。

（3）民事责任具有强制性和一定程度的任意性。民事责任可以诉诸公力救济，由法院通过国家公权力进行强制性的确定，并最终依赖国家强制力来实现。对于侵权责任等法定责任，也允许当事人在责任确定后通过达成和解协议来处分其权利。

（4）民事责任具有财产性：民事责任以财产责任为主，以非财产责任为辅。

（5）民事责任具有补偿性：民事责任以一方当事人（侵害人）补偿对另一方当事人（受害人）的损害为主要目的。

（6）民事责任优先于行政责任、刑事责任而得到优先实现。《民法典》第187条规定:"民事主体因同一行为应当承担民事责任、行政责任和刑事责任的，承担行政责任或者刑事责任不影响承担民事责任；民事主体的财产不足以支付的，优先用于承担民事责任。"

二、民事责任与其他性质责任的区别

民事责任是不同于行政责任与刑事责任的一种法律责任。民事责任和刑事责任、行政责任相比，具有如下区别。

（1）性质不同。行政责任、刑事责任是对违反行政法律、触犯刑事法律的行为人的惩戒和处罚，具有鲜明的惩罚性；而民事责任则是民事违法行为人对

因违法行为所造成的法律后果所承担的责任，其主要目的是在经济方面补偿受害人受到的财产损失，补偿性是民事责任的根本特征。

（2）根据不同。由于行政责任、刑事责任是对违反行政法、触犯刑事法律的后果所应负的法律责任，因此，追究违法行为人的行政责任、刑事责任是根据行政法和刑法；而民事责任承担人违反的是民事法律规范，追究其民事责任只能根据民事法律，当然，这也包括其他部门法律中有关民事法律责任的法律规定。

（3）责任承担方式不同。追究行政责任时，对违反行政法的违法行为人主要是采取行政方面的处理、处罚措施，如行政警告、罚款等；追究刑事责任时，对触犯刑事法律的犯罪行为人主要是采取剥夺其某些权益，包括剥夺财产、人身自由、政治权利，甚至剥夺生命等刑罚措施；而民事责任主要是采取财产责任承担方式，即由民事违法行为人对受害人所造成的损失予以经济上的赔偿。行政责任、刑事责任的某些承担方式中虽也有财产方面的内容，如罚款、罚金、没收财产等，但这些款项不像民事责任那样用来补偿受害人，而是上缴国库。

第二节　民事责任的承担方式

一、民事责任的分类

（一）违约责任与侵权责任

根据责任发生的根据，可以将民事责任划分为违约责任与侵权责任。

违约责任是指当事人不依照合同约定履行义务而产生的责任。《民法典》第577条规定："当事人一方不履行合同义务或者履行合同义务不符合约定的，应当承担继续履行、采取补救措施或者赔偿损失等违约责任。"

侵权责任是指行为人因侵犯他人的人身、财产权益而产生的责任。《民法典》第1165条规定："行为人因过错侵害他人民事权益造成损害的，应当承担侵权责任。依照法律规定推定行为人有过错，其不能证明自己没有过错的，应当承担侵权责任。"《民法典》第1166条规定："行为人造成他人民事权益损害，不论行为人有无过错，法律规定应当承担侵权责任的，依照其规定。"此外，《民法典》第185条还特别强调了对英烈的保护："侵害英雄烈士等的姓名、肖像、名誉、荣誉，损害社会公共利益的，应当承担民事责任。"

区分违约责任与侵权责任的意义在于：二者在归责原则、举证责任、义务内容、诉讼时效、责任构成要件等方面都存在重大区别，在具体案件中，受害人选择主张何种责任，对其利益具有重大影响。正因为如此，违约责任和侵权责任的竞合就具有现实意义。

违约责任与侵权责任的竞合，是指当事人实施的违法行为，既符合违约责任的构成要件，又符合侵权责任的构成要件，受害人可以选择主张违约责任或侵权责任，即只能择一行使。《民法典》第186条规定："因当事人一方的违约行为，损害对方人身权益、财产权益的，受损害方有权选择请求其承担违约责任或者侵权责任。"此规定将选择权交由当事人，充分体现了私法自治和合同自由的精神。受害人可以根据两种责任的适用不同，选择最有利于自己的方式获得救济，也有利于此类案件公平、公正地得到解决。

（二）财产责任与非财产责任

根据民事责任是否具有财产内容，将民事责任划分为财产责任与非财产责任。

财产责任是指由加害人承担财产上的不利后果，使受害人得到财产上补偿的民事责任，如损害赔偿责任及违约金、定金责任等。非财产责任是指为防止或消除损害后果，使受损害的非财产权利得到恢复的民事责任，如消除影响、赔礼道歉等。例如，《民法典》第995条规定："人格权受到侵害的，受害人有权依照本法和其他法律的规定请求行为人承担民事责任。受害人的停止侵害、排除妨碍、消除危险、消除影响、恢复名誉、赔礼道歉请求权，不适用诉讼时效的规定。"据此，人格权受侵害时的赔礼道歉等非财产责任不适用诉讼时效，但是赔偿损失等财产责任则适用诉讼时效。

（三）无限责任与有限责任

根据承担民事责任的财产范围，将民事责任划分为无限责任与有限责任。

无限责任是指责任人以自己的全部财产承担的责任，如普通合伙人对合伙债务承担的责任、投资人对个人独资企业债务承担的责任等，均以其所有的财产作为责任财产来负担清偿责任。有限责任是指债务人以一定范围内或一定数额的财产承担的责任，如股东对有限公司债务承担的责任，仅以其投资额为限。例如，在债的担保中，物保人承担的是有限责任，即以其提供的担保物的价值为限承担责任；而保证人承担的是无限责任，即以自己的全部财产来承担责任。

（四）单独责任与共同责任

根据承担民事责任的主体数量，将民事责任划分为单独责任与共同责任。

单独责任是指由一个民事主体独立承担的民事责任，多数责任属于单独责任。共同责任是指两个以上的民事主体共同违反民事义务，从而共同对损害的发生承担的责任。

共同责任又可进一步划分为按份责任、连带责任和不真正连带责任三类。

1. 按份责任

《民法典》第177条规定："二人以上依法承担按份责任，能够确定责任大小的，各自承担相应的责任；难以确定责任大小的，平均承担责任。"按份责任是指多数当事人按照法律规定或者合同约定，各自承担一定份额的民事责任。在按份责任中，债权人如请求某一债务人清偿的份额超出了其应承担的份额，债务人可以拒绝。如果法律没有规定或合同没有约定按份责任人的内部份额划分，则推定为均等。

2. 连带责任

《民法典》第178条规定："二人以上依法承担连带责任的，权利人有权请求部分或者全部连带责任人承担责任。连带责任人的责任份额根据各自责任大小确定；难以确定责任大小的，平均承担责任。实际承担责任超过自己责任份额的连带责任人，有权向其他连带责任人追偿。连带责任，由法律规定或者当事人约定。"连带责任是指多数当事人按照法律规定或者合同约定，连带地向权利人承担责任。如，因违反连带合同债务或者共同实施侵权行为而产生的责任，各个责任人之间对外具有连带关系，故而承担连带责任。

在连带责任中，外部关系人（即权利人）与作为整体的连带责任人之间的关系是主要的，具有决定意义。法律规定连带责任的目的，主要是为了保护权利人，使其权利更容易实现。数个连带责任人之间内部的份额确定以及追偿权等，不影响外部关系的处理，即债权人有权要求债务人中的任何一个人承担全部或部分的责任，债务人不得推脱。连带责任仅在法律明确规定或者当事人明确约定的两种情况下成立，除此之外，不得认定为连带责任。如，《民法典》第1169条第1款规定："教唆、帮助他人实施侵权行为的，应当与行为人承担连带责任。"又如，《电子商务法》第38条规定："电子商务平台经营者知道或者应当知道平台内经营者销售的商品或者提供的服务不符合保障人身、财产安全的要求，或者有其他侵害消费者合法权益行为，未采取必要措施的，依法与该平台内经营者承担连带责任。"

3. 不真正连带责任

不真正连带责任是指各债务人基于不同的原因而对同一债权人负有以同一给付为标的的数个债务，因一个债务人的履行而使全体债务均归于消灭，此时数个债务人之间所负的债务即为不真正连带责任。在不真正连带责任中只有一方债务人为最终责任人，故某一方债务人承担责任后可以向另一方债务人追偿。例如，甲将自己的汽车委托给乙保管，乙在保管期间将车借给丙使用，丙夜间不慎将车开进了湖里，车全损。乙对甲的违约赔偿责任与丙对甲的侵权损害赔偿责任，构成不真正连带责任。本例中，甲可以直接要求致损人丙承担赔偿责任，如此，事情结束；此外，甲也可以先要求乙承担违约赔偿责任，乙承担后再向最终责任人丙追偿。

现实生活中，尤其是侵权责任领域，不真正连带责任随处可见。例如，《民法典》第1203条规定："因产品存在缺陷造成他人损害的，被侵权人可以向产品的生产者请求赔偿，也可以向产品的销售者请求赔偿。产品缺陷由生产者造成的，销售者赔偿后，有权向生产者追偿。因销售者的过错使产品存在缺陷的，生产者赔偿后，有权向销售者追偿。"又如，《民法典》第1250条规定："因第三人的过错致使动物造成他人损害的，被侵权人可以向动物饲养人或者管理人请求赔偿，也可以向第三人请求赔偿。动物饲养人或者管理人赔偿后，有权向第三人追偿。"

（五）过错责任与无过错责任

根据责任的构成是否以当事人的过错为要件，将民事责任划分为过错责任与无过错责任。

1. 过错责任

《民法典》第1165条规定："行为人因过错侵害他人民事权益造成损害的，应当承担侵权责任。依照法律规定推定行为人有过错，其不能证明自己没有过错的，应当承担侵权责任。"

过错责任是指行为人违反民事义务并致他人损害时，应以过错作为责任的要件和确定责任范围的依据的责任。依过错责任原则，若行为人没有过错，虽有损害发生，行为人也不负责任；在确定责任范围时也要考虑受害人是否具有过错，受害人具有过错的事实可能导致加害人责任的减轻和免除。如，《民法典》第1198条规定："宾馆、商场、银行、车站、机场、体育场馆、娱乐场所等经营场所、公共场所的经营者、管理者或者群众性活动的组织者，未尽到安全保障义务，造成他人损害的，应当承担侵权责任。因第三人的行为造成他人损害的,由第三人承担侵权责任;经营者、管理者或者组织者未尽到安全保障义务的,承担相应的补充责任。经营者、管理者或者组织者承担补充责任后,可以向第三人追偿。"

行为人的过错与否,一般由受害人举证,但在特殊场合下法律直接要求行为人举证自己没有过错,否则推定为有过错,即"推定过错责任"。过错推定,是适用过错责任原则的一种方式,而不是一种独立的归责原则,它根据损害事实的发生推定行为人主观上有过错,唯在行为人证明自己确无过错时,方不承担责任。例如,《民法典》第1253条规定:"建筑物、构筑物或者其他设施及其搁置物、悬挂物发生脱落、坠落造成他人损害,所有人、管理人或者使用人不能证明自己没有过错的,应当承担侵权责任。所有人、管理人或者使用人赔偿后,有其他责任人的,有权向其他责任人追偿。"

例:2021年5月,张某与几个朋友在某酒店聚会时,酒店上方的天花板突然坠落,将张某头部、背部等多处砸伤,先后花去医疗费3万余元。张某的朋友李某肩膀受伤,花去医疗费用1万余元。张某和李某多次找到酒店要求赔偿,酒店辩称原因是装修公司装修不合格,应由装修公司承担赔偿责任。

根据《民法典》第1198条第1款规定:"宾馆、商场、银行、车站、机场、体育场馆、娱乐场所等经营场所、公共场所的经营者、管理者或者群众性活动的组织者,未尽到安全保障义务,造成他人损害的,应当承担侵权责任。"本案中,张某作为消费者在酒店就餐时不可预见被天花板砸伤,对该事故的发生不存在任何过错,酒店作为公共场所的管理人,应为消费者提供安全的消费环境,但酒店未尽到安全保障义务,致使张某和李某人身受伤,应对张某和李某的损失承担全部赔偿责任。酒店主张事故发生系装修公司装修质量存在问题导致,可在向张某和李某赔偿之后向装修公司主张权利。

2. 无过错责任

《民法典》第1166条规定:"行为人造成他人民事权益损害,不论行为人有无过错,法律规定应当承担侵权责任的,依照其规定。"

无过错责任,又叫"不问过错"责任,是指行为人只要给他人造成损害,不问其主观上是否有过错,都应承担的责任。无过错责任属于客观归责,其实质是使民事主体对于自己意志以外的行为也要承担不利的法律后果,所以仅适用于法律明文规定的场合。例如,《民法典》第1188条第1款规定:"无民事行为能力人、限制民事行为能力人造成他人损害的，由监护人承担侵权责任。监护人尽到监护职责的，可以减轻其侵权责任。"

在我国侵权责任法律规定中，过错责任是基本的归责原则，无过错责任为例外，如产品责任、环境污染责任、高度危险作业、建筑物倒塌等采用无过错责任。与之相反的是，我国合同法规中的违约责任以无过错责任为原则，只有特殊的合同类型采用过错责任，如赠与合同、保管合同、仓储合同、委托合同以及客运合同中承运人对于乘客的自带物品的赔偿责任等。

> **例**：某奶粉生产企业生产的婴幼儿奶粉，导致食用的婴幼儿出现尿痛、尿血、结石等症状。经相关质检部门检验发现，该企业在原奶收购过程中被不法分子添加了三聚氰胺（一种被国家禁用的有害物质），婴幼儿出现的上述症状正是因为食用了含有三聚氰胺的奶粉所致。
>
> 人民法院在审理本案的过程中，对于食品安全事故导致的婴幼儿人身伤害及其他财产损害赔偿，采用了无过错责任原则，即：该奶粉生产企业的行为具有违法性；侵权行为所造成的损害事实客观存在；侵权行为与损害之间有因果关系。因此，该企业应当承担损害赔偿责任。

在法律没有规定适用无过错责任原则，而适用过错责任原则又对受害人显失公平时，依公平原则在有关当事人之间分配损害的法律规则被称之为"公平补偿规则"。公平补偿规则并不是侵权责任法规中的一个归责原则，而是独立于过错责任与无过错责任原则之外，在两原则不足以公平调整某些利益关系时的补充性法律规则。其责任性质不是赔偿，而是补偿。如《民法典》第183条"救助人自身受到损害的责任归属"规定："因保护他人民事权益使自己受到损害的，由侵权人承担民事责任，受益人可以给予适当补偿。没有侵权人、侵权人逃逸或者无力承担民事责任，受害人请求补偿的，受益人应当给予适当补偿。"《最高人民法院关于适用民法典总则编若干问题的解释》第34条规定："因保护他人民事权益使自己受到损害，受害人依据民法典第一百八十三条的规定请求受益人适当补偿的，人民法院可以根据受害人所受损失和已获赔偿的情况、受益人受益的多少及其经济条件等因素确定受益人承担的补偿数额。"

二、民事责任的具体承担方式

《民法典》第179条规定："承担民事责任的方式主要有：（一）停止侵害；（二）排除妨碍；（三）消除危险；（四）返还财产；（五）恢复原状；（六）修理、

重作、更换；（七）继续履行；（八）赔偿损失；（九）支付违约金；（十）消除影响，恢复名誉；（十一）赔礼道歉。法律规定惩罚性赔偿的，依照其规定。本条规定的承担民事责任的方式，可以单独适用，也可以合并适用。"该条第1款是关于承担民事责任方式的规定，共列举了11种民事责任方式；第2款是关于惩罚性赔偿的指引性条款；第3款是关于各种民事责任方式可以单独适用也可以合并适用的规定。

《民法典》规定的民事责任方式，有的适用于所有责任类型（如赔偿损失），有的仅适用于特定的责任类型（如继续履行、支付违约金一般只适用于违约责任）；有的属于救济已经发生的损害之责任方式（如赔偿损失、支付违约金、恢复原状等），有的则是适用于防止损害之发生或者防止损害之扩大的情形（如停止侵害、排除妨碍、消除危险）。

1. 停止侵害

停止侵害是预防损害发生或防止损害扩大的民事责任方式之一。权利人得请求侵害人（或者请求法院判令侵害人）停止正在实施的侵害行为。被请求人依权利人的请求或者法院的判决，应当停止正在实施的侵害行为。

2. 排除妨碍

排除妨碍，也称为"排除妨害"，是预防损害发生或防止损害扩大的民事责任方式之一。权利人得请求妨碍实施者（或者请求法院判令妨碍实施者）以积极行为除去构成妨碍的物件或者其他事项，以确保权利人行使权利不受妨碍。被请求人依权利人的请求或者法院的判决，应当以积极行为排除妨碍。

3. 消除危险

消除危险，是预防损害发生或防止损害扩大的民事责任方式之一。在权利人的人身或者财产受到现实威胁的情况下，权利人得请求造成此等危险者（或者请求法院判令造成此等危险者）消除危险状况。被请求人依权利人的请求或者法院的判决，应当以积极行为消除此等危险。

4. 返还财产

返还财产，是使不当变动的财产关系恢复到变动前的状况的一种民事责任方式。在侵占他人财产或者没有合法理由占有他人财产的情况下，该财产的权利人得请求不法占有者（或者请求法院判令不法占有者）返还该项财产。不法占有者依权利人的请求或者法院的判决，应当返还财产，使其回归权利人的支配之下。涉及物权的，返还财产为返还原物；涉及合同或者侵权责任的，返还财产可能是返还原物，也可能是返还价值相当的种类物或者金钱。

5. 恢复原状

恢复原状，是使受到毁损的财产等在物理性能或价值等方面恢复到受损害前状态的一种民事责任方式。财产受到损害的权利人得请求侵害人（或者请求法院判令侵害人）将其损害的财产恢复到损害前的状态，侵害人依权利人的请求或者法院的判决，应当恢复财产的原状。狭义的恢复原状，仅指财产损害情况下的恢复原状；广义的恢复原状还包括救济人格权的民事责任方式，如赔礼道歉、消除影响、恢复名誉等。

6. 修理、重作、更换

狭义的修理是指对交付的标的物进行修理去除瑕疵，以使其达到约定的质量要求；广义的修理还包括对侵权致损物的修理。重作通常是指在承揽合同中，承揽人重新制作标的物，以达到约定的要求。更换则发生在买卖合同等交付标的物的合同关系中，出卖人提供新的标的物替换已经交付但是存在或者可能存在瑕疵的标的物。修理、重作和更换，通常属于违反合同的当事人应当承担的违约责任方式。

7. 继续履行

继续履行，也称为强制的继续履行或者强制的实际履行，是违反合同的民事责任方式之一。在合同关系中，一方当事人不履行或者不完全履行合同义务，权利人得请求违约方（或者请求法院判令违约方）继续履行合同项下的全部义务或者合同项下剩余的义务，谓之继续履行的民事责任。依据法律的规定或者当事人的约定，赔偿损失等民事责任方式与继续履行互不排斥。

8. 赔偿损失

赔偿损失，是指责任人支付一定数额的金钱以救济权利人损害的一种民事责任方式。对于财产损失、人身损害和精神损害，均适用赔偿损失的民事责任方式。无论是因为违约，还是因为侵权行为造成损害，赔偿损失的民事责任方式都可适用。用金钱赔偿的方式来填补损害，是民法上最常见和最有效的民事责任方式，适用时应注意以下几个问题：一是以损害的发生为前提，无损害则无赔偿；二是赔偿损失主要是补偿性，一般不具有惩罚性；三是赔偿损失的范围以当事人实际遭受的全部损害为限。

9. 支付违约金

支付违约金是违反合同的民事责任方式之一。合同双方可以在订立合同时对违约金的数额、计算方式和支付条件等作出约定。出现违约情况时，违约方应当按照约定付违约金。支付违约金责任方式的适用，以当事人之间存在有效的合同关系为前提，以一方不履行或者不适当履行合同构成违约为事实要件。违约金与违约损害赔偿金均以补偿性为基本功能，功能的基本重合性决定了二者原则上不能并用，但二者并不排斥。《民法典》第585条第2款规定："约定的违约金低于造成的损失的，人民法院或者仲裁机构可以根据当事人的请求予以增加；约定的违约金过分高于造成的损失的，人民法院或者仲裁机构可以根据当事人的请求予以适当减少。"在违约金不足以赔偿损失时，权利人可以请求赔偿损失；当事人对违约金的数额约定过高时，法院依据有关规定可予以调整。另外，根据《民法典》第588条第1款之规定，违约金和定金条款不能同时适用。

10. 消除影响、恢复名誉

消除影响、恢复名誉，是指权利人请求侵权人（或者请求法院判令侵权人）在一定范围内采取适当方式消除对权利人名誉等的不利影响，使其名誉特别是社会评价得到恢复的一种民事责任方式。一般来说，在什么范围内造成不利影响，就应当在什么范围内消除影响、恢复名誉。

11. 赔礼道歉

赔礼道歉，是指权利人请求侵权人（或者请求法院判令侵权人）通过口头或者书面等方式向权利人道歉，以取得权利人谅解的一种民事责任方式。值得注意的是，赔礼道歉作为一种民事责任的承担方式，与一般道义上的赔礼道歉不同，它是由国家强制力保障实施的。

12. 惩罚性赔偿

《民法典》第179条第2款规定："法律规定惩罚性赔偿的，依照其规定。"该规定将惩罚性赔偿规定为民事责任的承担方式。惩罚性赔偿是指法律规定的赔偿数额超出实际损害数额的赔偿。其目的在于补偿受害人损失的同时，还要惩罚和遏制不法行为，它不仅具备救济性，还具有惩罚性。惩罚性赔偿的具体数额由人民法院综合考量行为人的过错程度、损害后果的严重性等予以确定。

例如,《民法典》第1207条规定:"明知产品存在缺陷仍然生产、销售,或者没有依据前条规定采取有效补救措施,造成他人死亡或者健康严重损害的,被侵权人有权请求相应的惩罚性赔偿。"

此外,《民法典》第179条第3款规定:"本条规定的承担民事责任的方式,可以单独适用,也可以合并适用。"

第三节 免责事由

一、免责事由概述

当事人承担特定种类的民事责任,需要符合法律规定的条件,只有这些条件得到满足,才依法承担民事责任。如果条件欠缺,则不承担民事责任。然而在有些情形中,尽管承担责任的条件是具备的,但是存在不承担责任或者减轻责任的事由,当事人也应依法不承担或者减轻其所承担的民事责任。

法律对不承担责任和减轻责任的事由作出了规定。在具体案件中,如果当事人(通常是被告或者第三人)能够举证证明存在法律规定的不承担或者减轻民事责任的事由,就可以对抗另一方(原告)要求其承担民事责任的请求。法律规定的这类抗辩原告请求其承担民事责任的事由就是抗辩事由,亦被称为免责事由、免责条件。

免责事由一般由法律规定,但在不违反国家法律和社会公序良俗的前提下,也可由当事人约定。民法理论将免责事由分为两大类:一是正当理由,包括职务授权行为、正当防卫、紧急避险、自助行为、受害人同意等;二是外来原因,包括不可抗力、受害人过错、第三人的原因、意外事件等。

违约责任和侵权责任有各自的免责事由,有些免责事由是相通的,既在违约责任中发挥作用,也在侵权责任中发挥作用。《民法典》总则编第180条、第181条、第182条、第184条分别对不可抗力、正当防卫、紧急避险、紧急救助等免责事由作出了规定。另外,《民法典》侵权责任编第1173条、第1174条、第1175条、第1176条、第1177条分别对被侵权人有过错、受害人故意、第三人原因、自甘风险、自助行为等免责事由作出了规定。

二、免责事由的类型

（一）不可抗力

《民法典》第180条第1款规定："因不可抗力不能履行民事义务的，不承担民事责任。法律另有规定的，依照其规定。""不可抗力是指不能预见、不能避免且不能克服的客观情况。"

不可抗力所引发的免责效果是义务人完全免责。不可抗力作为免责事由，既适用于采用无过错责任的特殊侵权责任，也适用于采用过错责任的一般侵权责任情形，同时也适用于合同编违约责任的免责事由。但是法律另有规定的，依照其规定。从法律用语上解释，"法律另有规定"至少包含两种情况。一是特别法律规定，即使是因不可抗力不能履行民事义务，义务主体也应当承担民事责任。二是特别法律对不可抗力类型、强度等作出了具体规定的，应当依照其规定，确定是否应当承担民事责任以及承担何种程度的民事责任。比如，对于某些不可抗力（自然灾害）的保险，保险人在出现相关的损害时应当依法承担赔付责任。又如，在民用核设施发生核事故造成损害的情形下，经营者只有能够证明损害是因战争、武装冲突、暴乱等情形所引起，或者是因受害人的故意造成的，才能主张免责。

不可抗力作为不承担民事责任的免责事由，属于外来原因的抗辩，即不能履行义务是由于外来的原因所造成。法律规定"因不可抗力不能履行民事义务的，不承担民事责任"，在规则的适用上需要特别注意一个"因"字，即因果关系：只有在不可抗力是导致不能履行民事义务的原因时，义务人才能以不可抗力作为免责事由主张不承担民事责任；即使在履行义务的期间发生了不可抗力，如果不能履行民事义务并不是由于不可抗力所致，则义务人仍然应当承担民事责任。同样的道理，如果不可抗力只是不能履行民事义务的部分原因，则义务人只能部分免除责任。

在合同关系中，发生不可抗力导致义务人不能履行义务的，义务人应当及时通知权利人。尽管不可抗力导致义务人不能履行民事义务，义务人不承担相应的民事责任，但是义务人仍然有尽量避免损害扩大的义务。如果没有尽到尽量避免损害扩大的义务，义务人仍然要对扩大的损害部分承担民事责任。

（二）正当防卫

《民法典》第181条规定："因正当防卫造成损害的，不承担民事责任。正当防卫超过必要的限度，造成不应有的损害的，正当防卫人应当承担适当的民事责任。"

正当防卫的概念和构成要件参见本书第五章。

正当防卫作为传统民法所认可的"正当理由的免责事由"，其学理依据在于防卫行为的正当性。这个正当性从两个方面体现出来：一是防卫行为所针对的是不法侵害行为，二是防卫行为所保护的是合法权益。这个正当性使得防卫行为不具有违法性，构成"违法性阻却"，进而导致正当防卫人对由此造成的损害不承担民事责任。

《最高人民法院关于适用〈中华人民共和国民法典〉总则编若干问题的解释》第31条第1款规定，对于正当防卫是否超过必要的限度，人民法院应当综合不法侵害的性质、手段、强度、危害程度和防卫的时机、手段、强度、损害后果等因素判断。

"符合必要限度"与"超过必要限度"的界限是，足以制止被防卫人正在实施的加害行为。法律规定防卫过当后就其不必要的损害承担"适当责任"，是因为超过必要的限度意味着正当防卫人有一定的过错，存在疏忽大意或者轻信某些主客观条件的过失，对于防卫行为可能造成的不应有的损害后果，或者是没有预估到，或者是预估到了但轻信可以避免。

《最高人民法院关于适用〈中华人民共和国民法典〉总则编若干问题的解释》第31条第2款、第3款规定："正当防卫超过必要限度的，人民法院应当认定正当防卫人在造成不应有的损害范围内承担部分责任；实施侵害行为的人请求正当防卫人承担全部责任的，人民法院不予支持。实施侵害行为的人不能证明防卫行为造成不应有的损害，仅以正当防卫人采取的反击方式和强度与不法侵害不相当为由主张防卫过当的，人民法院不予支持。"因此，正当防卫人应当承担"适当的民事责任"，应当理解为一种减轻或者从轻的民事责任。防卫过当中的"不应有的损害"，既包括被防卫人遭受的损害，也包括任何第三人因防卫行为所遭受的损害。损害是"应有"还是"不应有"，取决于正当防卫是否符合必要的限度。

（三）紧急避险

《民法典》第182条规定："因紧急避险造成损害的，由引起险情发生的人承担民事责任。危险由自然原因引起的，紧急避险人不承担民事责任，可以给予适当补偿。紧急避险采取措施不当或者超过必要的限度，造成不应有的损害的，紧急避险人应当承担适当的民事责任"。

紧急避险的概念和构成要件参见本书第五章。

紧急避险之所以被法律确认为不承担民事责任的免责事由，其理由在于行为的正当性：紧急避险人的避险行为虽然造成他人的人身或者财产损害（二者之间存在因果关系），但是它是以牺牲一个较小的利益保护一个较大的利益，从利益衡量的角度来看是合理的和经济的。同时，紧急避险的正当性还表现在"情势紧急"，相关的加害行为是不得已而为之。这表明紧急避险人在主观上没有过错，不应承担民事责任。紧急避险行为在客观上的正当性和紧急避险人在主观上的没有过错，构成"违法性阻却"，因而紧急避险人无须承担民事责任。

紧急避险行为造成损害的处理如下。

（1）险情是由人为原因引起的，因紧急避险造成的损害，由引起险情发生的人承担民事责任。引起险情发生的人包括以下两类：一类是险情是由自己的故意或者过失实施的某种行为所引起，另一类是险情是由该人负有责任的物（动物、建筑物等）或其法定被监护人所引起的。

（2）危险是自然原因引起的，避险措施又无不当的，原则上紧急避险人不承担责任；但受害人要求补偿的，可以责令受益人适当补偿。"适当补偿"，意味着对于受害人的财产损失，一般以受益人的受益为限；如果受害人遭受的是人身损害或者受益人的受益是生命健康方面的，则应当按照一般理性人的价值标准和当地的经济发展状况、当事人之间的经济情况等作出判断。此处的"补偿"不是民事责任，而是损害后果的公平分担，是一种由法律明确规定的支付义务。

（3）紧急避险采取措施不当或者超过必要限度，造成不应有的损害的，紧急避险人应当承担适当的民事责任。《最高人民法院关于适用〈中华人民共和国民法典〉总则编若干问题的解释》第33条规定："对于紧急避险是否采取措施不当或者超过必要的限度，人民法院应当综合危险的性质、急迫程度、避险行为所保护的权益以及造成的损害后果等因素判断。经审理，紧急避险采取措施并无不当且没有超过必要限度的，人民法院应当认定紧急避险人不承担责任。紧急避险采取措施不当或者超过必要限度的，人民法院应当根据紧急避险人的过错程度、避险措施造成不应有的损害的原因力大小、紧急避险人是否为受益人等因素认定紧急避险人在造成的不应有的损害范围内承担相应的责任。"

（四）紧急救助——自愿救助者造成损害不承担责任

《民法典》第184条规定："因自愿实施紧急救助行为造成受助人损害的，救助人不承担民事责任。"该条在草案中曾经规定紧急救助人因重大过失造成受助人不应有损害的应当承担适当的赔偿责任,但是在大会讨论期间这一责任被删除。这表明立法者对见义勇为行为予以了坚决的支持,在立法政策导向上引导社会公众见义勇为。本条是中国版的"好人法",其基本含义是:一个行为人(救助者)出于高尚善良的目的对处于危难中的他人实施紧急救助行为,即使给被救助者造成一定损害也要豁免其责任。①

1. 紧急救助的构成要件

第一,被救助人处于危难状态,这种危难通常是比较重大、常人难以自我克服而需要他人帮助的情形。如果是一般的困难情形,在一般社会观念下受困人自己就可以克服,则往往不需要救助人的救助,即使救助人采取了帮助行为,一般也不构成本条的"紧急救助"。

第二,救助具有急迫性,如果不采取紧急的救助,则受困人的生命安全、健康、身体等将极有可能受到更严重的损害。如果救助行为并不急迫,则一般也不构成本条规定的"紧急救助",而应该优先考虑寻求国家等公权力的救济。

第三,救助者是出于自愿,而不是因职务行为或者基于法定、约定的义务而实施该紧急救助行为。

第四,救助者是出于善意,救助的目的是保护被救助者的合法人身或财产权益。救助者是否出于善意而采取救助行为,应当结合所采取的救助行为的方式、危难的具体情形、救助的程度、救助者自身的知识水平等方面综合加以判断。

2. 对于紧急救助人免责的正确理解与适用

第一,如果相关的危难情形并非十分严重,或受困人自己有能力克服这一困难,或并不具有紧迫性,或并不会对于受困人的生命、健康、身体等造成现实的不可挽回的损失,则一般无须他人采取紧急救助行为。在这些情况下,应当尊重受困人自己的意思,而不应当由救助人去代为选择救助的方案。

第二,救助人的救助行为应当与其救助水平相适应。在紧急情况下鼓励采取救助行为,不是为了彰显救助人的英勇,而是为了尽量挽救受助人的利益。因此,救助人的救助行为原则上应当有助于挽救受助人的利益。例如,如果受助人的生命处于危难状态,但是救助人并不具备任何救助知识,则该救助人不

---

① "好人法"也称为"好撒马利亚人法"(Good Samaritan Law)。在美国和加拿大,它是给伤者、病人的自愿救助者免除责任的法律,目的在于使人做好事时无后顾之忧,不用担心因过失造成损害而遭到追究,从而鼓励旁观者对伤病人士施以帮助。该法律的名称来源于《圣经》中耶稣所作的"好撒马利亚人"的比喻。

应该随意采取救助措施，而应该采取通知医务人员前来救助等必要的救助行为。

第三，具有一定的救助水平的救助人，对于处于危急状态的受困人采取紧急救助措施，原则上不承担民事责任。这意味着法律不要求救助人在这样的危急状态下采取尽可能完美的救助方案。

（五）学理上的其他免责事由

有些免责事由虽然《民法典》没有明文规定，但民法理论承认，司法实践中也广泛适用。

1. 意外事件

意外事件是指非因当事人的故意或过失而偶然发生的不可预见的损害。作为免责事由，首先，意外事件属于行为人自身以外的原因；其次，意外事件是偶然发生、不可预见的；最后，意外事件仅适用与一般侵权行为责任中，不适用于特殊侵权行为责任。

2. 受害人同意

受害人同意，又称受害人允诺，指受害人就他人特定的行为或者他人对自己权益造成的特定损害后果予以同意并表示于外的意愿。损害发生后，受害人同意免除侵害人的责任，只是一种责任的事后免除方式，不同于这里的"受害人同意"。

受害人同意作为免责事由必须满足下列条件。

（1）受害人必须有同意能力。如，未满14周岁的幼女无与他人发生性行为的同意能力；又如，未满18周岁的未成年没有器官捐献的同意能力。

（2）受害人同意的内容必须明确而具体，即受害人同意必须针对特定行为或者特定损害后果，而不能是概括同意。如，张三对李四表示"我的财产你可以任意挥霍"，该同意无效。又如，张三对李四表示"你帮我把这颗钻石丢掉"，该同意有效。

（3）受害人的同意必须真实、自由。受害人因遭受欺诈、胁迫所作的同意，无效。如，张三因饮用了李四偷偷加入迷药的饮料后同意李四将其车辆烧毁，张三的同意无效。

（4）法律规定知情同意制度的，一方必须尽充分的告知、说明义务。如，《民法典》第1219条规定，医疗机构在给患者进行手术、特殊检查、特殊治疗前，负有特殊告知（说明）义务。

（5）受害人的同意不得违反法律的强制性规范和公序良俗。如，在我国，医生为病人实施安乐死的做法是违法行为，甚至构成犯罪。又如，受害人的同意有时以合同中的"免责条款"形式出现，但《民法典》第506条规定："合同中的下列免责条款无效：（一）造成对方人身损害的；（二）因故意或者重大过失造成对方财产损失的。"

3. 依法执行职务

国家公务人员依法执行职务过程中导致的必要损害，国家机关并不承担责任。如，刑事警察在缉拿犯罪嫌疑人的过程中，合法使用枪支而导致后者人身伤害的，不承担侵权责任。

引例分析

本章引例案件中的被告是否应对谷某的死亡承担责任、承担何种责任及责任大小应由法律作出评判。行为人因过错侵害他人民事权益的应承担侵权责任。被告作为经营性超市在其合理限度范围内可以对顾客的不当行为进行劝导，本案中被告发现谷某的不当行为后，被告员工和谷某之间有言语交流，被告员工用手拉住其衣袖，但该行为并未超过合理限度范围。据居民死亡医学证明（推断）书的记载，谷某的死亡原因为心肌梗死。对于突发的心脏骤停，现场的有效心肺复苏和早期除颤是关键，在心脏骤停后的4~6分钟是黄金抢救时间。谷某的死亡系其自身疾病发展所致，由于其病发突然，被告亦拨打了110、120，已尽安全保障义务和基本的救助义务。故本案中被告及其工作人员不存在过错侵权行为，且被告及其工作人员的行为与谷某的死亡之间亦无因果关系。《民法典》第1165条第1款规定："行为人因过错侵害他人民事权益造成损害的，应当承担侵权责任。"第1198条第1款规定："宾馆、商场、银行、车站、机场、体育场馆、娱乐场所等经营场所、公共场所的经营者、管理者或者群众性活动的组织者，未尽到安全保障义务，造成他人损害的，应当承担侵权责任。"法院最终判决驳回原告的诉讼请求。

每章一练

一、单项选择题

1. 甲从商店买回一个手机充电宝，因充电宝质量存在问题，在给手机充电时发生爆炸，导致甲手机受损，对此（　　）。

　A. 甲只能请求商店承担违约责任

　B. 甲只能请求生产厂家承担侵权责任

　C. 甲只能请求商店承担侵权责任

　D. 甲既可以请求商店承担民事责任，又可以请求厂家承担民事责任

2. 甲与女友乙去公园约会，乙看到盛开的牡丹心生爱意，便对甲说："去给我摘一朵。"甲无视身旁所挂"严禁采摘"的牌子，将花折下送给乙，结果导致该盆牡丹花死亡。后经鉴定，该盆牡丹花价值2000元，对此损失，责任应（　　）。

　A. 由甲承担

　B. 由乙承担

　C. 由甲、乙分别承担1000元

　D. 由甲和乙承担连带责任

3. 刘婆婆回家途中，看见邻居肖婆婆带着外孙小勇和另一家邻居的孩子小囡（均为4岁多）在小区花园中玩耍，便上前拿出几根香蕉递给小勇，随后离去。小勇接过香蕉后，递给小囡一根，小囡吞食时误入气管导致休克，经抢救无效死亡。对此，下列选项正确的是（　　）。

　A. 刘婆婆应对小囡的死亡承担民事责任

　B. 肖婆婆应对小囡的死亡承担民事责任

　C. 小勇的父母应对小囡的死亡承担民事责任

　D. 属意外事件，不产生相关人员的过错责任

二、多项选择题

1. 下列承担民事责任的方式中，属于补救性方式的是（　　）。

　A. 消除危险

　B. 赔礼道歉

　C. 恢复原状

　D. 赔偿损失

2. 完全民事行为能力人教唆无行为能力人、限制行为能力人，后者的监护人未尽监护职责的，教唆人与该监护人承担何种民事责任。下列说法不正确的是（　　）。

　A. 单独责任

　B. 连带责任

C. 按份责任

D. 共同责任

3. 张三在创作某纪实小说时，故意歪曲事实，把一烈士塑造成一个卑鄙小人。后李四公司经张三授权将该纪实小说改编摄制成同名电影。对此，下列表述正确的是（   ）。

　　A. 张三侵犯了该烈士的名誉

　　B. 李四公司侵犯了该烈士的名誉

　　C. 烈士遗孀有权请求张三、李四公司承担侵害名誉的损害赔偿责任

　　D. 该烈士没有近亲属或者近亲属不提起诉讼的，检察机关有权以自己的名义提起公益诉讼

三、判断题

1. 因保护他人民事权益使自己受到损害的，由侵权人承担民事责任，受益人应当给予适当补偿。（   ）

2. 民事主体因同一行为应当承担民事责任、行政责任和刑事责任的，承担行政责任或者刑事责任不影响承担民事责任；民事主体的财产不足以支付的，优先用于承担民事责任。（   ）

3. 因当事人一方的违约行为，损害对方人身权益、财产权益的，受损害方有权选择请求其承担违约责任和侵权责任。（   ）

4. 甲（10岁）在从小学放学回家的路上，将石块扔向路上正常行驶的出租车，致使乘客乙受伤住院。该出租车为丙公司所有。本案中，乘客乙只能要求甲的监护人承担侵权赔偿责任。（   ）

四、名词解释

1. 民事责任
2. 有限责任
3. 不可抗力
4. 正当防卫
5. 紧急避险

五、简答题

1. 简述民事责任的特征。
2. 简述按份责任和连带责任的区别。
3. 简述我国民事责任的具体承担方式。

六、案例分析题

甲、乙与丙签订了一份买卖大米的合同。

情形1：合同约定，丙公司供给甲、乙大米30吨，每吨价格为5560元，大米运到甲、乙所在地车站后，甲和乙按3：7比例分配并按该比例付款。

情形2：合同约定，丙公司供给甲、乙大米30吨，每吨价格为5560元，货到付款。大米运到后，甲与乙再按3：7分配。

比较上述两个情形，请问将来丙能否要求甲或者乙任何一方支付30吨大米的价款？

第九章

诉讼时效和期限

◆ 知识体系图

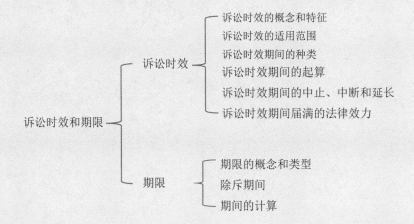

◆ **学习目标**

掌握诉讼时效的概念和特征;理解诉讼时效的适用范围;熟知诉讼时效的起算;熟练掌握诉讼时效期间的中止、中断和延长的事由;学会区分诉讼时效与除斥期间;能够运用所学知识分析案例,解决简单的民事纠纷。

◆ **本章引例**

张某为购买房屋向其好友王某借款人民币20万元,约定一年后还款。一年后,张某以还有其他借款未还清为由,只还了王某10万元,虽表示尽快还清剩余10万元欠款,但一直没有还款。王某每年6月和12月都会对张某提出还款的请求,但张某都以各种理由拖欠未还。3年后,王某再次提出请求时,张某主张王某还款请求权的诉讼时效期间已经届满,无权再请求其还款。

问:张某的主张能否成立?

第一节 诉讼时效

一、诉讼时效概述

（一）诉讼时效的概念和特征

1. 诉讼时效的概念

时效是指一定的事实状态经过一定的时间，从而导致与该事实状态相适应的法律后果的法律制度。诉讼时效，是指权利人在法定期间内不行使权利即导致义务人有权提出拒绝履行的抗辩权的法律制度。从比较法上看，各国的立法例各不相同。瑞士、俄罗斯等国家采取的是诉讼时效的概念；德国、日本、意大利等国家采取的是消灭时效的概念。我国《民法典》总则编采纳了诉讼时效的概念，时效届满并不发生请求权的消灭，只是使义务人获得时效抗辩权。

诉讼时效是民法总则的一项重要制度，它可以督促权利人及时行使权利，维护稳定的法律秩序，也有利于及时收集证据解决纠纷。该制度适用于各种类型的债权请求权，我国《民法典》以专章（第九章）的形式对"诉讼时效"制度作出了规定，其中包括诉讼时效的适用范围，诉讼时效届满的法律后果，法院应否主动援引诉讼时效的规定以及诉讼时效的中止、中断、延长等问题。

2. 诉讼时效期间的特征

与民法中其他的期限相比较，诉讼时效期间具有如下特征。

一是法定性。诉讼时效期间是权利人请求人民法院保护其民事权利的法定期限。超过该期限以后，当事人的民事权利的效力就会受到一定的影响。诉讼时效期间不是当事人约定的期限，而是由法律直接规定的期限。不行使权利的事实，经过该法定的期限，将产生时效届满的后果。当然，与除斥期间以及其他期限相比较，诉讼时效期间并不是固定不变的，在符合法律规定的条件下，可以中止、中断和延长。

二是强制性。诉讼时效的强制性包括四个方面的内容。第一，禁止当事人通过约定除斥时效规范的适用。强行性规范本身的含义是指当事人不能通过约定排除其适用，该法律规范在条件具备时将自然适用，不能由当事人通过约定予以排除适用。第二，禁止当事人违反时效的规定约定延长或缩短诉讼时效期间。《民法典》第197条对诉讼时效的强制性作出了规定，明确禁止当事人通过约定延长或缩短诉讼时效期间。第三，禁止当事人就诉讼时效的计算方法作出约定。此处所说的计算方法，主要是指诉讼时效自何时开始起算。如果允许当事人就时效的计算方法进行约定，实际上等同于允许其延长或缩短诉讼时效期间。第四，禁止当事人就诉讼时效中止、中断的事由作出约定。诉讼时效中止或中断的事由必须由法律规定，因为它们对于时效期间的确定具有重要意义，如果允许当事人任意约定，时效的强制性就受到很大的影响。

三是体现了义务人的时效利益。时效利益，是指诉讼时效期间届满以后，权利人丧失了请求法院依诉讼程序强制义务人履行义务的权利，义务人因此可以不履行义务，继而获得其本来不应该获得的利益。在诉讼时效期间届满以后，义务人所享有的时效利益受到法律的保护。当然，诉讼时效期间届满后，义务人所享有的时效利益本质上是当事人的私益，其有权予以抛弃。但是，考虑到债务人利益的保护，《民法典》第197条第2款禁止诉讼时效利益的预先抛弃。

3. 诉讼时效与仲裁时效

诉讼与仲裁均为纠纷的解决方式。仲裁时效是指权利人向仲裁机构请求保护其权利的期限。诉讼时效和仲裁时效在性质上是有区别的，但两者又有一定的联系。从我国立法来看，有的法律对仲裁的时效问题作出了特别规定，例如《民法典》第594条规定："因国际货物买卖合同和技术进出口合同争议提起诉讼或者申请仲裁的时效期间为四年。"《仲裁法》第74条规定："法律对仲裁时效有规定的，适用该规定。法律对仲裁时效没有规定的，适用诉讼时效的规定。"《民法典》第198条借鉴了该规则，依据该条规定，如果法律对仲裁的时效作出了特别规定，则适用该特别规定；如果法律未对仲裁时效作出规定，则适用《民法典》关于诉讼时效的规则。

（二）诉讼时效的适用范围

1. 诉讼时效主要适用于债权请求权

《民法典》第188条第1款规定："向人民法院请求保护民事权利的诉讼时效期间为三年。法律另有规定的，依照其规定。"该条对诉讼时效作出了规定，但其只是使用了"民事权利"这一表述，而没有对诉讼时效的适用范围作出明确界定。《最高人民法院关于审理民事案件适用诉讼时效制度若干问题的规定》

第1条规定"当事人可以对债权请求权提出诉讼时效抗辩",该条实际上明确了诉讼时效的适用范围原则上限于债权请求权。

债权请求权是特定的债权人请求债务人为或不为一定行为的权利。从原则上说,债权的请求权都可以适用诉讼时效。如合同之债、侵权之债、无因管理之债、不当得利之债等,均可以适用诉讼时效。诉讼时效之所以适用于请求权,原因在于:一方面,请求权在内容上是请求他人为一定的行为或不为一定的行为的权利,请求权的实现有赖于义务人履行一定的给付义务,但这种给付义务实际上对义务人来说是一种负担,这种负担应当在一定的期限内存在,而不能无期限地持续下去。否则,义务人长期负担某项给付义务,不利于社会经济关系的稳定。另一方面,如果义务人不履行义务,权利人有权请求法院保护其权利的实现,这种请求保护的权利,也要有时间的限制,否则可能因年代久远而出现举证困难等问题,使当事人的合法权益难以受到法律的保护。所以,从诉讼保护的需要出发,也应使请求权受到诉讼时效的限制。

2. 不适用诉讼时效的请求权

《民法典》第196条规定:"下列请求权不适用诉讼时效的规定:(一)请求停止侵害、排除妨碍、消除危险;(二)不动产物权和登记的动产物权的权利人请求返还财产;(三)请求支付抚养费、赡养费或者扶养费;(四)依法不适用诉讼时效的其他请求权。"由此可见,以下几种请求权不适用诉讼时效。

第一,请求停止侵害、排除妨碍、消除危险。这三种情形通常都是适用于绝对权受到侵害的情况下,如物权请求权、人格权请求权,学理上一般认为不适用诉讼时效。另外,在请求停止侵害、排除妨碍、消除危险的情形下,由于行为人的侵权行为一直处于持续状态,诉讼时效无法确定起算点,因而不应当适用诉讼时效。

第二,不动产物权和登记的动产物权的权利人请求返还财产。依据《民法典》第196条第2款的规定,不动产物权和登记的动产物权的权利人请求返还财产的权利不适用诉讼时效,具体而言:一是不动产物权。我国对不动产物权采用登记要件主义,不动产物权的设立、变更、消灭都要办理登记,登记簿本身能够产生一定的公信力。如果已登记的不动产仍然适用诉讼时效,不动产物权超过一定期限后,权利人就不能请求返还财产,就会导致登记制度和时效制度产生冲突和矛盾。另外,对不动产物权而言,即便没有登记,也不能适用诉讼时效,如农村的房屋。二是登记的动产物权。登记的动产物权是指依据我国法律规定进行登记的动产。例如,《民法典》第225条规定:"船舶、航空器和机动车等的物权的设立、变更、转让和消灭,未经登记,不得对抗善意第三人。"虽然我国对特殊动产的登记采登记对抗主义,但对已经登记的动产,和不动产登记一样,也会产生一定的公信力,第三人信赖该登记而与其发生交易,该信赖应当受到法律保护。因此,这些动产的占有人不能因其占有而获得特殊的保护,也就不能主张适用诉讼时效。

第三,请求支付抚养费、赡养费或者扶养费。依据《民法典》第196条第3项的规定,请求支付抚养费、赡养费或者扶养费的权利不受诉讼时效的限制。其中,长辈对晚辈支付的费用称为抚养费,晚辈对长辈支付的费用称为赡养费,相同辈分的人之间支付的费用称为扶养费。法律之所以作出此种规定,是因为一方面,支付抚养费、赡养费或者扶养费的权利关系到权利人的基本生活保障,如果受到诉讼时效的限制,则可能影响权利人的基本生活。要构建和谐的家庭关系,对于家庭生活中的弱者不能完全按照交易规则处理,而必须对其进行倾斜性保护,尤其是为了维护家庭的和谐,提升家庭的凝聚力,应鼓励义务人支付此种费用,如果适用诉讼时效,反而与这一立法目的相背离。另一方面,从诉讼时效的功能来看,其主要是维持相关的财产秩序、保护当事人对相关财产秩序的合理信赖,但就支付抚养费、赡养费或者扶养费的权利而言,其并不涉及维持财产秩序、保护交易当事人合理信赖的问题。因此,上述请求权不应当受到诉讼时效的限制。此外,法律上规定此种请求权不适用诉讼时效,也有利于弘扬社会主义核心价值观。

例:2015年10月,张某与妻子李某离婚,法院判决婚生子小张(3岁)与李某共同生活,张某每月给付抚养费1200元。离婚后,张某一直未支付抚养费。2021年6月,李某代理小张向人民法院起诉,请求张某给付所欠全部抚养费。根据《民法典》第196条第3项的规定,李某不能主张部分抚养费已过诉讼时效而拒绝支付。

第四,依法不适用诉讼时效的其他请求权。依据《最高人民法院关于审理民事案件适用诉讼时效制度若干问题的规定》第1条的规定,对下列债权请求权提出诉讼时效抗辩的,人民法院不予支持:支付存款本金及利息请求权;兑付国债、金融债券以及向不特定对象发行的企业债券本息请求权;基于投资关系产生的缴付出资请求权;其他依法不适用诉讼时效规定的债权请求权。例如,支付存款本金及利息请求权不适用诉讼时效,因为居民存款是为了将钱款进行储备,以备以后使用,并不一定在短期内行使这种债权。个人基于对银行的信赖,将其货币存在银行,即使经过三年没有支取,银行也不能以时效届满为由而不再返还本金和利益,否则会严重侵害个人的财产权。

（三）诉讼时效期间的种类

诉讼时效期间通常可以分为如下三种。

1. 普通诉讼时效期间

普通诉讼时效期间，是指由民事基本法规定的普遍适用于应当适用时效的各种法律关系的时效期间。《民法典》第188条第1款规定："向人民法院请求保护民事权利的诉讼时效期间为三年。法律另有规定的，依照其规定。"依据该条规定，普通诉讼时效期间为3年。

2. 特别诉讼时效期间

特别诉讼时效期间，是指由民事基本法或特别法针对某些民事法律关系规定的时效期间。按照特别法优先于普通法的一般规则，如果符合特别诉讼时效规定的情况的，应当适用特别诉讼时效，而不应当适用普通诉讼时效。在我国现行民事立法中，有关特别诉讼时效的规定散见于《民法典》和民事单行法，例如，《民法典》第594条规定："因国际货物买卖合同和技术进出口合同争议提起诉讼或者申请仲裁的时效期间为四年。"可见，国际货物买卖合同和技术进出口合同的诉讼时效要比一般的普通诉讼时效期间更长。

3. 最长诉讼时效期间

最长诉讼时效期间，学说上又称绝对时效期间，是指不适用诉讼时效中止、中断规定的时效期间。《民法典》第188条第2款规定，"自权利受到损害之日起超过二十年的，人民法院不予保护，有特殊情况的，人民法院可以根据权利人的申请决定延长"。该规定所说的"人民法院不予保护"，并不是说权利人的实体权利消灭，而只是使义务上产生抗辩权，因此该条规定20年最长期限，在性质上仍然是诉讼时效。从该条规定来看，最长诉讼时效期间具有如下特点。第一，具有固定性。最长诉讼时效设立的宗旨就是要对民事权利的保护设立一个最长的固定期限，超过该最长的期限，则对该民事权利不予保护。所以，该期限不适用诉讼时效中止、中断的规定。第二，从权利产生之日起计算。也就是说，不采用主观主义的计算方法，即不是从权利人知道或者应当知道权利遭受侵害之日起计算，而是从权利产生之日起计算。第三，原则上不适用诉讼时效延长的规定。从设立最长诉讼时效制度的目的来看，其主要是给权利的行使设立一个固定的期限，或者说设立一个最长的保护期限，如果最长的期限仍然可以延长，且对延长的上限没有限制，这就造成最长诉讼时效成为可变期限，也会使最长诉讼时效的功能不复存在。毕竟诉讼时效具有稳定既有法律秩序的功能，如果该最长诉讼时效期间还可以继续延长，可能影响诉讼时效稳定社会秩序功能的发挥。因此，《民法典》第188条第2款所规定的诉讼时效延长应当适用于该条所规定的普通诉讼时效期间，原则上并不适用于最长诉讼时效期间。

二、诉讼时效期间的起算

（一）《民法典》关于诉讼时效期间起算的一般规定

诉讼时效期间的起算，是指诉讼时效期间开始计算的时间点，即从何时开始计算诉讼时效期间。目前关于诉讼时效期间的起算，各国主要采纳了两种标准。一是主观标准，即从受害人知道其权利受损害的时间开始起算。二是客观标准，即从权利受损害时或请求权发生之时开始计算。这两种标准各有利弊。就客观标准而言，在实际操作中较为简单，举证相对容易，但权利人的权利受到损害时，权利人本身可能并不知道。如果因权利人不知道权利遭受损害而使诉讼时效经过，显然违背了诉讼时效制度的设立宗旨，即督促权利人尽快行使权利，防止其在权利上睡觉。而主观标准虽然有利于对权利人的保护，因为权利人只有知道其权利遭受损害，才能向义务人主张权利或提起诉讼。因此，采用主观标准实际上就是按照权利人的主观感受来确立起算点，这对权利人是有利的。但是主观标准在适用中也存在一定困难，主要表现为如何证明权利人已经知道或应当知道。

《民法典》第188条第2款规定："诉讼时效期间自权利人知道或者应当知道权利受到损害以及义务人之日起计算。法律另有规定的，依照其规定。但是自权利受到损害之日起超过二十年的，人民法院不予保护，有特殊情况的，人民法院可以根据权利人的申请决定延长。"该条对诉讼时效期间起算的一般规则作出了规定，即诉讼时效期间自权利人知道或者应当知道权利受到损害及义务人之日起计算。该条虽然主要采纳了主观标准，但由于该条强调权利人知道或应当知道权利受损害的事实，在一定程度上也兼顾了客观标准。具体而言，必须满足如下三项条件，诉讼时效才开始起算。

第一，必须是权利在客观上受到损害。在确定起算点时，应当确认权利是否受到损害的事实，权利受到损害是诉讼时效适用的前提。权利受到损害的时间应当区分不同情形分别予以认定。例如，在侵权行为中，当事人的权利受到损害可能在侵权行为发生时就可以认定；而合同之债，当事人一般是在履行期限届满，债务人不履行债务，才能认定权利受到侵害。

第二，权利人知道或应当知道其权利受到损害。这是一种主观主义的计算方法。所谓知道，是指权利人已经事实上了解其权利受到损害的事实。例如，甲某打伤了乙某。所谓应当知道，是指按照一个合理的人的标准来判断，权利人作为一个合理的人在当时的情况下应当知道其权利受到损害的事实。例如，甲某与乙某订立合同，甲将家中唯一的古画卖给乙，在合同履行前，乙得知甲又高价将古画卖给了丙并交付。此时，乙就应该知道自己的权利受到了损害。

第三，权利人知道或应当知道具体的义务人。权利人知道或者应当知道，并不限于权利受到损害的事实，还应包括知道具体的义务人。也就是说，不仅知道权利的存在，而且知道是何人侵害了其权利。如果权利人知道权利被侵害，但不知明确的侵害人，则因为权利人不能提出请求，时效也不能开始计算。该条规定权利人必须知道义务人才能起算诉讼时效，实际上是确立了主观主义的诉讼时效起算方式，即从权利人能够主张权利时起开始计算诉讼时效，这有利于充分保护权利人的权利。

（二）诉讼时效期间起算的特殊情形

1. 分期履行债务中的诉讼时效的起算

《民法典》第189条规定："当事人约定同一债务分期履行的，诉讼时效期间自最后一期履行期限届满之日起计算。"所谓同一债务分期履行，是指在同一债务项下，债务是分数次履行的，且数次履行并不影响该债务的同一性。之所以分期履行的债务自最后一期履行期限届满之日起计算，一是由同一债务的特殊性所决定的。对分期履行债务而言，虽然每期债务都有一定的独立性，其履行时间和地点可能都不相同，但其本质上都是同一债务的组成部分。因此，作为具有整体性的同一债务，其诉讼时效应当自最后一期履行期限届满之日起计算。二是有利于保护债权人的权利。一方面，有利于简化诉讼时效的计算规则，便于债权人主张权利。如果对此类债务，分别起算会割裂合同的整体性，并损害债权人利益。另一方面，从最后一期履行期限届满开始起算诉讼时效，也可以从整体上推迟每一期债务的诉讼时效起算时间，更有利于保护债权人的权利。三是有利于减少纠纷。对分期履行的同一债务而言，如果每一期履行的债务都单独计算，可能导致法律关系过于复杂。因此，对分期履行的同一债务而言，不应当单独计算每期履行的债务，而应当自最后一期债务履行期限届满之日起计算。

2. 无民事行为能力人或者限制民事行为能力人对其法定代理人的请求权

《民法典》第190条规定："无民事行为能力人或者限制民事行为能力人对其

法定代理人的请求权的诉讼时效期间,自该法定代理终止之日起计算。"该条借鉴了德、日民法典的有益经验。法律之所以作出此种规定,主要是为了保护无民事行为能力人和限制民事行为能力人的利益。因为一方面,无民事行为能力人和限制民事行为能力人的法定代理关系通常是基于亲属关系产生的。在代理期间,若代理人滥用代理权侵害被代理人利益的,被代理人由于民事行为能力的欠缺,难以判断其利益是否受到了侵害。另一方面,法定代理人和被代理人之间存在照管关系和信赖关系,被代理人即使知道其权利遭受了侵害,在该法定代理关系终止前,其也难以主张权利。此外,无民事行为能力人或者限制民事行为能力人与其法定代理人之间具有密切的感情关联,如果其通过诉讼主张,则可能会损害其与法定代理人之间的信赖或者情感关系,导致当事人之间的关系处于紧张状态,法定代理人更不会认真履行职责,其结果反而不利于保护被代理人。

《民法典》第190条的适用应当具备如下条件。一是适用对象是无民事行为能力人或限制民事行为能力人。由于该条是针对法定代理人所提出的请求权,因而其适用对象仅限于无民事行为能力人和限制民事行为能力人。二是针对法定代理人提出请求。该规则适用于无民事行为能力人或者限制民事行为能力人针对法定代理人提出请求的情形,例如,法定代理人不履行代理职责,甚至滥用代理权导致被代理人利益受损,被代理人有权请求代理人承担赔偿责任。

3. 未成年人遭受性侵害的损害赔偿请求权

《民法典》第191条规定:"未成年人遭受性侵害的损害赔偿请求权的诉讼时效期间,自受害人年满十八周岁之日起计算。"该条借鉴了《德国民法典》的有益规定,规定此种请求权的诉讼时效在受害人成年前不开始起算,而自其成年时起算。本规定主要是为了保护受害人的利益。因为一方面,在受害人成年前,难以判断其损害的具体程度,甚至不知道自己遭受了侵害,因此在成年之后,其仍应当有权请求行为人承担责任。就赔偿范围而言,受害人不仅有权请求行为人承担财产损害赔偿责任,且在符合精神损害赔偿条件时,不论行为人的行为属于治安违法行为还是犯罪行为,受害人均有权请求行为人承担精神损害赔偿责任。另一方面,在受害人成年前,应当由其法定代理人代为行使请求权,如果受害人在年满18周岁以后,对法定代理人的处理不满意,可以再次主张其请求权。因此,该条规定此种请求权的诉讼时效自受害人年满18周岁时起算。

在我国,就未成年人遭受性侵害的损害赔偿请求权,并没有规定特殊的诉讼时效期间,其应当适用《民法典》第188条规定的普通诉讼时效期间,即3年。因此,自受害人年满18周岁之日起,计算3年,时效届满。符合中止、中断的情形的，也可以发生中止、中断的效力。

例：2015年2月，家住陕西省某县的孙某，男（55周岁，有配偶），依法收养了孤儿小丽（女，12周岁）为养女，后孙某多次对小丽实施性侵害，造成小丽先后产下两名女婴。2017年5月，当地群众向公安机关匿名举报，媒体也纷纷曝光此事。2017年8月，当地法院判决孙某构成强奸罪，判决有期徒刑3年。

本案中，孙某对小丽实施性侵害，小丽对孙某的损害赔偿请求权依法自年满18周岁之日起计算而非法定代理终止之日。

三、诉讼时效的中止、中断和延长

（一）诉讼时效的中止

1. 诉讼时效中止的概念

诉讼时效的中止，是指在诉讼时效期间进行中，因发生一定的法定事由使权利人不能行使请求权，从而暂时停止计算诉讼时效期间的制度。《民法典》第194条规定："在诉讼时效期间的最后六个月内，因下列障碍，不能行使请求权的，诉讼时效中止：（一）不可抗力；（二）无民事行为能力人或者限制民事行为能力人没有法定代理人，或者法定代理人死亡、丧失民事行为能力、丧失代理权；（三）继承开始后未确定继承人或者遗产管理人；（四）权利人被义务人或者其他人控制；（五）其他导致权利人不能行使请求权的障碍。自中止时效的原因消除之日起满六个月，诉讼时效期间届满。"该条对诉讼时效的中止作出了规定。法律之所以规定诉讼时效的中止，主要是为了保证权利人具有积极行使其权利的足够时间，不至于因为权利人不可控制的原因而发生诉讼时效期间届满的效果，因此，在出现特定事由的情形下，为保护权利人利益，应阻止诉讼时效在最后阶段继续进行，避免在阻碍事由存续期间内完成时效。同时，规定诉讼时效中止制度也符合设立诉讼时效制度的宗旨。诉讼时效制度主要是通过使权利人失去一定利益以敦促权利人及时行使其权利，避免权利人"睡眠于权利之上"，但因不可抗力等客观原因造成权利人不能行使请求权的情况时，权利人主观上并没有行使权利的懈怠，如果令其承担诉讼时效期间届满的后果，则违背了时效制度设定的宗旨。依据《民法典》第194条的规定，诉讼时效中止的事由应当发生在诉讼时效期间的最后6个月内。

2. 诉讼时效中止的事由

依据《民法典》第194条的规定,诉讼时效中止的事由有如下几种。

一是不可抗力。不可抗力是不能预见、不能避免且不能克服的客观情况,如战争、地震等。不可抗力是导致时效中止的主要事由,在发生不可抗力的情形下,权利人因为其意志以外的原因而无法主张权利,如果时效不中止,将导致不公平的后果。当然,不可抗力也并不当然产生诉讼时效中止的效力,也就是说,即使有不可抗力事由的发生,如果并没有影响到权利人行使权利的,也不能产生诉讼时效中止的效果。

二是无民事行为能力人或者限制民事行为能力人没有法定代理人,或者法定代理人死亡、丧失民事行为能力、丧失代理权。该项规定属于欠缺法定代理人时的时效中止。在诉讼时效期间的最后6个月内,如果权利人是无行为能力人或限制行为能力人,但没有法定代理人,或者法定代理人死亡、丧失代理权,或者法定代理人本人丧失行为能力的,则其在客观上将无法主张权利。此时,依据《民法典》第194条的规定,诉讼时效将中止,从而为权利人预留必要的权利行使期间,以更好地保护无行为能力人和限制行为能力人的权利。

三是继承开始后未确定继承人或者遗产管理人。在继承开始后,继承人尚未确定或非因继承人的原因导致遗产管理人不明确,如果此种情况正好发生在诉讼时效期间的最后6个月内,也将导致继承人或遗产管理人不能行使权利,如果时效仍然继续,对于继承人或遗产管理人是不公平的。此时,将产生诉讼时效中止的效力。在继承人或者遗产管理人确定后,诉讼时效期间仍有6个月才届满。

四是权利人被义务人或者其他人控制。如果权利人被义务人或者其他人控制,也将导致权利人客观上无法行使权利。此处所说的"控制",一般理解为权利人被限制人身自由。例如,权利人因被义务人扣押、拘禁而丧失行为自由,客观上无法主张权利。此时,可以导致诉讼时效的中止。

五是其他导致权利人不能行使请求权的障碍。依据《民法典》第194条的规定,如果出现了其他导致权利人不能行使请求权的障碍,也将产生诉讼时效中止的效力。该规定实际上是对诉讼时效中止的事由作出了兜底规定,法律上设置这一兜底条款是必要的。

3. 诉讼时效中止的效果

依据《民法典》第194条的规定,诉讼时效中止将产生如下效力。

(1) 诉讼时效期间停止计算。依据《民法典》第194条第1款的规定,一旦出现中止事由，诉讼时效期间立即停止计算，中止事由消除之前的期间将不计入诉讼时效期间。

（2）中止事由发生前的时效期间仍然有效。诉讼时效中止不同于诉讼时效中断，诉讼时效期间一旦中断，其已经经过的时效期间将归于无效，诉讼时效期间重新起算。而在诉讼时效中止的情形下，已经经过的时效期间仍然有效。

（3）中止事由消除后诉讼时效期间再计算6个月。中止的事由一旦消除，诉讼时效期间将再计算6个月。依据《民法典》第194条第2款，"自中止时效的原因消除之日起满六个月，诉讼时效期间届满"。这就是说，不论诉讼时效期间中止前诉讼时效期间还剩余多少，在中止事由消灭后，剩余的诉讼时效期间都为6个月。法律作出此种规定，有利于在诉讼时效中止的情形下简化诉讼时效期间的计算方法，从而减少相关的纠纷。

例：赵某将自己某品牌的小轿车停放在小区停车场，2018年8月8日晚上前挡风玻璃被人打破了，直到2018年8月15日才得知是钱某踢球时不小心砸破的。2021年5月12日，赵某所在的地区发生地震，直到5月25日才修通了与外界联系的信号和道路。

本案中，地震属于不可抗力，且发生在诉讼时效期间的最后6个月，适用诉讼时效的中止。赵某如在2021年11月25日前向人民法院起诉，则钱某不享有时效抗辩权。

（二）诉讼时效的中断

1. 诉讼时效中断的概念

诉讼时效的中断，是指由于法定事由的出现，而使已经经过的时效期间归于无效，待中断事由消除后重新计算诉讼时效期间的制度。《民法典》第195条规定："有下列情形之一的，诉讼时效中断，从中断、有关程序终结时起，诉讼时效期间重新计算：（一）权利人向义务人提出履行请求；（二）义务人同意履行义务；（三）权利人提起诉讼或者申请仲裁；（四）与提起诉讼或者申请仲裁具有同等效力的其他情形。"该条对诉讼时效的中断作出了规定。

诉讼时效的中断具有如下特点。第一，时效的中断发生在时效的进行之中，如果时效尚未开始计算或已经届满，则不适用诉讼时效中断。第二，发生了一定的法定事由导致时效存在的基础被推翻。诉讼时效设立的根本目的是使怠于行使权利的权利人受到不利后果，但如果出现了权利人行使权利的事实，仍然使权利人的权利继续受到时效的约束,这就与诉讼时效的目的相违背。第三,时效的中断在效力上使已经进行的时效从法定事由发生之日起重新起算。

诉讼时效的中断与中止不同,二者的区别主要表现在:第一,发生的时间不同。时效中止发生在诉讼时效期间届满前6个月;而时效中断可以发生在时效进行中的任何一个阶段。第二,发生的事由不同。中止的法定事由通常是当事人主观意志所不能控制的事由,如不可抗力;而中断的法定事由一般都是当事人主观意志所能够左右的,例如提出请求或提起诉讼。导致诉讼时效中止的事由一般是自然事件,而导致诉讼时效中断的事由一般是人的行为。第三,法律效果不同。中止的法律效果在于使中止事由发生的时间不计入时效期间,或者说将该期限从时效期间内排除,中止事由发生前经过的时效期间仍然有效,诉讼时效期间中止的事由消除后,诉讼时效期间仍有6个月才届满;而诉讼时效中断的法律效果是在中断事由发生以后,已经经过的时效期间全部归于无效,重新开始计算时效期间。

2. 诉讼时效中断的事由

导致诉讼时效中断的法定事由是由法律明确规定的,且是在时效进行过程中发生的。法律规定这些事由的依据在于,这些事由都表明权利人在积极地行使权利,从而导致诉讼时效适用的基础丧失。由于时效中断会阻碍时效期间的完成,对于当事人的利益影响甚大,所以必须由法律作出明确规定。依据《民法典》第195条的规定,中断的事由包括以下几种。

一是权利人向义务人提出履行请求。权利人向义务人提出履行请求,此种情形就是民事主体的权利行使。权利人既可以向义务人主张权利,也可以向其代理人主张权利。一旦提出履行请求,就表明权利人积极行使了权利,从而应当导致时效的中断。根据《民法典》第195条规定,提出履行请求必须满足两个条件。一是必须向义务人提出请求。请求可以采取书面、口头等各种形式,请求的内容必须是要求义务人履行义务。请求可以向义务人作出,包括向义务人的代理人、财产代管人等提出,但不能向第三人提出。二是权利人请求的意思表示必须到达义务人。意思表示必须到达相对人才能生效,否则不发生时效中断效力。中断应该从请求到达义务人之日起计算。

另外,依据相关司法解释的规定,具有下列情形之一的,应当认定为"权利人向义务人提出履行请求",产生诉讼时效中断的效力。① 当事人一方直接向对方当事人送交主张权利的文书,对方当事人在文书上签名、盖章、按指印,或者虽未签名、盖章、按指印,但能够以其他方式证明该文书到达对方当事人的;② 当事人一方以发送信件或者数据电文方式主张权利,信件或者数据电文到达或者应当到达对方当事人的；③ 当事人一方为金融机构，依照法律规定或者当事人约定从对方当事人账户中扣收欠款本息的；④ 当事人一方下落不明，对方当事人在国家级或者下落不明的当事人一方住所地的省级有影响的媒体上刊登具有主张权利内容的公告的。

权利人对同一债权中的部分债权主张权利，诉讼时效中断的效力及于剩余债权，但权利人明确表示放弃剩余债权的情形除外。

二是义务人同意履行义务。《民法典》第195条要求，义务人必须同意履行义务才能导致时效中断。义务人同意履行义务，既可以是明示的，也可以是默示的。义务人对权利人同意履行义务可以采取各种方式，如义务人作出分期履行、部分履行、提供担保、请求延期履行、制订清偿债务计划等承诺或者行为，都可以认定为义务人同意履行义务。因为这些行为都表明义务人对权利人的权利存在予以认可，从而使双方的法律关系重新趋于稳定。在此情况下，时效适用的理由不复存在，因此应当导致时效的中断。

三是权利人提起诉讼或者申请仲裁。第一，权利人提起诉讼。它是指权利人在人民法院提起诉讼，请求法院强制义务人履行义务，包括提交起诉状或者口头起诉。诉讼指民事诉讼，无论是本诉、反诉还是刑事附带民事的诉讼，均为行使权利的行为。一旦提起诉讼，即导致时效中断，新的时效应从该诉讼过程结束时起再重新计算。第二，申请仲裁。它是指权利人在仲裁机构申请就争议进行仲裁。只要权利人的仲裁申请符合法律规定，就可以发生时效中断的效力。因为仲裁与诉讼类似，都是权利人行使其权利的重要途径，权利人申请仲裁也表明其积极地行使了权利。

四是与提起诉讼或者申请仲裁具有同等效力的其他情形。如果出现了与提起诉讼或者申请仲裁具有同等效力的其他情形，也足以表明权利人已经积极行使了其权利，理应导致诉讼时效的中断。

依据相关司法解释的规定，有下列事项之一，人民法院应当认定与提起诉讼具有同等诉讼时效中断的效力：① 申请支付令；② 申请破产、申报破产债权；③ 为主张权利而申请宣告义务人失踪或死亡；④ 申请诉前财产保全、诉前临时禁令等诉前措施；⑤ 申请强制执行；⑥ 申请追加当事人或者被通知参加诉讼；⑦ 在诉讼中主张抵销；⑧ 其他与提起诉讼具有同等诉讼时效中断效力的事项。

权利人向人民调解委员会以及其他依法有权解决相关民事纠纷的国家机关、事业单位、社会团体等社会组织提出保护相应民事权利的请求，诉讼时效从提出请求之日起中断。

权利人向公安机关、人民检察院、人民法院报案或者控告，请求保护其民事权利的，诉讼时效从其报案或者控告之日起中断。上述机关决定不立案、撤销案件、不起诉的，诉讼时效期间从权利人知道或者应当知道不立案、撤销案件或者不起诉之日起重新计算；刑事案件进入审理阶段，诉讼时效期间从刑事裁判文书生效之日起重新计算。

3. 诉讼时效中断的效果

诉讼时效一旦中断，将发生如下效果。第一，已经经过的时效统归无效。已经计算的时效只要尚未届满都可以因为中断事由的出现而失去效力。例如，在诉讼时效因权利人提出请求而中断时，则在权利人请求的通知到达义务人时，诉讼时效中断。原来的时效经过不会产生任何的法律效力。第二，中断事由消除以后，时效期间重新计算。诉讼时效中断后，已经经过的诉讼时效将归于无效，诉讼时效将重新计算。诉讼时效中断后，重新计算的时效期间究竟应当有多长？本书认为，既然法律根据不同的情况适用普通时效和特别时效，那么在中断以后仍然应当适用原来的时效期间重新计算。这就是说，原来是普通时效的，中断后仍然适用普通时效期间；原来是特别时效的，中断后应当按照特别时效期间重新计算。第三，在时效中断以后，可能会发生时效再次中断的效果。《最高人民法院关于适用〈中华人民共和国民法典〉总则编若干问题的解释》第38条规定："诉讼时效依据民法典第一百九十五条的规定中断后，在新的诉讼时效期间内，再次出现第一百九十五条规定的中断事由，可以认定为诉讼时效再次中断。"因此，诉讼时效中断后，如果再次出现诉讼时效中断的事由，仍然可以发生诉讼时效中断的效力，法律上并没有限制中断的次数。

（三）诉讼时效的延长

诉讼时效的延长，是指在诉讼时效期间届满以后，权利人基于某种正当理由，而要求人民法院根据具体情况延长时效期间，经人民法院依职权决定延长的制度。《民法典》第188条第2款规定，"有特殊情况的，人民法院可以根据权利人的申请决定延长"。该规定适用于一般的诉讼时效期间。依据这一规定，一般诉讼时效期间的延长应当具备如下条件。一是出现法律规定的特殊情况。二是当事人提出延长诉讼时效期间的申请。也就是说，即便出现了法律规定的特殊情况，法院也不能依据职权决定延长诉讼时效期间，其必须由权利人提供申请。三是由人民法院决定，即诉讼时效期间是否延长、延长多久等，均应当由人民法院决定。《民法典》第188条第2款规定，"但是自权利受到损害之日起超过二十年的，人民法院不予保护，有特殊情况的，人民法院可以根据权利人的申请决定延长"。该条对诉讼时效的延长作出了规定。

四、诉讼时效期间届满的法律效力

关于诉讼时效期间届满的法律效力,学界主要有实体权消灭说、诉权消灭说、抗辩权发生说以及胜诉权消灭说等不同观点。《民法典》第192条第1款规定,"诉讼时效期间届满的,义务人可以提出不履行义务的抗辩。"第193条规定:"人民法院不得主动适用诉讼时效的规定。"由此可见,我国民法典采用抗辩权发生说。

(一)义务人产生抗辩权

《民法典》第192条第1款规定:"诉讼时效期间届满的,义务人可以提出不履行义务的抗辩。"根据本条规定,诉讼时效期间届满的主要效力是义务人得产生拒绝履行义务的抗辩权。我们从权利人和义务人两个方面来看。一方面,义务人在时效期间届满后,享有拒绝履行义务的抗辩权。诉讼时效期间届满后,如果权利人请求义务人履行义务,义务人有权拒绝履行,人民法院也不得强制义务人履行。一旦义务人援引时效抗辩权,则导致其义务转化为自然债务,从而产生一种时效利益,这种利益本质上也是一种民事权益,根据私法自治原则,应当由当事人自愿行使。另一方面,诉讼时效期间届满后,权利人的实体权利和诉权均不消灭。义务人仅取得拒绝履行的抗辩权,权利人的实体权利依然存在,只是转化为自然权利,但债权的受领权能并未减弱,债权人仍可受领义务人的给付,债务人不得以债权人构成不当得利请求返还。诉讼时效期间届满也不导致诉权的消灭,只要符合起诉条件,人民法院就应当受理,而不得以诉讼时效期间届满为由驳回起诉或不予受理。

(二)义务人同意履行和自愿履行的法律效力

《民法典》第192条第2款规定:"诉讼时效期间届满后,义务人同意履行的,不得以诉讼时效期间届满为由抗辩;义务人已经自愿履行的,不得请求返还。"根据本条规定,在诉讼时效期间届满后,如果义务人同意履行或者已经自愿履行的,就意味着义务人放弃了时效利益,再次提出抗辩有违诚信原则;同理,义务人自愿履行后也不得请求返还,权利人不构成不当得利。

例:甲公司向乙公司催讨一笔已过诉讼时效期限的10万元货款。乙公司书面答复称:"该笔债务已过时效期限,本公司本无义务偿还,但鉴于双方的长期合作关系，可偿还3万元。"甲公司遂向法院起诉，要求偿还10万元。

本案中，乙公司在诉讼时效期间届满后书面答复可视为双方形成一个3万元借款的"新的债权债务关系"，该3万元借款的"新的债权债务关系"的诉讼时效期间"重新计算"。值得注意的是，在诉讼时效期间届满后，不存在所谓"诉讼时效中断"的问题，因为诉讼时效中断的时间段应该在"诉讼时效期间内"。

（三）人民法院不得主动适用诉讼时效的规定

《民法典》第193条规定："人民法院不得主动适用诉讼时效的规定。"本条规定明确了时效利益是否实现完全由当事人决定，因为时效利益是当事人的私权利，按照意思自治原则，完全由义务人自行决定如何处分。人民法院不应当依职权审查诉讼时效是否届满，在整个诉讼过程中都不能主动援引时效规定。另外，根据人民法院在案件审理过程中的独立和中立地位，法官也不得主动释明。

第二节 期限

一、期限的概念和类型

（一）期限的概念

民法中的期限是指法律关系产生、变更和终止的时间，分为期日和期间。期日是指一定的时间点，如某年某月某日。期间是指一定的时间段，即从某一特定的时间点到另一特定的时间点所经过的时间，如2020年1月1日到2022年12月31日即是一个期间。期日是时间的某一静态的点；期间则是时间某一动态的阶段，即期日与期日之间的间隔时间。

期间经过也可以成为民法上的法律事实，一定的时间经过依法会产生一定的法律后果，可能导致某种民法法律关系的产生、变更和消灭。例如，失踪人下落不明满4年的，可以推定其死亡。在宣告死亡的期间内，被宣告死亡的人既有的人身、财产关系将归于消灭。又如，诉讼时效期间的届满，导致抗辩权的发生，使债权转化为自然债务。

我国法律采用了广义的期间概念,将诉讼时效视为一种特定的期间,时效是期间的组成部分。因为无论是时效还是期间,都是指民事法律关系产生、变更和终止的时间。

(二)期限的类型

依民事主体对期限有无选择权,期限分为三种类型。

1. 约定期限

约定期限又称意定期限,是指可由当事人自由选择确定的期限。例如债务履行的期限、物权交付的期限等。

2. 法定期限

法定期限是指法律强行规定的期限。例如诉讼时效期间、未成年人状态的期限等。在有法定期限并同时允许当事人约定其期限时,优先适用约定期限。例如,法律规定动产物权自交付时移转,但当事人另有约定的除外。只有当事人没有约定期限时,才适用法定期限。在法律不允许当事人约定期限时,法定期限不可更改。

3. 指定期限

指定期限是指由法院或仲裁机关确定的期限。例如宣告死亡以判决宣告之日为死亡日期。指定期限的实质,也是法定期限,其与法定期限的区别,只是法律将确定期限的"法定"权授予法院或仲裁机关而已。

二、除斥期间

(一)除斥期间的概念和特征

除斥期间,也称不变期间。《民法典》第199条规定:"法律规定或者当事人约定的撤销权、解除权等权利的存续期间,除法律另有规定外,自权利人知道或者应当知道权利产生之日起计算,不适用有关诉讼时效中止、中断和延长的规定。存续期间届满,撤销权、解除权等权利消灭。"该条规定确立了除斥期间的基本规则,对除斥期间的起算规则、除斥期间届满后的法律效果作出了规定,确立了撤销权、解除权等形成权的行使规则。除斥期间的主要特点包括以下方面。

第一，性质上是撤销权、解除权等权利的存续期间。除斥期间与诉讼时效不同，它是权利的存续期间，在该期限内权利才能存在。法律设立除斥期间有利于督促权利人尽快行使权利。除斥期间是关于撤销权、解除权等权利的存续期间，撤销权是当事人请求撤销民事法律行为的权利，解除权是当事人主张解除民事法律关系的权利。从性质上看，撤销权、解除权等权利都是形成权，按照同类解释规则，该条中的"等权利"应当指的是形成权，所以，除斥期间的适用对象主要为形成权。因为形成权将会根据一方的意志而产生法律关系发生、变更和消灭的效果，期限的限制与他人的权利和社会公共利益都有一定的关联。

第二，可以由法律规定或者当事人约定。一方面，除斥期间可以由法律规定。例如，《民法典》第152条规定了撤销权消灭的时间。另一方面，与诉讼时效所不同的是，除斥期间还可以由当事人约定。例如，当事人可以在合同中约定合同的解除权行使期限，该期间经过，解除权消灭。

第三，一般自权利人知道或者应当知道权利产生之日起计算。所谓知道，是指有明确的证据表明当事人知晓了权利产生。所谓应当知道，是指虽然没有明确证据证明，但是根据社会的一般常识，可以推定当事人知悉，或者当事人有义务知悉。例如，依据《民法典》第541条的规定，可撤销合同中的撤销权期限为当事人知道或应当知道撤销事由之日起1年。

第四，不发生中止、中断和延长。由于除斥期间在性质上属于权利的存续期间，所以一旦该期限经过，就会使权利人的权利发生变化，并使一定的民事关系产生、变更和消灭，因而，除斥期间不适用有关诉讼时效中止、中断和延长的规定。从规范目的来看，法律设定该制度的目的是督促当事人及时地行使自己的权利，维护自身的利益，同时也有利于维护法律关系的稳定性。由于形成权的行使仅依一方当事人的意思就可以使法律关系产生、变更、消灭，如果允许除斥期间中断、中止、延长，可能会使法律关系长期处于不确定状态，从而难以实现除斥期间法律制度的目的。因此，一旦除斥期间届满，撤销权、解除权等形成权即消灭。

（二）除斥期间与诉讼时效

除斥期间和诉讼时效都是对权利行使的一种时间限制，都具有督促权利人及时行使权利、保持社会关系稳定的作用，并且诉讼时效与除斥期间都是民事法律事实，因一定时间的经过而使法律关系发生变动，但二者具有显著区别，主要体现为：

第一，适用对象不同。诉讼时效主要适用于债权的请求权，而除斥期间主要适用于撤销权、解除权等形成权。二者适用对象的差别也决定了二者的具体规则与法律效果存在一定的差别。由于诉讼时效适用于债权请求权,可以在总则编中对其进行抽象规定。而除斥期间适用于形成权,由于各个形成权的规则较为特殊(例如不同情形下的撤销权、解除权的规则即存在较大差别),因而很难进行统一规范,应当根据所限制的形成权的具体内容而分别进行具体规定。

第二,能否由当事人约定不同。如前所述,法律关于诉讼时效期间的规定属于强制性规定,不得由当事人通过约定加以改变。而从《民法典》第199条的规定来看,除斥期间既可以由法律规定,也可以由当事人约定。

第三,期间是否可以中止、中断、延长不同。诉讼时效在性质上是可变期间,可因法定事由而中止、中断,例外情形下还可以延长。而除斥期间旨在排除形成权行使所导致的法律关系的不稳定性,因此,依据《民法典》第199条的规定,除斥期间一般不得中断、中止、延长。

第四,届满后的法律效果不同。诉讼时效期间届满,相关的请求权并不因此消灭,而只是使义务人产生相关的抗辩权。因此,从某种意义上说,诉讼时效期间届满后,债权人的债权已经蜕变成一种自然债。而除斥期间在性质上属于形成权的存续期间,一旦除斥期限届满,则权利本身直接消灭。正是因为存在上述区别,时效期限届满以后,义务人抛弃时效利益,自愿作出履行的,权利人仍有权保有该履行的利益,而不构成不当得利;而除斥期间届满以后,义务人抛弃期限利益的行为,可以视为创设了某种权利。

第五,是否允许法院主动援引不同。如前所述,诉讼时效期间届满只是使义务人产生一定的抗辩权,是否主张该抗辩权,应当由义务人自主选择,法院不得依职权进行审查。而除斥期间届满后,将使权利人的权利消灭,权利人不得再行使该权利,因此,法院有权依职权进行审查。

三、期间的计算

(一)期间的计算概述

期间的计算方法对于准确界定当事人之间的权利义务关系具有重要意义。关于期间的计算方法,《民法典》第204条规定:"期间的计算方法依照本法的规定,但是法律另有规定或者当事人另有约定的除外。"依据该条规定,期间的计算方法具有法定性,也就是说,期间的开始时间、截止时间等都是由法律规定的,这有利于简化当事人之间的交易过程,也有利于减少当事人因期间计算而引发的纠纷。但需要指出的是,尽管期间的计算是法定的,但法律关于期间的规定属于任意性规定,允许当事人通过约定加以改变。例如,依据《民法典》第 203 条第 1 款的规定，"期间的最后一日是法定休假日的，以法定休假日结束的次日为期间的最后一日"，但当事人可以约定，该法定节假日结束的当天为最后一日。如果当事人就期间的计算能够达成一致约定的，则可以依照当事人的约定来计算期间。例如，当事人可以约定采用"周"作为计算期间的方法。

一般而言，民法上期间的确定方法主要有如下几种。一是规定日历上的一定时间，如 2022 年 1 月 1 日。二是规定一定的期间，如 6 个月、1 年等。三是规定某一法律事实出现的特定时刻，如合同订立之日。这种规定常常与附期限的民事法律行为相联系。四是规定以某人提出请求的时间为准。这种期限并没有具体确定一定的期间或期日，而是由一方当事人来决定。例如，债务履行期限以一方当事人的请求为准。

（二）期间的具体计算方法

期间的计算方法主要有两种。一是历法计算法。历法计算法就是以日历所定的日、周、月、年为依据。二是自然计算法，此种方法是以实际时间精确地进行计算的方法，即以时、分、秒开始起算的方法，例如，从 2022 年 9 月 1 日 8 时至 12 时。历法计算法比较简便，符合人们的期间计算观念，但与自然计算法相比，又不够精确。所以，《民法典》第 200 条规定："民法所称的期间按照公历年、月、日、小时计算。"从该规定来看，兼采上述两种计算方法，即一方面，该条规定期间的计算按照公历的年、月、日计算；另一方面，该条又规定按照小时计算，这实际上同时采用了历法计算法和自然计算法两种方法。此种规定符合社会实践的需要，因为在一些交易中，当事人可能约定具体在某天的某个时刻进行交易，或者将交易的截止时间确定在某个时刻，此时就需要运用自然计算法。

（三）期间的开始和截止

为准确界定当事人之间的权利义务关系，法律需要对期间的开始和截止作出规定。《民法典》分别对历法计算法和自然计算法两种期间计算方法中期间的开始和截止计算方法作出了规定。

1. 期间的开始

关于期间的开始，《民法典》第 201 条第 1 款规定："按照年、月、日计算期间的，开始的当日不计入，自下一日开始计算。按照小时计算期间的，自法律规定或者当事人约定的时间开始计算。"该条对历法计算法和自然计算法中期间开始的时间作出了规定，该条确立了两项规则。一是历法计算法中期间开始的规则。即在历法计算法中，开始的当日不计入期间，而是从下一日开始起算期间。例如，双方约定，甲方于 2020 年 1 月 1 日向乙方借款 10 万元，借期 1 年，则还款日期应当为 2021 年 1 月 1 日。当然，如果当事人对期间开始的时间作出了特别约定，按照私法自治原则，应当按照当事人的约定确定期间的开始时间。例如，如果当事人约定开始的当日计入期间，则该约定有效。二是自然计算法中期间的开始规则，即自法律规定或者当事人约定的时间开始计算。例如，当事人约定 72 小时内还款，那么就应当从当事人约定的时间开始向后计算 72 小时。

2. 期间的截止

关于期间的截止，《民法典》也分别对历法计算法和自然计算法的截止期间的确定规则作出了规定。对历法计算法而言，依据《民法典》第 202 条的规定，以到期月的对应日为期间的最后一日，如果没有对应日，则以月末日为期间的最后一日。例如，当事人在 3 月 31 日约定，将在一个月后履行合同，由于 4 月没有 31 日，则应当以 4 月 30 日为截止日期。从实践来看，当事人之间约定的期间截止日期可能是法定休假日，对此种情形，依据《民法典》第 203 条第 1 款的规定，"期间的最后一日是法定休假日的，以法定休假日结束的次日为期间的最后一日"。此处所说的"法定休假日"包括法定的节假日以及双休日。例如，双方约定 10 月底还款，如果 10 月的最后一天是星期六、星期日或者其他法定休假日的，则以休假日的次日为期间的最后一日。关于自然计算法中期间的截止，《民法典》第 203 条第 2 款规定："期间的最后一日的截止时间为二十四时；有业务时间的，停止业务活动的时间为截止时间。"例如，双方当事人约定的还款期限为本月的最后一天，则最终的还款时间应当是本月最后一天的 24 时。但对一些有确定营业时间的主体，如某银行的业务时间为上午 9 点至下午 5 点，则应当将截止时间定为当天的下午 5 点。

引例分析

本案涉及诉讼时效的中断问题。在该案中，虽然王某对甲的请求权已经过了 3 年，但由于王某每年都对张某提出两次请求，该请求可以导致其请求权诉讼时效的中断，诉讼时效将自其提出请求之日起重新起算，因此，其诉讼时效并没有届满，王某仍有权请求张某清偿剩余欠款。

每章一练

一、单项选择题

1. 利害关系人向人民法院申请宣告某人为失踪人，该自然人必须下落不明满（　　）。
   A. 2 年
   B. 3 年
   C. 4 年
   D. 5 年

2. 诉讼时效主要适用于（　　）。
   A. 支配权
   B. 请求权
   C. 形成权
   D. 抗辩权

3. 甲在某手机专卖店购买一部某型号手机，在正常使用过程中，该手机突然爆炸，致使甲面部多处受伤，若甲提起侵权诉讼，则诉讼时效期限为（　　）。
   A. 3 年
   B. 4 年
   C. 1 年
   D. 2 年

4. 关于诉讼时效，下列选项正确的是（　　）。
   A. 甲向乙借款 5 万元，向乙出具借条，约定 1 周之内归还。乙债权的诉讼时效期间从借条出具之日起计算
   B. 甲对乙享有 10 万元货款债权，丙是连带保证人，甲对丙主张权利，会导致 10 万元货款债权诉讼时效中断
   C. 甲向银行借款 100 万元，乙提供价值 80 万元房产作抵押，银行实现对乙的抵押权后，会导致剩余的 20 万元主债务诉讼时效中断
   D. 甲为乙欠银行的 50 万元债务提供一般保证。甲不知 50 万元主债务诉讼时效期间届满，放弃先诉抗辩权，承担保证责任后不得向乙追偿

5. 诉讼时效期间中止后，从中止时效的原因消除之日起满 6 个月，诉讼时效期间（　　）。
   A. 继续计算

B. 不再计算

C. 重新计算

D. 届满

6. 下列情形中属于诉讼时效中断的事由是（   ）。

   A. 由于不可抗力导致权利人无法起诉

   B. 权利人死亡，继承人尚不知道

   C. 权利人的代理人向债务人提出请求

   D. 被侵权人的法定代理人死亡的

7. 甲公司与乙银行签订借款合同，约定借款期限自 2017 年 3 月 25 日起至 2018 年 3 月 24 日止。乙银行未向甲公司主张过债权，直至 2021 年 4 月 15 日，乙银行将该笔债权转让给丙公司并通知了甲公司。2021 年 5 月 16 日，丁公司通过公开竞拍购买并接管了甲公司。下列选项正确的是（   ）。

   A. 因乙银行转让债权通知了甲公司，故甲公司不得对丙公司主张诉讼时效的抗辩

   B. 甲公司债务的诉讼时效从 2021 年 4 月 15 日起中断

   C. 丁公司债务的诉讼时效从 2021 年 5 月 16 日起中断

   D. 丁公司有权向丙公司主张诉讼时效的抗辩

二、多项选择题

1. 下列请求不适用诉讼时效的有（   ）。

   A. 当事人请求撤销合同

   B. 当事人请求确认合同无效

   C. 业主大会请求业主缴付公共维修基金

   D. 按份共有人请求分割共有物

2. 关于诉讼时效，下列选项正确的是（   ）。

   A. 诉讼时效仅适用于请求权

   B. 一般诉讼时效期间属可变期间

   C. 诉讼时效期间均从权利人知道或应当知道权利被侵害时起计算

   D. 诉讼时效期间届满后所受领的给付构成不当得利

3. 关于诉讼时效的表述，下列选项正确的是（   ）。

   A. 当事人可以对债权请求权提出诉讼时效抗辩，但法律规定的有些债权请求权不适用诉讼时效的规定

   B. 当事人不能约定延长或缩短诉讼时效期间，也不能预先放弃诉讼时效利益

C. 当事人未提出诉讼时效抗辩的,法院不应对诉讼时效问题进行阐明及主动适用诉讼时效的规定进行裁判

D. 当事人在一审、二审期间都可以提出诉讼时效抗辩

三、判断题

1. 《民法典》规定,当事人约定同一债务分期履行的,诉讼时效期间自第一期履行期限届满之日起计算。（　　）
2. 诉讼时效期间届满后,义务人同意履行的,不得以诉讼时效期间届满为由抗辩。（　　）
3. 根据《民法典》规定,未成年人遭受性侵害的损害赔偿请求权的诉讼时效期间,自受害人年满18周岁之日起计算。（　　）
4. 当事人向人民调解委员会申请调解能够引起诉讼时效中断。（　　）

四、名词解释

1. 诉讼时效
2. 诉讼时效的中止
3. 诉讼时效的中断
4. 期间

五、简答题

1. 如何理解诉讼时效的适用范围?
2. 如何理解诉讼时效的强制性?
3. 诉讼时效如何起算?
4. 诉讼时效中断的事由有哪些?其效力如何?
5. 诉讼时效中止的事由有哪些?其效力如何?
6. 简析除斥期间与诉讼时效的区别。

六、案例分析题

甲和乙是中学同学,2018年1月甲因办理出国手续向乙借款人民币5万元,并立下字据约定甲在出国前将钱款还清。同年4月3日甲出国,在国外生活了3年,其间甲乙一直有微信联系,但是双方对借钱一事只字未提。2021年5月1日甲回国,乙因盖房急需钱,找到甲,甲表示愿意尽快还钱,并在原字据上写下"2021年10月30日前还清"。2021年11月10日乙再找甲时,甲称该项债务早已过了诉讼时效,不用返还。

试分析：

(1) 乙对甲的债权诉讼时效期间是否已经届满？

(2) 甲在字据上写下的"2021年10月30日前还清"的行为有何效力？

(3) 乙能否通过诉讼要回甲欠他的钱？

(4) 如果2018年1月乙借给甲钱时，双方未在字据中约定还款期限，则2021年甲回国时乙请求甲还款能否得到法院支持？

与本书配套的二维码资源使用说明

本书部分课程及与纸质教材配套数字资源以二维码链接的形式呈现。利用手机微信扫码成功后提示微信登录，授权后进入注册页面，填写注册信息。按照提示输入手机号码，点击获取手机验证码，稍等片刻收到4位数的验证码短信，在提示位置输入验证码成功，再设置密码，选择相应专业，点击"立即注册"，注册成功。（若手机已经注册，则在"注册"页面底部选择"已有账号？立即注册"，进入"账号绑定"页面，直接输入手机号和密码登录。）接着提示输入学习码，需刮开教材封面防伪涂层，输入13位学习码（正版图书拥有的一次性使用学习码），输入正确后提示绑定成功，即可查看二维码数字资源。手机第一次登录查看资源成功以后，再次使用二维码资源时，只需在微信端扫码即可登录进入查看。